NOUVEAU DICTIONNAIRE

DES

GIROUETTES.

Imprimerie de POUSSIN.

NOUVEAU DICTIONNAIRE

DES

GIROUETTES,

OU

NOS GRANDS HOMMES

PEINTS PAR EUX-MÊMES,

PAIRS, HOMMES D'ETAT, HOMMES DE LETTRES, GÉNÉRAUX, ÉVÊQUES, CHANSONNIERS, PRÉFETS, JOURNALISTES, PEINTRES, STATUAIRES, MINISTRES, DÉPUTÉS, AMBASSADEURS, VAUDEVILLISTES, ETC.

Par une Girouette inamovible.

Il est des hommes qui, après avoir prêté serment à la république une, indivisible, au directoire en cinq personnes, au consulat en trois, à l'empire en une seule, à la première restauration, à l'acte additionnel, à la seconde restauration, ont encore quelque chose à prêter à Louis-Philippe. CHATEAUBRIAND.

Paris,

LEROSEY, LIBRAIRE, PALAIS-ROYAL,

GALERIE D'ORLÉANS, N. 214. 215 et 216 bis.

1831.

UNE GIROUETTE

AUX GIROUETTES.

Salut, mes soeurs!

Il vente, il vente *bon frais*, et les girouettes tournent.

Mais celles qui tournent le mieux, ne sont pas sur les toits.

Que votre œil plonge dans les administrations, dans les tribunaux, dans les églises, dans les casernes, dans les palais surtout;

Et vous en trouverez de chair et d'os, qui tournent d'une bien autre manière:

Les unes vers le nord, du côté de la Vendée, du Morbihan, d'Holy-Rood;

Les autres vers l'est, du côté de Schœnbrun en Autriche;

D'autres vers le sud, du côté de Nîmes, d'Avignon, de Rome ;

D'autres vers l'ouest, du côté de Washington, aux Etats-Unis.

Quelques-unes, enfin, tournoient entre Neuilly, Saint-Cloud, les Tuileries et le Palais-Royal.

Il y en a de blanches, de noires, de vertes, de tricolores, d'omnicolores ;

En forme de fleurs de lis ou d'éteignoir,

D'aigle ou de sabre,

De peuplier ou de bonnet rouge,

De coq ou de bonnet à poil.

Mais quels que soient leur penchant, leur couleur ou leur forme, toutes ces girouettes tournent.

Tournons donc, mes chères sœurs, tournons avec grâce.

Un sage oriental a dit : « Si la peste donnait des pensions, la peste trouverait des flatteurs. »

Ce sage avait raison. Ce n'est pas la reconnaissance, c'est l'ingratitude qui est un crime.

Gall, le grand tâteur de crânes, avait remarqué que la protubérance de l'ambition touche à celle de la folie. Si dans beaucoup d'ambitieux elles se touchent, soyez sûres, mes sœurs, qu'elles ne se confondent pas.

Que voulez-vous? me demandera-t-on.

Classer les girouettes qui se confondent, tant elles deviennent nombreuses; mettre à part les hommes qui sauvent les empires, les diplomates qui les jouent, les vaudevillistes qui les chantent, les pairs et les députés qui les endorment, les généraux qui les défendent, les évêques qui les bénissent, les artistes qui les immortalisent; dire à une girouette vraiment patriote : Voilà ton avocat, ton secrétaire, tes amis ou ton confesseur; car il se trouve ici des gens de toutes les professions. J'en ai soigneusement écarté les seuls hommes qui n'ont jamais varié.

Quoi de plus ridicule, en effet, que ces esprits forts, constamment fidèles à un parti, et assez fous pour s'ensevelir sous ses ruines? Qu'y gagnent-ils? Des éloges, qu'ils méritent bien assurément. Mais font-ils leur chemin? Non. Et peuvent-ils, dans un pays comme le nôtre, se comparer à tant de girouettes auxquelles chaque demi-tour vaut deux ou trois places?

Mais, dira un rigoriste, il avait prêté serment de fidélité à..... Eh bien! après tout, qu'importe? Est-ce à un homme qu'on prête serment, ou à la patrie? Et la patrie n'est-elle pas immuable, quel que soit l'homme qui la gouverne? Faudra-t-il donc aussi qu'à chaque mutation de préfet, tous les employés de son département se retirent? Et de cette manière la France ne se trouvera-t-elle pas privée de beaux talens, de sublimes caractères?

Non, non, un bon citoyen se doit, avant tout, à son pays. Il faut, avant de se lancer dans les affaires, qu'il se fasse (toujours dans l'intérêt de son pays) une âme facile, accommodante, une conscience élastique, une abnégation complète de mille préjugés dont on a bercé son enfance.

C'est à ces excellens principes que nous devons le plaisir de voir, depuis quarante ans (plus ou moins), les mêmes hommes et presque les mêmes dynasties administratives se perpétuer dans les places, par droit viager ou héréditaire, et se plier à tous les gouvernemens, quels qu'en soient les formes, les chefs et le système. On appelle cela de l'inconstance. Pure calomnie! Ces honnêtes gens sont constamment respectueux, constamment dévoués au chef qui domine.

Qu'on n'aille pas croire, cependant, que je ne fasse aucune différence entre les immortalités qui figurent dans ce livre. Il y a *girouette* et *girouette*. L'une tourne naturellement, sans y prendre garde, au premier vent; une autre a tourné quelquefois par hasard; celle-ci était indépendante; celle-là avait père, mère, femme, enfans, et un emploi des plus modestes; telle enfin, bien solide sur son pivot, résolue à ne point bouger, s'est vue forcée de céder à la bourrasque: elle a tourné, pour ainsi dire, à son corps défendant.

Je déclare donc, à haute et intelligible voix, que je n'ai jamais voulu pénétrer les motifs qui ont pu porter certaines personnes, très-recommandables d'ailleurs, à changer de bannière Il peut aussi m'être échappé quelques erreurs; mais comme j'ai toujours pris soin de citer ce que j'avançais, et que mon intention n'est nullement d'inventer ni d'altérer *les dicts* et *gestes* attribués aux noms que j'ai classés, je suis prêt à rectifier sur-le-champ l'article ou les articles qu'on m'indiquera, suivant l'observation ou les observations qui me seront faites.

Il en est de même des personnes que je pourrais avoir oubliées, et qui méritent une place dans ce livre. Leur modestie se refuserait peut-être à me transmettre leurs titres; mais elles ont *des amis*, sans doute, et j'ose compter sur eux.

Il est difficile de faire un dictionnaire complet, surtout dans ce genre; mais j'ai toute la docilité d'une girouette, et il dépend du public que je puisse mettre sur ma seconde édition :

Revue, corrigée et considérablement augmentée.

NOUVEAU DICTIONNAIRE DES GIROUETTES.

A

ABEL DE PUJOL,

Peintre distingué.

La restauration lui doit un portrait de *M. de Châteaubriant*, *Jacob bénissant les enfans de Joseph*, *le Baptême de Clovis*, *saint Étienne prêchant l'Évangile*, *la Vierge au tombeau*, *Joseph expliquant les songes*, le *Trocadéro*, et les peintures à fresque de la Bourse, y compris *Charles X*, d'une ressemblance frappante.

Le gouvernement d'alors eommandait et achetait presque toutes les productions de cet artiste, auquel il donna la croix d'Honneur par-dessus le marché.

Après la révolution de juillet, M. Abel de Pujol a été chargé de retoucher les fresques de la Bourse, et de substituer les traits de Louis-Philippe, le roi citoyen, à ceux de Charles X le bien-aimé. Il y travaille en ce moment.

Plusieurs artistes ayant conçu l'heureuse idée de faire une exposition de leurs ouvrages au profit des patriotes blessés en juillet, et M. le grand-référendaire de la Chambre des pairs consentant à ce que cette exposition se fît dans la galerie du Luxembourg, M. Abel de Pujol s'empressa d'y envoyer un beau tableau représentant *Germanicus qui retrouve l'aigle de la* 19e *légion* sur le champ de bataille où Varus et ses soldats ont été massacrés par les Germains.

Si jamais il y a une exposition pour les blessés de la garde royale, le *Trocadéro* et le *Baptême de Clovis* pourront y figurer.

ABEL DE REMUSAT, 

Professeur de Chinois.

Reçu en 1813 docteur en médecine de la Faculté de Paris, il justifia ce titre honorable en prodiguant ses soins aux soldats blessés réunis dans les abattoirs qu'on avait transformés en hôpitaux. On prétend qu'il a contesté ce fait. Nous ne le croyons pas : dans ces temps déplorables, un Français, un médecin ne devait distinguer ni amis, ni ennemis dans les infortunés qui réclamaient ses secours, et il ne peut être qu'honorable pour lui de les leur avoir prodigués, fût-ce sous le drapeau tricolore.

Après le rétablissement du drapeau blanc, une chaire de langues et littératures chinoise et tartare-mantchou fut créée pour M. Abel au Collége royal de France. Il devint, en 1816, membre de l'Académie des Inscriptions et Belles-Lettres; en 1818, rédacteur en chef du *Journal des Savans*; en 1824, conservateur-administrateur des manuscrits en langue orientale à la Bibliothèque du Roi; enfin chevalier de l'ordre royal de la Légion-d'Honneur, je ne sais quand. Le premier de ces emplois lui rapportait par an 2,400 fr., le second 2,400 encore, le troisième 6,000, et le quatrième 6,000 : total, 16,800 fr.; plus, un magnifique appartement, rue Neuve-des-Petits-Champs, nº 12, à la Bibliothèque.

Parmi les nombreux ouvrages qu'il a publiés, celui qu'il estime le plus, et qu'il a le plus médité, est *l'Invariable Milieu*, traité de morale en chinois, en mantchou, en latin et en français, in-4º, 1817.

Le drapeau tricolore de 1830 n'a rien enlevé à M. Abel de ses 16,800 fr. Aussi à peine Louis-Philippe était-il assis sur son trône, que notre Chinois lui disait :

« Sire, la société asiatique était impatiente d'apporter à Votre Majesté le tribut de ses sentimens et de son respect. Instituée sous vos yeux, d'après des idées qui avaient été honorées de votre approbation, fière de la bienveillance constante que vous lui avez accordée pendant huit années, une simple réunion d'*hommes studieux* se présente devant Votre Majesté avec la confiance que vos bontés lui ont depuis long-temps inspirée.... Le règne des lois et de la liberté ne peut qu'accélérer le développement de ces institutions indépendantes que l'esprit d'association a multipliées parmi nous, dans l'intérêt des arts, des sciences et de l'humanité. » (*Moniteur.*)

Que dirait M. Abel de Remusat, l'*homme studieux* aux 16,800 fr., si (ce qu'à Dieu ne plaise) le drapeau blanc revenait jamais en France?

ACADÉMIES (LES QUATRE),

Composant l'Institut.

L'Académie, fondée en 1635, par lettres-patentes du cardinal Richelieu, tenait, en 1789, ses séances au Louvre.

Elle arbora les nouvelles couleurs de la France,

et la constitution de l'an III porte : « Il y aura pour toute la république un Institut national, chargé de recueillir les découvertes et de perfectionner les arts et les sciences. L'année suivante, 4 avril, cet Institut est organisé. Le 23 janvier 1803, Bonaparte le divise en quatre classes : sciences physiques et mathématiques ; langue et littérature française ; littérature et histoire anciennes ; beaux-arts.

L'Institut avait été fidèle à la Convention et au Directoire jusqu'à leur chute ; il avait adopté le consulat et prêté les mains à son changement en empire ; comblé des bienfaits de Napoléon, il l'abandonna dans le malheur, et arbora *le drapeau sans tache* avec un empressement fort louable.

INSTITUT DE FRANCE. — *Séance générale du 5 avril* 1814.

« ..... Notre corps, qui a pu délibérer autrefois sur le passage du consulat à l'empire, peut bien délibérer aujourd'hui sur le passage du *despotisme* à la monarchie..... Nos vainqueurs ont montré, non pas une modération, mais *une générosité, une magnanimité* qui excitent dans les habitans de la capitale de justes transports d'admiration et de reconnaissance... L'histoire seule peut louer dignement ce triomphe de l'humanité dans la victoire..... Le magnanime Alexandre nous a tendu une main secourable. Il a voulu préparer une longue paix à l'Europe. Un si grand bien ne pouvait s'opérer que par le rétablissement d'une maison royale qui, depuis tant de siècles, a gouverné la France très-souvent avec gloire, presque toujours avec modération, justice et bonté, et qui, dans une longue succession de monarques, depuis Charles-le-Grand jusqu'au bon et vertueux Louis XVI, n'a offert au monde qu'un tyran et quelques princes plus faibles que méchans.... Le sénat a prononcé la déchéance de Napoléon Bonaparte. Cet arrêt solennel est motivé sur l'énumération des violations nombreuses du pacte constitutionnel. Il serait aisé d'ajouter à cette effrayante liste des crimes d'un extravagant despotisme ceux que l'intérêt des lettres et de la philosophie peut trop justement reprocher à cette tyrannie systématiquement organisée, qui tendait non-seulement à arrêter l'essor de la pensée, mais encore à en pervertir la direction, à étouffer dans les générations naissantes le germe de toute idée libérale, de tout sentiment généreux, et à replonger l'Europe dans la barbarie.... Mais la tyrannie est détruite, elle l'est sans retour. » (*Moniteur.*)

« L'Institut en corps remercie solennellement le sénat et le gouvernement provisoire des mesures salutaires qu'ils ont prises pour rendre à la France *un monarque appelé par le vœu général.* » (*Ibid.*)

Le 10 avril, il va exprimer à l'empereur Alexandre la reconnaissance de tous les amis des sciences, des lettres et des arts, pour sa magnanimité. (*Ibid.*)

Le 21 avril, séance solennelle honorée de la présence de l'empereur Alexandre et du roi de Prusse. M. Villemain est couronné.

Le 2 avril 1815, l'Institut est présenté à l'empereur Napoléon, de retour de l'île d'Elbe. Voici un fragment de son adresse :

« Sire, les sciences que vous cultivez, les lettres que vous encouragiez, les arts que vous protégiez, ont été en deuil depuis votre départ.... Une dynastie abandonnée par le peuple français, il y a plus de vingt ans, s'est éloignée devant le monarque que le vœu du peuple français avait appelé au trône par la toute-puissance de ses suffrages, trois fois réitérés. »

Le 3 juin, l'Institut a versé au ministère de l'intérieur 2,000 fr. pour les gardes nationales, et à la caisse municipale, 1,000 fr. pour l'habillement des tirailleurs fédérés. (*Moniteur.*)

Retour de Louis-le-Désiré. L'Institut est conservé, mais ses quatre classes reprennent leurs vieilles dénominations d'Académie des Sciences, Académie française, Académie des Inscriptions et Belles-Lettres, Académie de Peinture et Sculpture.

Avènement de Charles X, le bien-aimé. Présentation de l'Académie française, 17 septembre 1824. (*Moniteur.*)

Le 7 novembre, l'Académie royale des Sciences est admise à offrir au roi le 171e volume de ses Mémoires de physique et de mathématiques.

Charles-le-Bien-Aimé est renversé du trône. Louis-Philippe le remplace. A peine ce prince est-il roi, que l'Institut court lui dire :

« Sire, l'Institut de France vient présenter à Votre

Majesté l'hommage de son dévouement respectueux. Les lettres, les sciences et les arts, qui vous ont consolé et soutenu dans l'adversité, et qui faisaient le charme de votre vie, vous doivent autant de reconnaissance que de liberté. Les modestes demeures de nos concitoyens, les monumens publics et jusqu'aux murs de cette paisible enceinte, encore criblés de ces boulets que des ministres coupables ont lancés sur un peuple qui défendait héroïquement ses lois, attestent de quel péril a triomphé la France.... La cocarde tricolore, replacée sur le front du vainqueur de Jemmapes, a reconnu le prince qui l'a tant de fois défendue; et le frère d'armes de Washington a senti battre son cœur patriotique sur le cœur du prince qui a toujours aimé la patrie. L'Institut de France sera *éternellement* attaché au monarque-citoyen. »

ACLOQUE (ANDRÉ), 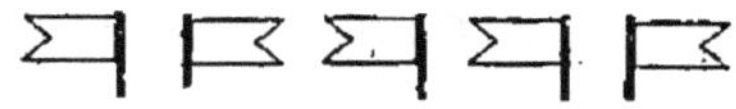

Premier moutardier..... du pape?.... Non, mais des empereurs d'Autriche et de Russie.

Fut nommé, en janvier 1814, sur le refus de M. de Gontaut-Biron, chef de la 11e légion de la garde nationale parisienne.

Le 23 de ce mois, après la messe, le corps d'officiers des douze légions ayant été présenté, dans la salle des Maréchaux, à l'empereur, à l'impératrice et au roi de Rome, M. Acloque a été admis, par le prince archi-chancelier de l'empire, au serment de fidélité qu'il a prêté entre les mains de l'empereur.

Le 26, il signa, avec les officiers de son corps, une adresse dans laquelle on remarquait les passages suivans :

« Partez, sire, avec sécurité; que nulle inquiétude sur le sort de ce que vous avez, de ce que nous avons de plus cher, ne trouble vos grandes pensées; allez, avec nos enfans et nos frères, repousser le féroce ennemi qui ravage nos provinces; fiers du dépôt sacré que vous remettez à notre foi, nous défendrons votre capitale et votre trône contre tous les genres d'ennemis. »

Deux mois après, le 6 avril, M. Acloque, en envoyant au sénat son adhésion à la déchéance de Napoléon, et à l'exclusion de son fils et de sa famille de tout droit à l'hérédité du trône de France, s'exprimait ainsi :

« Le sénat et le gouvernement provisoire viennent de couronner leur généreuse entreprise, en proclamant ce prince dont l'antique race fut, pendant huit cents ans, l'honneur de notre pays. Un peuple magnanime, que des malheurs inouis n'ont pu abattre, va recouvrer ses droits, que le despotisme du tyran n'avait pu lui faire oublier. La garde nationale est appelée à donner à la France entière l'exemple du dévoûment à son prince et à son pays. J'adhère donc avec empressement à l'acte constitutionnel qui rend le trône de France à Louis-Stanislas-Xavier et à son auguste famille. »

Le 19 décembre 1814, M. Acloque fut nommé membre de la Légion-d'Honneur, et le 31 janvier 1815, le roi l'anoblit, en l'autorisant à ajouter à son nom celui de *Saint-André*.

Napoléon revient. La solennité du champ-de-mai a lieu. M. Acloque de Saint-André y figure ; il y exerce même une sorte d'autorité, en empêchant les musiciens de la garde nationale de continuer l'air de la *Marseillaise*, qu'ils avaient commencé.

Le 6 juillet suivant, il signe une déclaration par laquelle des officiers de la garde nationale demandent au roi que la cocarde tricolore soit conservée.

Prompt à se rétracter, il proteste, le lendemain, contre sa déclaration de la veille, craignant sans doute que le signe d'un gouvernement proscrit ne serve de point de ralliement contre le nouvel ordre de choses.

Aussi, vers la fin de 1815, est-il nommé officier de l'ordre royal de la Légion-d'Honneur, et baron. Nouveau noble, il n'est pas encore imbu des préjugés de l'ancienne noblesse, qui croyait déroger en cultivant les arts même utiles : il continue à augmenter la fortune honorablement acquise par son père, en exerçant son commerce de vinaigrier-moutardier, dans lequel une probité héréditaire lui promet un succès durable.

En novembre 1824, l'état-major de la garde nationale donna un repas pour célébrer l'avènement de Charles X. Voici le toast de M. le baron Acloque de Saint-André, aide-major général :

« A monseigneur le Dauphin, au vainqueur pacifique, à ce prince pour qui toute la France *a le cœur de l'armée!* Vive monseigneur le Dauphin ! »

Depuis la révolution de juillet, M. le baron Acloque de Saint-André n'a pas conservé *le cœur de la garde nationale :* nous nous apercevons avec un vif regret qu'il ne figure plus sur les contrôles de ses officiers. Il est certains hommes pourtant qui mériteraient d'être inamovibles.

AGASSE (madame),

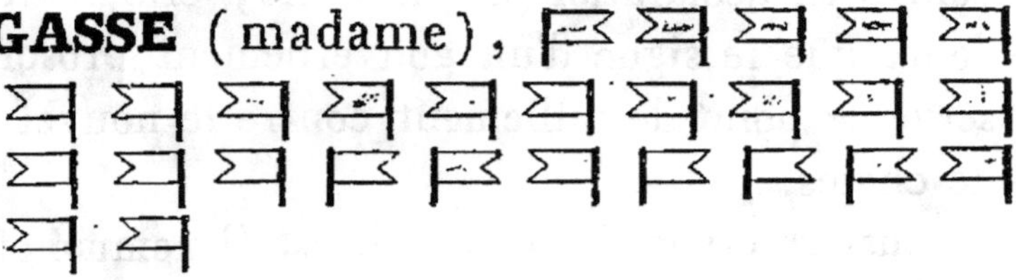

Imprimeur-Libraire, propriétaire du *Moniteur*.

Depuis l'établissement de cette feuille ministérielle jusqu'à ce jour, vingt-sept gouvernemens, bien comptés, se sont succédés en France, et les presses de Mme Agasse ont, sans relâche, *formulé* l'opinion du pouvoir, quel qu'il ait été. A qui mieux qu'à elle appartient le premier rang parmi nos machines tournoyantes? Qui mieux qu'elle mérite d'incruster sur les panneaux de sa voiture un immense écusson *omnicolore* parsemé de milliers de girouettes? Son vieux prote porte-t-il sa manche *angulée* d'innombrables chevrons? Quelqu'un de ces vingt-sept gouvernemens qu'il a si persévéramment servis, lui a-t-il au moins octroyé une de ces belles croix émaillées qui sont le prix ordinaire du courage? Si on ne l'a pas fait, est-on disposé à le faire? Voilà bien des questions. Nous espérons n'avoir pas à les reproduire à notre seconde édition. Nous connaissons bien peu de poètes ou de pairs qui valent Mme Agasse et son prote.

AGIER, 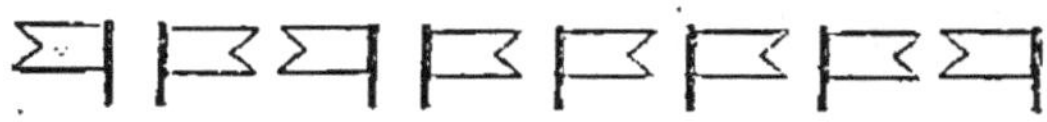

Conseiller à la Cour royale, ex-député, ex-colonel de la Garde nationale.

En 1808, conseiller-auditeur à la cour impériale de Paris; en 1810, substitut du procureur-général de la même cour, chargé des audiences des assises et des appels de police correctionnelle.

En avril 1814, il se signale par un dévoûment extraordinaire à la famille des Bourbons, et devient, au mois de mars 1815, capitaine d'une compagnie de volontaires royaux.

Napoléon revient de l'île d'Elbe. M. Agier, qui s'était opposé à l'adresse qu'il avait été question de lui envoyer, M. Agier, qui refusait de signer l'acte additionnel, conserve sa place de substitut, non plus à la cour royale, mais à la cour impériale.

Napoléon s'en va : M. Agier reste substitut, non plus à la cour impériale, mais à la cour royale ; et en récompense de sa fidélité, la croix de la Légion-d'Honneur se trouve appendue à sa boutonnière. « Sire, dit-il en présentant à Louis XVIII la députation du collége électoral de Sceaux, pour rendre à Votre Majesté la pensée du collége, nous lui dirons que, pour tous ses membres, l'autel de la patrie est sur les marches du trône.... Les Français entourent de leurs affections, de leurs bras et de leur dévouement sans bornes, *le meilleur des pères et le plus vertueux des rois.* »

En 1816, il préside la société des *Francs régénérés*, composée d'ultrà-royalistes. Le gouvernement essaie de détruire cette société occulte, redoutable par l'exaltation de ses principes et par ses affiliations nombreuses. Elle résiste à un arrêté du garde-des-sceaux.

En 1820, il coopéra à la rédaction du *Conservateur*, feuille destinée à la propagation des principes de la monarchie absolue. Ses articles étaient peu remarquables, et furent peu remarqués.

En 1822, il fut nommé maître des requêtes et conseiller à la cour royale.

En 1824, dans un banquet de la 12e légion de la garde nationale parisienne, il porta le toast suivant :

« A ce premier Bourbon qui revit la France avec tant de bonheur, et que la France revit avec tant d'ivresse ! — A ce Français de plus, qui nous console d'un Français de moins ! — A ce frère si tendre, qui fut un sujet si fidèle ! — A ce prince destiné à consommer les œuvres de sagesse du prince que nous regrettons ! — A ce roi que nous avons eu l'honneur d'avoir pour colonel-général ! — A ce roi qui ne trouve dans son cœur que de généreuses pensées et de touchantes paroles ; qui, pour les exprimer, va au-devant des supplians ; qui visite les pauvres et les malades ! — A ce roi qui à toute la chevalerie de François Ier, tout le charme d'Henri IV, et toute la bonté du roi-martyr ! — A ce roi qui réunit et enchante tous les cœurs ! — A la chevalerie, à l'honneur même ! — A Charles X le bien-aimé ! » (*Moniteur.*)

Ce toast méritait une récompense : M. Agier devint président du collége électoral de Parthenay, puis membre de la Chambre des Députés par l'influence du ministère Villèle.

Il s'assit au centre droit, près du côté droit.

En 1828, il se rapprocha du centre gauche.

En 1830, il se plaça au centre gauche, près du centre droit.

Il a voté pour la septennalité, violation de la

Charte, non moins grave que celle qui a précipité Charles X du trône, et pour le milliard de l'émigration, pour cette loi d'indemnité qu'il appelait loi de justice, transaction légale.

Il y a gagné la place de conseiller-d'état.

Puis il s'est fait chef de parti, et, avec quinze à vingt de ses amis, il a combattu son ancien ami Villèle. Mais il n'aimait pas plus la Charte que lui, et il l'a prouvé en votant contre le jugement par jury appliqué aux délits de la presse.

Le drapeau tricolore reparaît en 1830. M. Agier, ancien capitaine de volontaires royaux, ancien admirateur si passionné du chevalier Charles X, prête serment à la nouvelle monarchie, et continue à siéger dans la Chambre, qu'il déclare une fidèle et légale représentation de la nation, bien qu'elle soit issue du double vote. Une proposition ayant été faite pour qu'on revisât les pensions accordées aux pairs ecclésiastiques avec une honteuse prodigalité, il demanda l'ajournement.

Le gouvernement de la révolution voit M. Agier conserver toutes les faveurs du gouvernement de la restauration. Mais le peuple de 1831 ne ratifie pas à son égard les marques de confiance du peuple de 1824. Après juillet 1830, il avait repris ses fonctions de colonel de la 12e légion ; les gardes nationaux de 1831 ne l'ont pas même fait caporal, et les électeurs des Deux-Sèvres ont envoyé un autre député à la Chambre.

Sic transit gloria mundi.

ALAVOINE (Jean-Antoine), 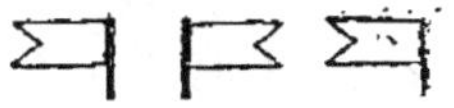

Architecte du gouvernement quel qu'il soit.

Elève de Faivre et de Thibault, ayant voyagé avec fruit en Italie, il a, sous le gouvernement impérial, exposé à plusieurs reprises, au Louvre, les plans et dessins de différens monumens étrangers.

L'empereur, à l'exposition de 1810, le gratifia d'une médaille de 500 fr., pour un projet d'édifice public, et le chargea de l'exécution de la fontaine de l'Eléphant, dont l'idée lui appartient.

Louis XVIII remplaça Napoléon. M. Alavoine reçut l'ordre de préparer le piédestal de la statue de Louis XIV pour la place des Victoires.

Napoléon, à son retour, lui ordonna de s'occuper de rechef de la fontaine de l'Eléphant.

Mais Louis XVIII ayant encore remplacé Napoléon, M. Alavoine abandonna de nouveau l'Eléphant pour le Louis XIV, qu'il eut la gloire d'achever.

Charles X lui donna la croix d'Honneur, et le jeta dans les constructions religieuses. Il répara et embellit la cathédrale de Séez, ainsi que celle de Rouen, dont il réédifia la flèche, détruite par le feu du ciel.

Il y travaillait quand la révolution de juillet éclata, et pendant un an il poursuivit cette entreprise, comme si Charles X n'avait pas quitté le trône.

On pensa cependant à fêter l'anniversaire de ce grand événement, et Louis-Philippe fit venir M. Alavoine de Rouen pour élever, sur les fondations de l'Eléphant, un monument commémoratif des révolutions de 89 et de 1830. Tout le monde a pu en voir le modèle peint sur toile, dans les fêtes de juillet dernier. La nouvelle famille royale a honoré l'architecte de ses éloges, et l'empereur détrôné du Brésil lui en a lui-même témoigné toute sa satisfaction.

ALIBERT (Jean Louis), 

Célèbre médecin.

Réputation européenne.

Le roi Louis XVIII le désigna pour son médecin consultant.

Le roi Charles X en fit son premier médecin ordinaire.

Il y a gagné les croix de Saint-Louis, de la Légion-d'Honneur, et le titre de baron.

Il est, de plus, médecin de l'hôpital Saint-Louis et du collége royal de Henri IV, membre du comité central de vaccine, médecin en chef des Eaux minérales d'Enghien, professeur de thérapeutique à la Faculté de Médecine de Paris et médecin adjoint *in partibus* au collége royal de Stockolm.

Le nouveau roi Philippe gardant les médecins du duc d'Orléans, M. Alibert a perdu la maison de Charles X au changement de drapeau; mais ses six autres places lui sont restées, et avec un peu de philosophie, il y a là de quoi se consoler d'avoir quitté la cocarde blanche.

D'ailleurs M. le baron fait des vers; il a composé un poëme intitulé *la Dispute des Fleurs*, et les vers consolent des chagrins de la vie.

ALISSAN DE CHAZET (André-René-Baltazard), 

Homme de lettres.

Vers pour le mariage de Napoléon-le-Grand :

De Mars affrontant les fureurs,
Long-temps il causa notre crainte;
S'il eût été blessé, nos cœurs
Auraient ressenti cette atteinte;
. . . .

Quelles fleurs choisir aujourd'hui
Pour cette alliance immortelle?
Il faudrait des lauriers pour lui,
Il faudrait des roses pour elle.

....

C'est pour la grâce et la valeur
Qu'on inventa le *laurier-rose*.

Napoléon, de ton image
Louise a reçu l'heureux don.
Puisses-tu, par un autre gage,
Chez nous éterniser ton nom !

....

.... La France est une maîtresse
Qui demande aussi ton portrait.

L'Officier de quinze ans, divertissement à l'occasion de la naissance du roi de Rome (1811).

La grande Famille, ou la France en miniature, pièce en un acte et en vaudeville, composée par ordre de l'empereur, et représentée devant leurs majestés à Trianon (1811).

Bayard à Mézières, opéra comique de circonstance, allusion à un autre chevalier sans peur et souvent sans reproche, représenté le 14 février 1814.

Trois mois et demi après, le 1er juin 1814, M. Chazet écrivait dans *la Quotidienne* : « Louis! à cet auguste nom, tous le Français recueillent leurs pensées et jouissent de leurs souvenirs.... La piété de nos ancêtres éleva des autels à Louis XI; l'amour trouva pour Louis XII le nom de *Père du peuple*; Louis XIV fut proclamé *grand*, Louis XV mérita le nom de *bien-aimé*, Louis XVI, Louis XVII, écartons ces affreux souvenirs! Louis XVIII aime son pays avec passion... Son esprit est calme, la clémence est dans son cœur, la bonté est l'héritage qui lui a été transmis.... Quel heureux avenir nous promet un roi d'un si noble caractère! Avec lui, *un dévouement sans bornes* ne peut avoir que du charme et jamais du danger. *Une obéissance absolue* est à la fois le besoin de nos cœurs et le garant de notre félicité. Remercions l'Etre-Suprême de nous avoir donné un roi dont les ordres sont des bienfaits, dont l'autorité est notre sauve-garde et dont la volonté est notre bouche! »

Encore trois mois et demi, et le même journal nous offrira la prose suivante du chantre du *Laurier-rose* :

« La malheureuse France a subi, pendant ce long interrègne, la dure épreuve de tous les gouvernemens. Sous Louis XVI, la démocratie royale, cette fable philantropique qui instituait un roi pour ne lui laisser aucun pouvoir; sous la Convention, l'absence de tout gouvernement; sous le Directoire, une pentarchie ridicule, où des révolutionnaires parvenus voulaient concilier le charme du pouvoir et les douceurs de la liberté; sous les consuls, une république *qui annonçait un despote*; enfin, *sous Buonaparte un gouvernement militaire, et tous les excès de la tyrannie*. Après tant de malheurs, le ciel nous devait un dédommagement.... Tâchons d'imaginer que nous avons dormi vingt ans : on peut se consoler d'un rêve pénible, quand le réveil vient offrir à notre cœur le retour d'un bon roi. »

M. Alissan de Chazet est qualifié de *marquis* dans le Journal de Paris, du 21 juin 1815; c'est une calomnie : à cette époque, il n'avait jamais été que chevalier de la façon de *Buonaparte*, qui lui avait donné l'ordre de la réunion.

Il suivit Louis XVIII à Gand. Au retour, il donna à l'Odéon : *Chacun son tour, ou l'Echo de Paris*, divertissement représenté en présence de Sa Majesté et de toute la famille royale (1816).

Il publia ensuite :

Les Trois Journées, ou recueil des différens ouvrages que l'auteur a eu l'honneur d'adresser, au nom de la garde nationale, à sa majesté, etc., dédié à tous les gardes nationaux, par leur camarade Alissan de Chazet (1817).

Les trois Journées (1818), suite de la publication précédente.

La Statue de Henri IV, ou la Fête du Pont-Neuf, tableau grivois en un acte (1818).

Eloge historique de S. A. R. monseigueur le duc de Berri (1820).

La Nuit et la Journée du 29 septembre 1820, ou détails authentiques de tout ce qui s'est passé le jour de la naissance de monseigneur le duc de Bordeaux (1820).

Les Royalistes à la Chaumière (1822.)

L'Inauguration de la Statue de Louis XIV, ode (1822).

Il devint successivement membre de la Légion-d'Honneur, bibliothécaire du roi, receveur particulier des finances à Valogne, et censeur dramatique.

Le *Désiré* mourut, le *Bien-Aimé* lui succéda. M. de Chazet publia un écrit intitulé : *Louis XVIII* à son lit de mort, ou *récit de ce qui s'est passé aux Tuileries les* 13, 14, 15 et 16 septembre 1824.

On lit dans le *Moniteur* : « La première édition a été épuisée en vingt-quatre heures ; la seconde sera enlevée avec la même rapidité. Le récit de M. de Chazet est le plus exact et le plus animé de tous ceux qui ont paru sur cette déplorable catastrophe. »

Le nouveau roi chargea M. le comte de Damas, son premier gentilhomme, de recevoir l'auteur et de lui témoigner sa satisfaction.

Ses places et ses faveurs lui furent conservées.

Quand Charles X alla se faire sacrer à Reims, M. Alissan de Chazet l'accompagna. Là il fit représenter *Louis XII à Reims*, ou *le sacre d'un bon Roi*, vaudeville en deux actes, « et donna encore, dit le *Moniteur*, la preuve des plus honorables sentimens et des plus heureux talens. »

La ville de Paris offrit au roi, à son retour, une fête brillante pour laquelle M. Alissan composa une scène lyrique intitulée la *Fête de l'Olympe*. Le temps ne permit pas de l'exécuter. On y remarquait les deux couplets suivans :

MERCURE.

J'ai vu la bonté, la clémence
Régner au terrestre séjour.
Un grand monarque, un peuple immense
Sont unis par des nœuds d'amour.
De la plus douce intelligence
Ils aiment à suivre la loi :
Quand le roi dit vive la France !
La France dit vive le roi !

MINERVE.

Mes noms offrent à la mémoire
Et la sagesse et les exploits.
Un prince m'a fait avec gloire
Porter ces deux noms à la fois.
J'étais, tour à tour douce et fière
Sur les pas du héros Français,
Pallas pour le suivre à la guerre,
Minerve pour signer la paix.

Tant de beaux vers méritaient une récompense : M. Alissan fut nommé officier de la Légion-d'Honneur.

Charles X est tombé, et avec lui toutes les places de M. de Chazet : c'est presque de l'injustice : tant d'employés de l'ancien gouvernement ne s'aperçoivent qu'à leur cocarde que le pouvoir a changé.

Feu Geoffroy appelait M. de Chazet l'*inévitable*.

A l'Athénée des Arts, à l'Athénée des Etrangers, au Lycée de Paris, au Lycée Thélusson, partout on le trouvait en corps ou en esprit. Il a composé plus de cent cinquante pièces pour le théâtre Français, pour l'Odéon, pour le théâtre des Troubadours, pour le Vaudeville, pour les Variétés, etc., etc.; il a fait des romances, des chansons, des odes, des couplets, de petits vers de société, de fête, de circonstance, que n'a-t-il pas fait enfin?

AMOROS (Don Francisco), 

Professeur de gymnastique.

Major-général espagnol en 1793, chargé dans ce pays de missions importantes en 1797, gouverneur de l'infant Francisco di Paula, en 1807.

Passe au service de Joseph Napoléon, devient, sous le nouveau roi, conseiller d'État, intendant-général de la police, commissaire royal de Guiposcoa, gouverneur de diverses provinces.

Réfugié en France, il fait d'inutiles démarches pour fléchir le ressentiment de Ferdinand.

Il est présenté à Louis XVIII, et en obtient d'être chargé, sous les auspices du gouvernement, de la direction du gymnase civil, du gymnase normal militaire et de plusieurs institutions de ce genre, toutes fondées par ses soins.

Charles X succède à Louis XVIII, et comme son frère il protége la gymnastique. Le duc d'Angoulême et la duchesse de Berry visitent plusieurs fois M. Amoros ; plusieurs fois l'habile professeur est présenté à la famille royale.

Après les journées de juillet, le drapeau tricolore remplace le drapeau blanc dans les divers gymnases. Seul il est adopté pour les exercices.

M. Amoros obtient de Louis-Philippe la même protection dont il jouissait sous Louis XVIII et Charles X.

Dites ensuite qu'il est inutile d'apprendre à faire des tours de force.

ANCELOT (du Havre), 

Faiseur de Tragédies, de Vaudevilles et même d'Opéras.

Il est compatriote et condisciple de Casimir Delavigne. L'esprit de parti essaya, dès son début, de l'opposer à son heureux rival. Delavigne voyait applaudir ses *Vêpres Siciliennes* à l'Odéon, Ancelot jeta un *Louis IX* sur le théâtre Français. Cette pièce parut une thèse très-monarchique, et Saint-Louis édifia beaucoup. L'auteur obtint les suffrages de la cour, le brevet d'une pension de 1200 fr. et le diplôme de chevalier de la Légion-d'Honneur, laquelle, flanquée d'un beau liséré blanc, décora dès lors sa boutonnière.

Puis, *comme l'amitié d'un grand homme est un bienfait des Dieux*, Raguse devint son ami et celui de toute sa famille.

Vint Charles X, qui ne changea rien à tout cela. Seulement, à l'occasion du sacre, M. Ancelot fut un des poètes monarchiques désignés pour faire l'opéra de *Pharamond*, destiné à l'académie royale de musique. Ce fut une grande fête que cette première représentation. L'enthousiasme était à son comble; les cris de *vive le roi* retentissaient de toutes parts; l'orchestre jouait *vive Henri IV*. Enfin la pièce commença. Les allusions furent saisies avec un empressement et un tact admirables. Il n'y avait plus d'étiquette. On applaudit surtout à outrance les vers suivans, dont on fit l'application au vainqueur du Trocadéro :

Peuples, avec orgueil je vous montre mon fils;
Votre attente par lui ne sera pas trompée,
Et le chef du conseil honore ses avis,
Comme nos soldats, son épée.

Le vainqueur du Trocadéro, l'illustre Raguse et Charles X, ayant fui pêle-mêle devant le drapeau tricolore, M. Ancelot, qui est philosophe, fit disparaître le liséré blanc de sa boutonnière, et se jeta à corps perdu dans le vaudeville révolutionnaire. Il n'est plus question du dauphin ni du *bien-aimé* dans sa *Dubarry* et dans ses autres pièces de 1830 et 1831.

Et c'est ainsi qu'on fait un demi tour à gauche.

ANDRIEUX (François-Guillaume-Jean-Stanislas),

Homme de lettres et Professeur.

En 1781, il prête le serment d'avocat-royal.

En 1793, devenu républicain, il adresse au *pape* une *épître* ironique; Fabre d'Églantine répond au nom du pape.

En 1794, il fait jouer un petit opéra patriotique intitulé l'*enfance de Rousseau*, et public des stances patriotiques sur les enfans républicains Barra et Viala.

En 1798, il est nommé membre du conseil des cinq cents par les électeurs de la Seine. Il y prononce un discours sur l'instruction publique, et s'y montre le défenseur de la liberté de la presse.

Après le 18 brumaire, il passe au Tribunat, y fait un rapport sur le projet de loi relatif aux émigrés, et devient ensuite secrétaire et président de l'assemblée.

Le 1er vendémiaire an 9, il s'écrie :

« Tribuns, dans quel lieu, dans quelle assemblée peut-il être plus convenable et plus doux de célébrer la fondation de la république? C'est ici que l'amour de la patrie, l'horreur de l'oppression, le noble désintéressement des vertus républicaines doivent avoir leur sanctuaire et leur autel. »

Professeur à l'école Polytechnique sous le consulat, sous l'empire, à la première restauration, pendant les cent jours, et jusqu'à la seconde restauration.

Il obtient, sous le gouvernement impérial, la croix de la Légion-d'Honneur et le fauteuil académique.

Au commencement de 1814, il est nommé professeur de littérature française au collége impérial de France.

Louis XVIII arrive, il reste professeur au collége royal de France.

Napoléon revient, il reste professeur au collége impérial de France.

Louis XVIII revient, il reste professeur au collége royal de France.

Charles X monte sur le trône, il reste professeur au collége royal de France.

Le peuple règne trois jours en 1830, il reste professeur au collége national de France.

On élit un lieutenant général, il reste professeur au collége de France, tout court.

Louis-Philippe est roi, il redevient professeur au collége royal de France.

Le 13 septembre 1830, reprise au théâtre Français de *Junius Brutus*, tragédie de M. Andrieux. Succès brillant, enthousiasme universel.

ANDRIEUX (BERTRAND),

Graveur de médailles.

Celles qu'il a gravées sous le consulat et l'empire rappellent généralement la gloire des armées françaises : ce sont les batailles de Marengo, d'Iéna, d'Austerlitz, la conquête de la Silésie, la paix de Vienne, celle de Tilsitt, de Lunéville, le rétablissement du culte. (Cette dernière médaille a obtenu le prix dans un concours.)

M. Andrieux a gravé aussi les médailles commémoratives du 21 janvier 1793, qui ont été placées au lieu d'où l'on a exhumé les restes de Louis XVI et sous la première pierre du monument projeté à la mémoire de ce monarque, sur la place de la révolution.

Ce monument sera-t-il rasé, ou continué en l'honneur de la charte? Dans le premier cas, que deviendront les médailles de M. Andrieux? Dans le second, sont-ce bien là celles que demande le nouveau monument? Et en les y laissant, ne va-t-on pas

Aux Saumaises futurs préparer des tortures?

Répondra qui voudra, ou qui pourra!

ANGLEMONT (Edouard d'),

Versificateur.

LOUIS XVIII. (ode.)

Un roi de l'étranger délivra nos campagnes,
Rendit à Ferdinand le trône des Espagnes,
A la gloire un autel.
Les anges sur la terre annoncent leur présence;
Au séjour des élus ils emportent Louis.

. . . .

Que vois-je? le ciel s'ouvre et *vers Bourbon s'avance*
Un monarque des lys.
« A tes sujets meurtris par *les fers despotiques*
Des droits chers et sacrés n'as tu pas fait le don?
Comme Henri, n'as-tu pas *au sein des lys antiques*
Fait asseoir le pardon?

. . . .

« Vois ton peuple. . . . .
Jeter les yeux sur Charles et saluer l'aurore
Du règne le plus beau. » (Moniteur).

ODE SUR LA SAINT-CHARLES.

Gloire immortelle au roi dont la main généreuse
Soumit des factions la fureur ténébreuse
Aux lois d'un *sceptre paternel!*
Gloire immortelle au roi qu'inspire
L'austère loi de l'équité,
Qui sur les rênes de l'empire
Laisse épandre la vérité!
Fiers d'être un jour pris pour modèles,

Du roi les ministres fidèles (VILLÈLE et CORBIÈRE !!)
Loin de nous chassent les malheurs.
Ils meurent; *la France voilée*
Sur le seuil de leur mausolée
Verse le tribut de ses pleurs.
Les muses. . . . .
Au souverain qui les honore
Dispensent *l'immortalité*. (Moniteur).

Le 4 novembre 1824, M. Edouard d'Anglemont a été admis à l'honneur de présenter cette ode au roi. S. M. a accueilli avec bienveillance le jeune auteur qui s'annonce par des dispositions d'un talent remarquable. (*Moniteur*).

Ces dispositions ont grandi. Entendez-le maintenant s'adresser au peuple de Paris. Ce n'est plus le chantre du *monarque des lys qui rendit à Ferdinand le trône des Espagnes*, ni du *souverain auquel sa muse dispensait l'immortalité*. Voici comme il le traite maintenant :

Citoyens de Paris, vous, dont le bras naguère,
Contre le *roi parjure* improvisant la guerre,
Fracassant en trois jours le sceptre des tyrans,
D'une page inouïe a décoré l'histoire...

Les lys ont fait place à un autre drapeau :

Est-ce *la liberté* qui te dit : lève-toi?
Et mettent dans vos mains *sa bannière immortelle*,
Comme aux jours de juillet: ô Français, vous dit-elle,
Marchez et ressuscitez-moi?

Un autre monarque est sur le trône.

C'est celui qui fuyant les foyers domestiques
Témoins de son repos, de ses vertus antiques,
Reconnut, adopta vos *drapeaux triomphans*,
Des soucis du pouvoir esclave volontaire.

Quant aux ministres, qui, suivant ses conseils, avaient pris pour modèles Villèle et Corbière, voici comme il les traite maintenant :

. . . . Anathême aux ministres
Qui voulaient nous courber sous leurs plumes sinistres,
Dont le plomb terrassa des braves, des héros....

Il termine par un engagement formel.

Si l'étranger venait qu'un tocsin nous rassemble,
Qu'alors à l'ennemi nous marchions tous ensemble!
Citoyen, du danger je réclame ma part;
Et devant le drapeau qui subjugua la terre,
Vous me verrez, paré de l'habit militaire,
Fêter d'*un chant notre départ.*

(*Almanach des Muses.* 1831.)

Voilà qui sent déjà la république!... M. Edouard d'Anglemont a exécuté son premier changement de face avec tant de précision et de netteté, qu'on a droit de concevoir de lui les plus belles espérances. Il est jeune, et la route est longue : *Inacte animo, puer!*

ANSIAUX (Jean-Joseph-Eléonore-Ant.),

Peintre.

Sous l'empire, il fut chargé du portrait du *maréchal Kellerman*, un des meilleurs de la collection des portraits des maréchaux, et l'Institut le désigna comme un des peintres qui méritaient le plus d'être employés par le gouvernement.

Sous la restauration, il se jeta à corps perdu dans la peinture religieuse, et exposa *saint Jean reprochant à Hérode sa conduite licencieuse*, *Jésus bénissant les enfans*, *Moïse sauvé des eaux*, et *saint Paul à Athènes*. Il a, en outre, peint une *Flagellation* pour la cathédrale de Metz, et l'*Annonciation de la Vierge* pour l'infirmerie de Marie-Thérèse.

La révolution de juillet l'a enlevé aux sujets religieux. Sur sept tableaux dont l'exposition de 1831 lui est redevable, deux seulement appartiennent à cette classe, encore un n'est-il qu'ébauché. On remarque, en revanche, parmi les cinq autres :

Le *Serment de Louis-Philippe* Ier, *Roi des Français*.

« La France victorieuse présente la Charte et le trône au lieutenant-général du royaume. Le prince est escorté de la Liberté appuyée sur la Justice, soutenant la Vérité et amenant à sa suite les Arts et le Commerce. La Force nationale est près du Trône. La Renommée part pour annoncer au monde ce triomphe garanti par les Vertus, qui planent autour du Roi. » (LIVRET n. 33, page 3.)

En août 1831, M. Ansiaux n'était pas encore peintre de S. M.

APPERT (B.),

Philantrope.

Jeune encore, il s'est déjà fait une grande réputation par d'innombrables services rendus à l'humanité.

Il est auteur : 1° du *Journal des Prisons* (ouvrage périodique); 2° du *Manuel théorique et pratique de la Méthode d'Enseignement mutuel, pour les écoles régimentaires* (1821); 3° d'un *Rapport sur l'état des prisons, des hospices et des écoles des départemens de l'Aisne, du Nord, du Pas-de-Calais et de la Somme* (1824); 4° d'un *Traité d'Éducation élémentaire, d'après la méthode d'enseignement mutuel, pour les prisonniers, les orphelins et les adultes des deux sexes* (1822).

Ses courses philantropiques l'ayant conduit au

bagne de Toulon, il sollicita et obtint d'être accouplé à un forçat de cet établissement. Nous concevons un saint prenant le rang d'un de ces malheureux, et consentant à être forçat à sa place ; mais l'action de M. Appert, quelque belle qu'on la suppose, n'a procuré de soulagement réel à personne : elle était trop passagère, et ressemblait plus à une gageure qu'à un trait d'humanité.

Membre de la Société pour l'amélioration des prisons, dont le dauphin était président, M. Appert a eu plusieurs fois l'honneur d'y siéger auprès du vainqueur du Trocadéro ; il ne lui a même pas épargné l'encens philantropique, et dans les discours qu'il prononçait en séance, et dans les articles qu'au sortir il faisait insérer dans les journaux.

Depuis la révolution de juillet, M. Appert est plus particulièrement le distributeur des aumônes du Roi Louis-Philippe, de la Reine, des Princes et Princesses, et surtout de Madame Adélaïde.

Sous la branche aînée, il avait un appartement très-modeste et très-haut, quai Malaquais.

Sous la branche cadette, il habite un beau logement quai d'Orsay.

Ce luxe n'effraie-t-il pas un peu le malheureux qui mendie ? et l'aumône n'humilierait-t-elle pas moins, si elle descendait d'un réduit plus modeste ?

ARAGO (Dominique François),

Astronome.

Un des savans les plus distingués de l'Europe.

En 1805, il fut nommé secrétaire du Bureau des Longitudes, bien qu'il eût eu le courage de voter contre le consulat à vie.

Sous l'empire, les cent jours et les deux restaurations, il devint ou resta, malgré l'indépendance de ses opinions, membre de l'institut, astronome adjoint du Bureau des Longitudes, professeur à l'École Polytechnique, associé libre de l'Académie royale de Médecine, et chevalier de la Légion-d'Honneur.

Admis, le 7 novembre 1824, dans le cabinet du roi Charles X, à la tête d'une députation de l'Académie royale des Sciences, il présenta à sa majesté le le 171me volume des *Mémoires de Physique et de Mathématiques* de cette Société, et lui dit :

« Sire, l'auguste fondateur de l'Académie ordonna, en 1700, que ce corps lui présenterait, chaque année, le volume destiné à sa bibliothèque du Louvre. L'Académie des Sciences a constamment joui de cet honneur sous les successeurs de Louis XIV. *Votre Majesté, en nous accordant aujourd'hui la même marque de protection, met le comble à nos vœux Cette faveur nous devient plus pré-*

cieuse encore, dans une occasion solennelle qui permet à l'Académie d'exprimer *les sentimens de respectueuse fidélité, de dévoûment et de reconnaissance qu'elle partage avec la France entière.* » (Moniteur.)

A son retour de Reims, Charles X nomma M. Arago officier de la Légion-d'Honneur. (*Moniteur.*)

Sa conduite, durant les journées de juillet 1830, fut celle d'un bon citoyen, et sa déposition franche et précise, dans le procès des ministres, lui mérita d'unanimes éloges.

M. Arago a revu avec enthousiasme un drapeau qu'il avait au fond toujours regretté. Nommé, depuis la révolution, membre du conseil général de la Seine, officier supérieur de la Garde nationale de Paris et député du département des Pyrénées-Orientales, où il est né, il sert, comme on le voit, sa patrie de plus d'une manière, et partout et toujours on le rencontre parmi les plus infatigables défenseurs de nos libertés.

ARCHIVES. 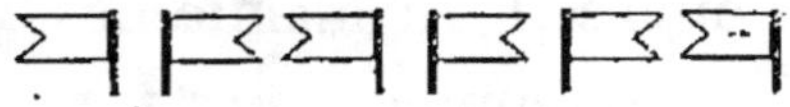

L'Almanach impérial de 1811 nous a donné les renseignemens suivans :

Archives de l'empire, hôtel de Soubise et Palais-de-Justice ; M. *Daunou*, membre de l'Institut, archiviste ; M. *Coru-Sarthe*, secrétaire-général ; section judiciaire au Palais-de-Justice, M. *Terrasse*.

Dans l'Almanach royal de 1815, nous avons trouvé : M. *Daunou*, membre de l'Institut, archiviste ; M. *Coru-Sarthe*, secrétaire général ; section judiciaire au Palais-de-Justice, M. *Terrasse*.

Dans l'Almanach royal de 1826, nous avons vu tout comme précédemment, à l'exception de M. *Daunou*, qui se trouve remplacé par M. le chevalier de *la Rue*.

Mais dans l'Indicateur de la Maison du Roi de 1831, M. *Daunou*, membre de la chambre des députés, a repris la place usurpée par M. de *la Rue*.

Tout le reste est *ut suprà*. Peut-on être plus immobile ?

ARGOUT (S.-S. LE COMTE D')  

Pair et Ministre.

Auditeur au conseil d'état sous l'empire.

Maître des requêtes surnuméraire à la première restauration.

Nommé préfet des Basses-Pyrénées, à la seconde restauration, le 10 septembre 1815, il publie la proclamation suivante :

« Le préfet du département des Basses-Pyrénées aux habitans.

« L'armée espagnole a repassé la Bidassoa. *Le petit fils de Henri* IV *vient d'accomplir le salut du midi. Son noble cœur n'aspire qu'au bonheur des Français*, et sa présence seule a ramené la sérénité.

« Habitans des Basses-Pyrénées, *redoublez*, S'IL SE PEUT, *votre tribut d'amour, de reconnaissance et d'admiration...*

« *N'êtes-vous pas fiers d'avoir pour interprête de votre dévoûement et de vos services, le fils adoptif du vertueux monarque que la providence a rendu à nos vœux ?* » (Moniteur).

Quelques jours après, le drapeau qui flotte aujourd'hui sur l'hôtel de M. d'Argout, fut solennellement brûlé dans toutes les villes du département des Basses-Pyrénées.

Le 16 février 1817, paraît dans le *Moniteur* une ordonnance contresignée Laîné, par laquelle le sieur *Dargout* (sans titres ni apostrophe, *horresco referens*), préfet du département des Basses-Pyrénées, est nommé préfet du Gard, en remplacement du sieur marquis d'Arbaud-Jouques.

Le 7 mars suivant, le nouveau préfet écrit aux

maires une circulaire dans laquelle on remarque les passages suivans :

« Nîmes le 7 mars 1817... Tous les bons français rivalisent d'amour pour le roi, de vénération pour ses hautes vertus, d'attachement à son auguste famille et *à la doctrine de la légitimité. Ils savent que sans cette doctrine sacrée, il ne peut y avoir ni repos, ni bonheur, ni honneur pour la France,* ET QUE L'EXISTENCE MÊME DE NOTRE PATRIE EST INTIMEMENT LIÉE A LA CONSERVATION DE CE PRINCIPE. Mais si, malgré la clémence si naturelle de sa majesté, il pouvait se trouver encore dans ce département quelques hommes pervers que rien ne peut ramener, s'ils osaient tenter de semer le trouble et le désordre, ils doivent être *recherchés, atteints et punis avec toute la sévérité des lois*... » (Moniteur.)

Le 19 avril suivant, car M. le préfet ne perdait pas de temps, une ordonnance, contresignée Pasquier, le nomme maître des requêtes en service extraordinaire.

Le 9 septembre suivant, il arrive à Paris; le 16 il obtient une audience particulière de Louis XVIII, et le 3 octobre il est conseiller d'état en service extraordinaire.

Il fut du nombre des 59 pairs créés par l'ordonnance Decazes, du 5 mai 1819, et il se montra ami chaud du patron qui l'avait élu.

Plus tard, il fit de l'opposition, dans la chambre des Pairs, avec MM. Pasquier, Broglie et Decazes.

La révolution de juillet éclate. Le 29, M. d'Argout accompagne M. de Sémonville à Saint-Cloud, pour engager Charles X a révoquer ses ordonnances et à nommer un ministère dont il espérait sans doute faire partie : c'est dans ce but qu'il fut chargé de négocier avec les vainqueurs.

Une commission municipale s'était instalée à l'Hôtel-de-Ville; M. d'Argout parut avec MM. de Sémonville et de Vitrolles, sans aucune pièce écrite, sans preuve officielle de leur mission. Le sang avait coulé, la mitraillade était finie, Marmont en retraite. Ils venaient parler dans l'intérêt du roi Charles X et de son auguste famille. Mal accueillis, ils espérèrent mieux des députés réunis chez M. Laffite. Mais M. de Sémonville, fatigué, se retira; M. de Vitrolles en fit autant; M. d'Argout, le plus zélé comme le plus fidèle des serviteurs du roi son maître, se présenta seul.

« Je viens, messieurs, dit-il, au nom du roi Charles X, vous faire connaître qu'il *s'est empressé* de retirer les ordonnances qui ont causé tout le *désordre* dont Paris vient d'être témoin; il a également changé le ministère, et il en a choisi les membres parmi les hommes les plus agréables à l'opinion publique... Je pense, messieurs, que vous voudrez bien user de votre influence sur la population pour faire cesser tous les troubles et rétablir les choses dans l'état où la violation de la Charte les avait laissées... Je vous prie, messieurs, de vouloir bien me faire une réponse. J'ai l'honneur de vous prévenir que je suis obligé de la rapporter à Charles X. »

M. Laffitte ayant répondu qu'il n'était plus temps : « Cependant, Messieurs, reprit M. d'Argout, dans l'ordre constitutionnel les fautes doivent être attribuées aux ministres. Le roi a pu être trompé.... »

M. Laffitte se tournant vers les autres députés : « Vous pensez sans doute, Messieurs, qu'il est inutile que monsieur insiste. »

M. d'Argout se lève et se retire.

Le lendemain, à dix heures, nouvelle visite à M. Laffitte, avec MM. de Mortemart et Forbin-Janson. On proposait deux ordonnances signées Charles X ; l'une révoquant les ordonnances du 25 ; l'autre nommant un ministère dont MM. Gérard et Casimir Périer faisaient partie ; plus, un blanc-seing du roi pour recevoir toutes les conditions des vainqueurs. Les députés renvoyèrent les trois mandataires à la Chambre, où ils allaient se réunir ; mais ils n'y parurent pas. (*Tribune*, n° 167. — Notes de la Société *Aide-toi, le ciel t'aidera*, 1re livr.)

Qui eut osé prédire alors que ce négociateur du droit divin serait, quelques mois après, ministre du roi-citoyen que la révolution a élevé sur le pavois? Il fut cependant choisi pour diriger la marine, à la place du général Sébastiani, qui y avait été nommé d'abord ; mais le pair de France n'était pas plus marin que le général son devancier.

En décembre, il a harangué la multitude et soutenu la charge de pierres qui a assailli M. le comte de Sussy, chef de la onzième légion.

L'ordonnance du 13 mars 1831 l'a appelé au ministère du commerce, recréé pour lui.

ARLINCOURT (Victor d'), 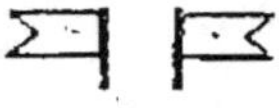

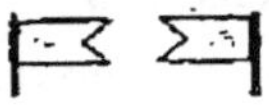

Vicomte et Romancier.

Auditeur de première classe sous le gouvernement impérial;

Maître des requêtes sous Louis XVIII;

Auteur de plusieurs romans et d'un poëme *de Charlemagne;*

En août 1825, il a prouvé à la fois son zèle pour les Bourbons et la délicatesse de son goût pour l'ordonnance des fêtes, à l'occasion de celle qu'il donna à Madame duchesse de Berry, lors du voyage de cette princesse à Dieppe. Dans le parc de Saint-Paër, où se donna cette fête vraiment romantique, parmi des bosquets enchantés autour desquels serpente une petite rivière, une barque élégamment pavoisée reçut la princesse que les dames de Gisors et des Andelys, en costumes de bergères, conduisirent, avec des chaînes de fleurs, vers une charmante pelouse où s'élevait un temple grec offrant aux regards émerveillés le buste de l'auguste hôtesse. Sous ce buste on lisait des vers dignes du sujet et de l'auteur. De très jolis couplets furent aussi chantés par Mlle d'Arlincourt à la princesse, tandis qu'une troupe de six cents bergers, qui bordaient les rives, agitaient leurs *drapeaux blancs* au bruit d'une musique militaire. Un repas somptueux fut donné au château; une illumination, un feu d'artifice et un bal terminèrent la fête. Madame, duchesse de Berry, dont l'amabilité transportait tous les cœurs, voulant témoigner à M. d'Arlincourt toute sa gratitude, lui fit présent d'une boîte ornée de son portrait.

Et pourtant, sous Charles X, M. le vicomte ne fut que maître des requêtes honoraire.

Après la révolution de juillet, sous Louis-Philippe, M. le vicomte est toujours maître des requêtes honoraire.

La reine et les princesses d'Orléans n'ont pas encore visité Saint-Paër et ses bergers.

ARMAND-SÉVILLE (le Chevalier de Malte), 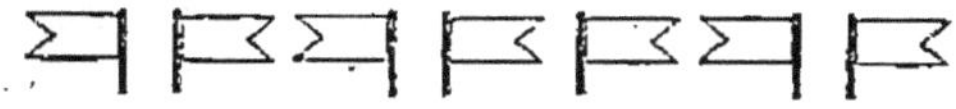

Chansonnier et Journaliste.

Sous l'empire, des vers pour Napoléon;

A la première restauration, des vers pour Louis XVIII;

Pendant les cent jours, des vers pour Napoléon;

A la deuxième restauration, des vers pour Louis XVIII;

A la mort de Louis XVIII, des vers pour Charles X;

Puis des articles dans *le Corsaire*, journal de l'opposition;

Puis des articles dans *le Mentor*, journal qui n'était pas de l'opposition.

Nous n'avons rien découvert de M. Armand-Séville depuis la révolution de juillet. Nous devons avoir mal cherché; car M. Armand-Séville est un de ces poètes qui chantent pour tout le monde: malheureusement, c'est toujours sur le même ton. Exemple:

A L'EMPEREUR.

Napoléon, *monarque auguste*
Adoré de tous ses sujets,
Par son règne, *aussi doux que juste*,
Des méchans confond les projets.
Tel est le prince que l'on aime:
Le vif éclat du diadème
Le fait moins briller que son cœur.
Il ne compte pour ses trophées
Que nos discordes étouffées,
Nos succès et notre bonheur

AU ROI.

Louis, *toujours grand*, *toujours juste*,
Adoré de tous ses sujets,
Par son règne *paisible*, *auguste*,
Des méchans confond les projets.

Voilà le monarque qu'on aime :
Le vif éclat du diadème
Le fait moins briller que son cœur.
Il ne compte pour ses trophées
Que nos discordes étouffées,
Notre amour et notre bonheur !

Voilà ce qui s'appelle faire d'une pierre deux coups.

ARNAULT (Antoine-Vincent),

Académicien.

En 1785, secrétaire du cabinet de Madame, épouse de Louis XVIII ;

En 1791, il débute dans la carrière dramatico-républicaine par la tragédie de *Marius à Minturnes*, qui est suivie de celle de *Lucrèce ;*

Puis en 1792, par attachement à la cause royale, il passe en Angleterre. Arrêté à Dunkerque, comme émigré, il est remis en liberté. Il fait jouer l'opéra républicain *d'Horatius Coclès* et la tragédie républicaine de *Cincinnatus* ou *la conjuration de Spurius Manlius ;*

1797. Il passe en Italie, où le général Bonaparte le charge de l'organisation des îles Ionniennes.

Il prend une part très-active à la révolution du 18 brumaire. Il était déjà membre de l'Institut, et avait fait jouer au théâtre-Français sa tragédie des *Vénitiens*. etc, etc.

En 1800, nommé chef de la division de l'instruction publique par Lucien Bonaparte, ministre de l'intérieur.

En 1801, il l'accompagne dans son ambassade à Madrid. De retour dans sa patrie, il reprend ses fonctions dans l'instruction publique.

En 1805, nommé président de l'Institut, il félicite l'empereur à son retour de la campagne d'Austerlitz.

En 1808, lors de l'organisation de l'Université, il est nommé conseiller ordinaire et secrétaire-général de cette grande administration.

En 1811, pour la naissance du roi de Rome, le Conservatoire impérial exécute devant LL. MM. une cantate de M. Arnault, intitulée le *chant d'Ossian*. On y remarquait les passages suivans :

Prends ta harpe, Ossian! père de l'harmonie,
Invente de nouveaux accords.
Jamais bonheur plus grand n'excita nos transports!
Jamais sujet plus beau n'enflamma ton génie.
Ils n'ont pas été vains les vœux d'un peuple entier :
La couche royale est féconde,
Et le premier trône du monde
A reçu d'elle un héritier.
Salut, ô fils de la beauté!
Salut, héritier du courage!
Le ciel t'aime, le ciel partage
L'espoir que la terre a chanté.

Que de bienfaits, que de conquêtes
L'avenir nous laisse entrevoir!
. . . .
Fils de Napoléon, tu sauras te placer
A côté du héros qui surpassa les autres;
Et lui seul peut te surpasser.

Cette pièce et quatre autres, également louangeuses, figurent dans le recueil intitulé *l'Hymen et la Naissance.*

M. Arnault pouvait espérer que le retour des Bourbons ne lui serait pas préjudiciable; aussi, en 1814, alla-t-il au-devant de Louis XVIII jusqu'à Compiègne. « Admirateur des hautes qualités de Napoléon, dit-il dans la notice qu'il a donnée sur lui-même, en tête de ses œuvres, reconnaissant de ses bienfaits, je l'ai aimé dans sa prospérité, je l'aime encore dans ses revers, et je lui souhaite tout le bonheur qui ne sera pas un malheur pour la France. Qu'on me pardonne ce vœu: je le formais pour les Bourbons, sous l'empire de Napoléon, qui n'y voyait que le sentiment d'un honnête homme. »

Par cette démarche digne du juste milieu, M. Arnault ne trahissait aucune de ses affections, et croyait se précautionner contre tout événement.

Déjà le 6 avril il avait signé l'acte d'adhésion de l'Université de France aux mesures prises par le gouvernement provisoire des Talleyrand et des Dalberg.

« L'Université, y lit-on, se fait un devoir d'exprimer au gouvernement provisoire *sa vive recon-*

naissance de tout ce qu'il a fait *pour mettre un terme à nos malheurs*; elle s'unit à lui pour témoigner *son admiration* aux *souverains alliés* qui viennent d'acquérir *une gloire unique dans l'histoire des nations. L'université hâte de tous ses vœux le moment où elle pourra présenter au descendant de Saint-Louis, de François* Ier *et de Henri IV, l'hommage de son amour et de sa félicité.* » (Moniteur.)

Il est encore signataire de la déclaration de l'Institut, du 5 avril, dans laquelle on trouve les passages suivans :

« Nos vainqueurs ont montré, je ne dit pas une modération, mais une générosité, une magnanimité qui excite dans les habitans de la capitale de justes transports d'admiration et de reconnaissance. Le magnanime Alexandre a voulu préparer une longue paix à l'Europe. Un si grand bien ne pouvait s'opérer que par le rétablissement d'une maison royale qui depuis tant de siècles a gouverné la France, très-souvent avec gloire, presque toujours avec modération, justice et bonté.... *La déchéance de Napoléon Bonaparte est motivée sur l'énumération des violations nombreuses du pacte constitutionnel, sur l'effrayante liste des crimes d'un extravagant despotisme.... La tyrannie est détruite, elle l'est sans retour....* » (Moniteur.)

Toutes ces démarches ne parurent point aux

Bourbons un gage suffisant de dévouement : M. Arnault fut privé de tous ses emplois en janvier 1815.

Deux mois après, Napoléon reparut, et le gouvernement impérial confia provisoirement à M. Arnault l'administration générale de l'Université. Nommé à la même époque membre du conseil général du département de la Seine et député à la chambre des représentans, il assista à la cérémonie du champ de Mai, et, après la bataille de Waterloo, il fut du nombre des députés qui se réunirent chez le président Lanjuinais, pour protester contre la fermeture du corps législatif.

Compris dans les ordonnances des 24 juillet 1815 et 17 janvier suivant, il se retira dans les Pays-Bas; il fut en outre rayé du tableau de l'Institut par une ordonnance contre-signée Vaublanc.

Rappelé dans le mois de novembre 1819, il a obtenu une pension de retraite et a été porté sur le testament de Napoléon pour une somme de 100,000 f. Il a publié une vie de ce prince, qui n'a eu qu'un médiocre succès.

Sous Charles X, il fut, après de longues sollicitations, reçu de nouveau membre de l'Institut.

Il entreprit un voyage en Belgique, où il reçut l'accueil le plus flatteur du bon roi Guillaume, et fit à l'excellent prince d'Orange la lecture d'une tragédie dont le sujet est l'assassinat de *Guillaume de Nassau*.

La révolution de juillet n'a pas été défavorable à

M. Arnault. S'il n'a rien eu, et probablement rien demandé pour lui, il a fait réintégrer dans une préfecture son fils Lucien, destitué par la première restauration, et a fait admettre à la cour des Comptes, comme conseiller référendaire, son très-jeune fils Louis, qui remplissait un emploi de copiste dans la maison de commerce de M. Jacques Laffitte. O modèle des pères!

ARTHUS-BERTRAND, 

Libraire de Paris.

Il faisait partie, en qualité de chef de bataillon, de la députation de la garde nationale parisienne qui, le 26 janvier 1814, présenta à l'impératrice Marie-Louise une adresse pour l'empereur, dans laquelle on remarquait les passages suivans:

« Sire, vous avez sauvé la France il y a 15 ans: vous la sauverez encore aujourd'hui. *L'union indissoluble de la nation et du souverain* fera cesser les passagères infidélités de la victoire; et, pressés autour de vous, les Français seront encore triomphans... En recevant la couronne, Sire, vous reçutes aussi nos sermens; nous les renouvelons aujourd'hui aux pieds de votre épouse révérée, si digne de votre amour et

du nôtre, et devant le berceau de votre auguste fils. »
(*Moniteur.*)

« Sorti de là (de la Cour d'Assises), je me trouvai sur le grand degré avec M. Arthus-Bertrand, un de mes jurés, qui s'en allait dîner, m'ayant déclaré coupable. Je le saluai; il m'accueillit, car c'est le meilleur homme du monde, et chemin faisant je le priai de me vouloir dire ce qui lui semblait à reprendre dans le *Simple Discours* condamné. « Je ne l'ai point lu, me dit-il; mais c'est un pamphlet, cela me suffit. » (*Pamphlet des Pamphlets*, par Paul-Louis Courrier, ancien canonnier à cheval, vigneron de la Chavonnière.)

Or, l'écrit que M. Arthus-Bertrand traitait si mal, en sa qualité de pamphlet, et pour lequel le spirituel vigneron fut condamné, le 28 août 1821, à deux mois de prison et 200 fr. d'amende, n'était autre que le *Simple Discours*, ce trait si vigoureux lancé contre la souscription proposée par l'autorité pour l'acquisition de Chambord, au profit de l'enfant royal, de cet Henri V, autour duquel se groupent aujourd'hui les ennemis de la France.

En 1826, sous Charles X, M. Arthus-Bertrand était chevalier de la Légion-d'Honneur et lieutenant-colonel de la onzième légion de la garde nationale.

L'Almanach national de 1831 ne dit pas ce qu'il est sous Louis-Philippe.

AUBERNON (Joseph Victor), 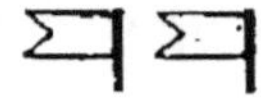

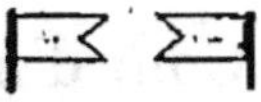

Préfet.

Adjoint aux commissaires des guerres en 1804, sous le consulat;

Commissaire des guerres en 1808, sous le gouvernement impérial;

Auditeur de première classe au conseil d'état, section de la guerre;

Attaché à l'ambassade de l'abbé de Pradt en Pologne;

Préfet de l'Hérault, le 13 janvier 1814;

Maintenu dans cette préfecture par Louis XVIII, et nommé chevalier de la Légion-d'Honneur.

Napoléon, de retour, le nomme à la préfecture de Tarn-et-Garonne, mais déjà il avait donné sa démission.

Il eût infailliblement été employé sous la seconde restauration, si quelques calomniateurs ne l'eussent desservi, en affirmant, contre toute vérité, qu'il avait gardé sa préfecture dans les cent jours. Il s'en consola en achetant une charge d'agent de change, qu'il revendit après cinq ans d'exercice.

La révolution et M. Laffitte l'ont pourvu de la belle préfecture de Seine-et-Oise. Nous ne savons quels services il a rendus à M. Laffitte; mais le seul qu'il ait rendu à la révolution, est peut-être d'avoir fait des vœux pour son triomphe.

Élu député par le grand collége du Var, aussitôt après juillet 1830, il a siégé au centre, et voté avec les doctrinaires. La loi communalede M. Martignac, recrépie par M. Humblot-Comté, n'a pas eu de plus fervent approbateur.

Il est conseiller d'état en service extraordinaire attaché au comité de l'intérieur et du commerce.

AUBERT, 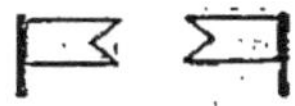

Compositeur de musique.

Il fut décoré de l'ordre royal de la Légion-d'Honneur à l'occasion du sacre de Charles *le bien-aimé;*

Membre de la commission dramatique, il fut un des signataires de l'avis suivant, inséré dans le *Moniteur*, sous la lieutenance de Louis-Philippe, *le roi citoyen* :

« La commission dramatique, informée que les différens théâtres de la capitale préparent des représentations dont le produit est destiné au soulagement des blessés, des veuves et des enfans des citoyens morts dans *les glorieuses journées* des 27, 28 et 29 juillet, jalouse d'associer les auteurs à *cette œuvre de justice et de reconnaissance*, déclare, au nom de tous ses commettans, abandonner à cette destination le produit total des droits des auteurs dont les ouvrages seront joués dans ces différentes représentations tant à Paris que dans les départemens. »

AUGUSTIN (Jean Jacques),

Peintre en miniature.

1° Portraits de *Napoléon*, du *roi de Hollande*, de *M. Denon*, etc, etc.

2° Portraits de *Louis XVIII*, de Madame, duchesse d'Angoulême, de monseigneur le duc de Berry, etc., des princes et souverains de l'Europe.

3° Nommé peintre du cabinet de Charles X.

4° Exposition au profit des blessés des 27, 28 et 29 juillet : un cadre de miniatures, parmi lesquelles celle de l'impératrice Joséphine en émail.

AURE (Jean-Pierre-Paulin-Hector, comte d'), 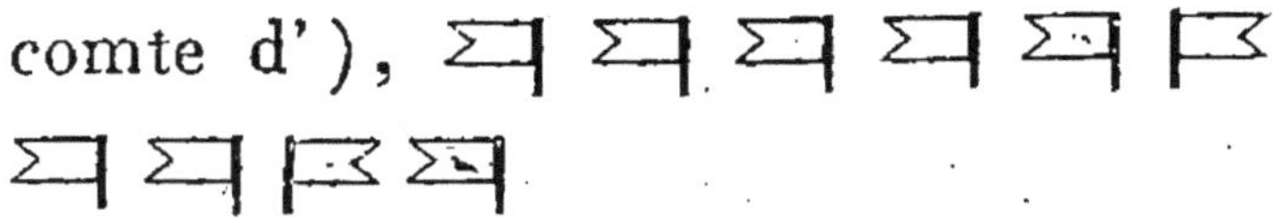

Administrateur-Militaire.

En 1791, sous-lieutenant de hussards, *sous Louis XVI, roi constitutionnel;*

En 1792, aide-commissaire des guerres à l'armée du Rhin, *sous la Convention;*

En 1795, commissaire des guerres, avec Moreau, Desaix et Masséna, *sous la république;*

En 1798, commissaire ordonnateur et puis ordonnateur en chef de l'armée d'Egypte, *sous le directoire;*

En 1801, ordonnateur en chef de l'armée de Saint-Domingue, *sous le Consulat;*

En 1809, ministre de la marine, de la police et de la guerre, *sous Murat, roi de Naples;*

En 1813, commissaire en chef des subsistances à la grande armée, *sous l'empire;*

En 1815, maître des requêtes et intendant général de l'armée à Waterloo, *cent jours;*

Continue ces dernières fonctions à Bourges jusqu'au commencement de 1826, *sous les Bourbons de la branche aînée;*

En 1828, nommé par les mêmes intendant militaire et attaché à la commission chargée de l'organi-

t

sation générale du matériel de l'armée, de la rédaction du code militaire administratif, et de l'administration des subsistances ;

En 1831, sous ce drapeau tricolore qu'il a revu avec transport, conseiller-d'état et directeur de l'administration de la guerre.

Il était officier de la Légion-d'Honneur, chevalier de Saint-Louis, commandeur de l'ordre royal des Deux-Siciles, et grand cordon de l'ordre de Saxe à l'époque de la révolution : il n'a été nommé depuis lors que commandeur de la Légion-d'Honneur : la croix de Saint-Louis est en pleine disgrâce, et les souverains actuels des Deux-Siciles et de Saxe paraissent peu disposés à faire quelque chose pour les soutiens du gouvernement de Louis-Philippe.

AUVITY (PIERRE),

Médecin.

Décoré de la croix de la Légion-d'Honneur sous la branche aînée ; il eut l'honneur d'être le médecin ordinaire de Charles X.

La branche cadette ne lui a pas encore donné de décorations ; mais il tâte le pouls de leurs altesses royales les princes et princesses d'Orléans, avec les mêmes trois doigts qui tâtèrent six ans celui du monarque exilé. *E sempre benè.*

AUZOU (madame),

Peintre.

« S. M. l'Impératrice, avant son mariage et au moment de quitter sa famille, distribue les diamans de sa mère aux archiducs et archiduchesses ses frères et sœurs. La scène se passe dans la chambre à coucher de S. M., à Vienne. »

(*Musée Napoléon*, 1er novembre 1812, n° 22 de la notice.)

« Une croisée de Paris, le jour de l'arrivée de S. M. Louis XVIII. »

(*Musée royal des Arts*, 1er novembre 1814, n° 21 de la notice.)

Rien depuis la révolution de juillet ! O madame Auzou, vous aviez si bien commencé.

AVOCATS au Conseil d'État et à la Cour de Cassation.

Si le roi de Maroc venait s'asseoir sur le trône de France, et présider le conseil d'état, il trouverait à leur poste les immuables avocats de ce conseil.

Deux, MM. Molinier de Montplanqua et Coste, ont prêté . . . . 22 sermens

Deux, MM. Sirey et Jousselin. . . 7

Cinq, MM. Marie, Guichard fils, Gueny, Rochelle et Tesseyre . . . 6

Dix-sept, MM. Scribe, Jacquemin, Vildé, Petit-de-Gatines, Roger, Garnier, Routhier, Piet, Godart de Sarponay, Teste-Lebeau, Cotelle, Dalloz, Mandaroux-Vertamy, Rogron, Berton, Huart, Jouhaud. 3

Nous ne parlons pas des autres, qui n'en ont prêté que deux; mais espérons que, pour peu que Dieu les aide, ils marcheront sur les traces de leurs confrères.

Quelques-uns de ces messieurs ont été décorés avant, pendant et après les Bourbons de la branche aînée. Nous avons copié les noms de ceux qui ont le plus tourné, afin que nos lecteurs-girouettes, qui auraient besoin d'avocats, donnassent leur pratique à d'habiles jurisconsultes ayant fait leurs preuves, plutôt qu'à de petits praticiens sans renom, qui n'ont jamais eu qu'une manière de voir et une opinion dans leur vie.

Voici, du reste, deux *échantillons* du style de ces messieurs :

« Paris le 4 avril 1814—Les avocats au conseil d'état et à la cour de Cassation, *spontanément réunis au Palais de Justice*, déclarent qu'ils *rendent grâce au sénat et au gouvernement* provisoire, de l'acte qui a délié les Français du serment d'obéissance et de fidélité à Napoléon Bonaparte et à sa famille. Ils attendent avec impatience, ils appellent de tous leurs vœux, la Charte qui doit rendre à la France les descendans d'Henri IV. » (*Moniteur.*)

« Paris le 4 août 1830. — Le conseil de l'ordre des avocats à la Cour de Cassation et au conseil d'état, *voulant donner un témoignage* de son admiration et *de sa reconnaissance* aux familles des citoyens qui ont été victimes de leur dévoûment dans les glorieuses journées des 27, 28 et 29 juillet, a voté dans sa séance extraordinaire de ce jour une somme de 6000 francs destinée aux blessés, morts et orphelins. »

(*Moniteur.*)

AVOYNE DE CHANTEREYNE (Victor),

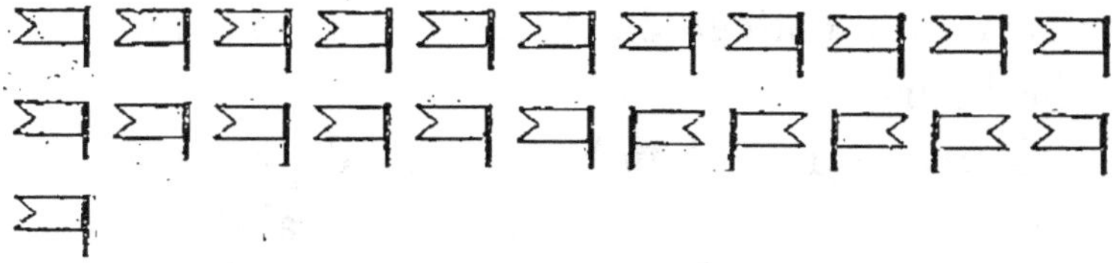

Conseiller à la Cour de Cassation.

Il fut un des électeurs de Paris en 1789, et devint ensuite procureur de la commune de Cherbourg, administrateur et procureur syndic du département de la Manche, membre du district de Cherbourg, président de l'administration municipale de cette ville, et substitut-rapporteur du procureur-général près la cour d'Appel de Caen, sous le règne républicain;

Premier avocat-général près le tribunal de Caen, et membre du corps législatif sous le régime impérial;

Député de la Manche lors de la première restauration.

Ce fut dans cette session qu'il s'opposa de tout son pouvoir à un projet de *loi sur la liberté de la presse*, présenté par M. Raynouard; et qu'il proposa l'ordre du jour sur une pétition de libraires détenus pour avoir publié une brochure extraite du *Moniteur* de 96, *attendu qu'elle outrageait ce que la France a de plus auguste, de plus cher et de plus sacré* (Louis XVIII); aussi obtint-il la croix d'Honneur, la présidence de la cour royale d'Amiens et celle du collége électoral de l'arrondissement de Cherbourg.

Renvoyé à la chambre par le département de la Manche, en 1816, il vota la contrainte par corps, même *contre les septuagénaires*, et proposa l'ordre du jour sur une pétition des *élèves de l'Ecole de Droit*, qui réclamaient M. Bavoux, leur professeur: aussi fut-il nommé conseiller à la cour de Cassation.

En 1820, il se prononça en faveur du double vote et pour les lois suspensives de la liberté individuelle et de la liberté de la presse. Siégeant au centre, son pouvoir était grand, et l'on cite sept nominations qu'il obtint d'un seul coup de filet. En 1825, il a été un des partisans du renouvellement septennal : aussi a-t-il été nommé officier de la Légion-d'Honneur.

Comme on le voit, M. *Avoyne* mange à plus d'un *ratelier*. Il est borgne comme Philopémen et Camoens, ce qui ne ne l'empêche d'y voir assez clair quand il faut signer les adresses de la cour de Cassation à Charles X, pour le féliciter de son avènement au trône, de son couronnement et des victoires du drapeau de Saint-Louis en Afrique; et à Louis Philippe, pour le remercier d'avoir pris les rênes de l'état et la cocarde tricolore! Tourne, girouette, tourne!

AZAÏS (Pierre Hyacinthe), 
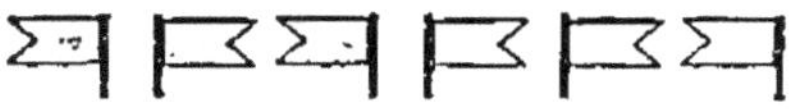

Auteur du Système des Compensations.

Sous la monarchie absolue, il entra dans la congrégation de la Doctrine chrétienne, et devint secrétaire particulier de l'évêque d'Oleron.

La révolution éclata, il en adopta les idées avec ferveur;

Puis il les désavoua, appuya, dans son département, la révolution du 18 fructidor, fut condamné à la déportation par le tribunal d'Alby, et se cacha dans l'hospice des sœurs de la charité à Tarbes.

Fixé à Paris, il y publia plusieurs livres de métaphysique, et fut nommé professeur d'histoire et de géographie au prytanée de Saint-Cyr. Là, il adressa à l'empereur Napoléon un discours sur la vérité universelle, dans lequel on remarque les passages suivans :

« Sire, l'époque où nous sommes, celle où vous avez pris, par droit de force et de génie, le premier sceptre de la terre, est celle où l'esprit de l'homme doit enfin connaître cette cause universelle qui tient le sceptre du monde. Il a suffisamment interrogé ses effets; il a suffisamment pris, dans les réponses de chacun, ce qui devait former une réponse commune. Cette réponse, absolument universelle, et pour cette raison parfaitement simple, l'esprit humain l'a confiée à un de vos sujets: Sire, *l'esprit humain* avait besoin d'*un organe*, j'ai eu l'honneur d'être choisi. » (*Journal des Débats* du 23 mars 1809.)

Inspecteur de l'imprimerie et de la librairie dans les départemens de la Drôme, de l'Ardêche, du Gard, de la Lozère et de Vaucluse, en remplacement de M. Turenne. (Septembre 1811.)

Le roi arrive, M. Azaïs trouve moyen de se faire nommer inspecteur de la librairie à Nancy. Il y a compensation.

Napoléon revient, M. Azaïs est recteur de l'académie de Nancy.

Destitué à la seconde restauration, il ne se montre point, dans ses écrits, *l'organe de l'esprit humain,* mais bien celui d'une excellence connue par son penchant pour les nouveaux doctrinaires. Au reste, il trouve, dans ses rapports avec le ministre, une heureuse application de son système favori : il y perd un reste de réputation, mais il acquiert une très-jolie petite maison, rue Duguay-Trouin, n° 3.

Bientôt il publie un ouvrage intitulé : *Jugement impartial sur Napoléon, ou Considérations philosophiques sur son caractère, son élévation, sa chute, et le résultat de son gouvernement; suivies d'un parallèle entre Napoléon et Cromwell.* C'est un mauvais livre et une mauvaise action.

Polignac, assailli par les libéraux, trouve l'auteur des *Compensations* sur sa route. Celui-ci compose un écrit nébuleux à la louange du ministre de la contre-révolution, écrit que *le Nouveau Journal,* alors un des organes les plus francs et les plus énergiques de l'opposition, combat avec un talent et une persévérance remarquables.

Là le tonnerre de juillet vient surprendre l'émule de Cottu. Depuis que le drapeau tricolore flotte en France, il a recommencé ses leçons philosophiques dans son jardin de la rue Duguay-Trouin. C'est dans ces lieux qu'il vous prouvera, si vous avez la patience de l'écouter, que Polignac fut un tyran, et que Périer est le modèle des ministres. *Toujours quelque compensation!* Croyez-y!

BAOUR-LORMIAN (LOUIS-PIERRE-MARIE-FRANÇOIS), 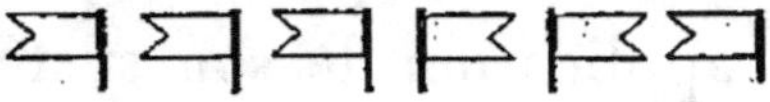

Versificateur et académicien.

Je connais un paysan qu'on appelait Gros-Pierre,
Qui n'avait pour tout bien qu'un seul morceau de terre;
Il y fit faire autour un grand fossé bourbeux
Et de *monsieur de l'Ile* il prit le nom pompeux.

C'est tout bonnement l'histoire de M. Baour, racontée d'avance par Molière. Un très-petit pré, appelé *Lormian*, que lui a laissé son père, honnête libraire de Toulouse, voilà l'origine de son deuxième nom.

Il composa d'abord une *Hymne funèbre sur la mort du général Hoche*.

Une imitation en vers d'*Ossian* lui mérita la faveur du premier consul. M. Baour se montra reconnaissant : il chanta *les campagnes du vainqueur d'Italie*, et publia un poëme sur *le Rétablissement du Culte*. Dieu, à travers un nuage, dit que le premier consul est le Messie:

Alors paraît un homme, en des jours plus prospères,
Heureux médiateur entre mon peuple et moi.

Huit ans après, parurent *les Fêtes de l'Hymen*, suivies du *Chant nuptial*, poëme à l'occasion du mariage de l'empereur Napoléon;

Puis une ode sur *la Naissance du roi de Rome*, dans laquelle on remarque ces vers :

Infaillible garant d'un bonheur qui s'achève,
Sous les yeux paternels qu'il s'instruise et s'élève.
Je le vois s'emparer du destin qui l'attend
. . . .
Et l'ange qui préside au salut de l'empire,
Sur le divin porphyre
Gravera de nos cœurs les sermens solennels.

Au commencement de 1814, *l'Oriflamme*, grand opéra de circonstance, fut commandé par le gouvernement impérial, et composé par MM. Etienne et Baour-Lormian.

Pendant les cent jours, il est nommé membre de l'Institut, à la place du chevalier de Boufflers.

Louis XVIII confirme cette nomination, le 21 mars 1816.

M. Baour, qui a toujours été reconnaissant, adresse une *Epître à Louis XVIII*, dans laquelle, récitant son *meâ culpâ*, il s'écrie :

Abjurons des erreurs dont nous fumes épris.

Puis il compose un poëme intitulée : *le Retour à la Religion*.

Il paraît que sa conversion a été sincère, car, au sacre de Charles X, il a repris sa lyre et a chanté, sous le nom de Baour DE Lormian (*Moniteur.*)

Un guerrier, ...
Enveloppant son front du bandeau souverain,
De son joug belliqueux nous imposa l'airain,
De quel éclat son nom brillerait dans l'histoire,
Si, vainqueur des partis à ses pieds expirans,
Trop fier pour se ranger au nombre des tyrans,
Il eût de ses exploits mieux senti l'avantage;
S'il eût de nos Bourbons surveillé l'héritage;
Et, donnant le premier l'exemple du devoir,
Replacé les Français sous un juste pouvoir!
. . . .
Il cède, il fuit, il tombe et le monde respire.
Etoile des Bourbons qu'imploraient nos douleurs,
Tu parais, tu nous rends, avec le mois des fleurs,
Ces princes, seul espoir de notre âme flétrie,
Et devant leur sourire aimable et gracieux
Tombe et s'anéantit tout pouvoir factieux.
. . . .
Il agite un drapeau dont la blancheur efface
Les neiges que l'hiver sur les Alpes amasse.

(Moniteur.)

Le ministre de l'intérieur fait prendre 250 exemplaires de ce poëme, pour les distribuer dans les fêtes du sacre. *(Moniteur.)*

Le succès qu'obtiennent les deux nouveaux poëmes de M. Baour-Lormian, *le Retour à la Religion* et *le Sacre de Charles X*, est sanctionné par les plus augustes suffrages. Le roi et monseigneur le dauphin ont bien voulu en témoigner à l'auteur toute leur reconnaissance. *(Moniteur.)*

Cela ne l'empêche pas de remettre, en 1830, sa vieille cocarde tricolore à son chapeau d'académicien.

Par compensation, sa boutonnière est toujours ornée des rubans de la Légion-d'Honneur, de Saint-Wladimir et de l'Etoile-Polaire. *Honnête Baour!!!*

BARANTE (PROSPER BRUGIÈRE, BARON DE),

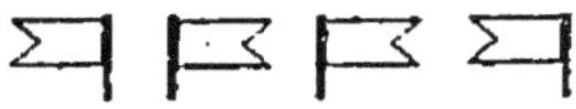

Homme d'État.

Auditeur au conseil-d'état, sous-préfet et préfet sous Napoléon, qui signe son contrat de mariage avec Mlle d'Houdetot.

A la première restauration, encore préfet.

A la seconde, conseiller-d'état honoraire et secrétaire-général de l'intérieur, dont il tient quelques jours le porte-feuille en attendant M. de Vaublanc; puis directeur-général des impositions indirectes, député du Puy-de-Dôme, défendant le budget; commissaire du roi à la Chambre des Députés, faisant adopter le monopole du tabac; et enfin pair de France par la grâce de son ami Decazes.

A la révolution de juillet, il seconde M. Pasquier dans le recrépissage provisoire de la Chambre des Pairs, et l'un des premiers il prête serment à Louis-Philippe. Il en est récompensé par les nominations successives de ministre d'état et de ministre plénipotentiaire près la cour de Sardaigne.

Il est, en outre, officier de la Légion-d'Honneur et membre de l'Académie française.

BARATEAU (Emile), 

Auteur de Romances.

Décoré de l'ordre du *Brassard* par le duc d'Angoulême, à son entrée à Bordeaux, il lui témoigne sa gratitude par deux ou trois romances ultrà-royalistes.

Puis tout retombe dans le silence.

Le 27 novembre 1824, le *Moniteur* annonce une *Vie anecdotique du Dauphin*, depuis sa naissance, avec cette épigraphe : *Heureux le jour où vous êtes rentrés dans le palais de vos pères!* Chez Delaunay, libraire au Palais-Royal.

L'auteur a gardé l'anonyme, mais le *Moniteur* avoue officiellement que cet auteur est M. Barateau.

Puis il pleut deux ou trois romances royalistes.

M. de Martignac arrive au ministère de l'intérieur. Poète et Bordelais, il fait de M. Barateau le chef de son cabinet, et le décore de la Légion-d'Honneur, pour prix de toutes ses romances.

Le ruban vert de sa boutonnière cède la moitié de la place au ruban rouge.

Et les romances encombrent le piano de Mme de Martignac.

Puis vient la révolution de juillet, et le ruban vert cède toute la place au ruban rouge, et l'on dédie de nouvelles romances aux princesses du Palais-Royal.

BARBÉ-MARBOIS (François, marquis de), 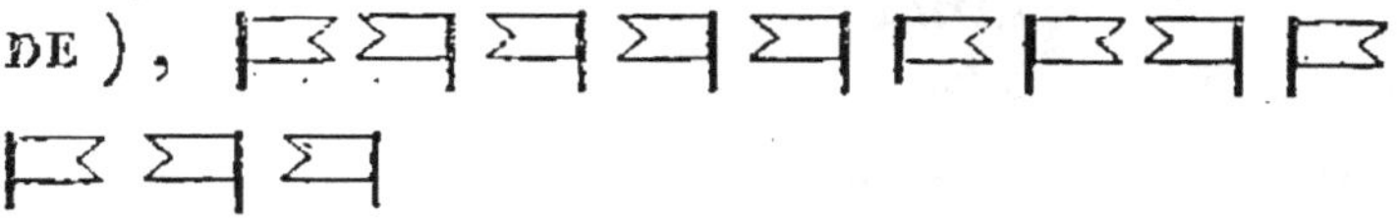

Consul général aux États-Unis, et intendant à Saint-Domingue.

Louis XVI lui écrit de sa main, le 3 juillet 1789, pour lui *témoigner sa satisfaction des services qu'il lui a rendus et de la fermeté avec laquelle il a soutenu ses intérêts.*

De retour en France, employé dans la diplomatie en 1790.

Elu membre du conseil des anciens en 1795.

Déporté à Sinnamary (Guyane) en 1797.

Nommé conseiller d'état en 1801, puis directeur du trésor public, ministre du premier consul à

Bruxelles, président du collége électoral de l'Eure, candidat au sénat-conservateur, grand officier de la Légion d'Honneur, comte, grand dignitaire de l'ordre de Saint-Hubert de Bavière, premier président de la cour des Comptes et sénateur.

« 10 janvier 1808. Nous offrons nos efforts à Votre Majesté, comme la plus sûre expression de *notre fidélité et de notre amour pour votre auguste personne.* » (Moniteur.)

« 24 janvier 1809. Votre cour des Comptes vient joindre ses félicitations à celles de tous les corps de l'état, de tous les sujets de votre empire. *Loin de vous tout manque à notre bonheur;* votre présence nous rend toutes nos espérances, nos affections.... Notre zèle se ranimera sous vos regards.... *Nous jouirons des biens que vos lois et votre génie nous assurent.* » (Moniteur.)

En avril 1814, il votait, comme membre du sénat, la déchéance de ce génie tant préconisé. Le nom de Marbois figure en tête des quatre rédacteurs de cet acte que nous ne qualifierons pas.

Le lendemain, il se rendait à la cour des Comptes, et y prononçait ces paroles : « Vous m'avez demandé de vous rassembler et de vous donner les moyens d'exprimer les sentimens que vous inspire ce grand événement; je m'*empresse* de satisfaire à votre impatience.... Des peuples qu'on s'efforçait de nous faire redouter comme ennemis, l'empereur de Russie, le roi de Prusse, d'autres princes réunis pour la plus belle des causes, ne marquent leur présence que par des témoignages d'amitié. Ils sont nos alliés, nos amis, et, depuis long-temps, nous n'avons pas été aussi libres qu'en présence de ces étrangers en armes.... De toutes parts se fait entendre le nom des Bourbons, tous les vœux pressent leur retour; ils approchent.... Nous sommes enfin libres d'exprimer les sentimens qui nous animent pour cette famille que tant de titres ont rendu chère à la France. » (*Moniteur.*)

Le jour de l'entrée de Louis XVIII, M. Barbé-Marbois se porte à sa rencontre avec la cour des Comptes : « Sire, lui dit-il, entre autres belles choses, les monumens que nous conservons, les dépôts, les archives qui nous environnent, tout nous instruit des grandeurs des Bourbons. Nous nous efforcerons de mériter la bienveillance de Votre Majesté, et de lui prouver notre dévouement et notre profond respect pour sa personne sacrée. » (*Moniteur.*)

Louis XVIII, ne voulant pas se laisser vaincre en générosité, le nomma pair, conseiller honoraire de l'Université et, comme devant, premier président de la cour des Comptes.

Après le retour en France de Napoléon, Barbé-Marbois fait sonder par le général Lebrun, son gendre, et fils du duc de Plaisance, les dispositions de l'Empereur à son égard. Napoléon exprime vivement son indignation contre *un homme qui, tenant tout de lui, avait témoigné*, dit-il, *un empressement d'ingratitude que la nécessité ne justifierait même point*. Il lui fit donner ordre de quitter Paris, et le remplaça à la cour des Comptes.

A la seconde restauration, les présidens et maîtres de la cour des Comptes se réunissent sous la présidence de M. Barbé-Marbois, et prennent une délibération libre et spontanée par laquelle ils expriment leurs sentimens d'amour, de dévouement et de respect au Roi. Ils demandent que l'hommage qu'ils portent à ses vertus soit mis au pied du trône. Sur les 106 membres composant la cour, cinq seulement sont absens par congé ou pour affaire. (*Moniteur.*)

M. Carret, maître des requêtes, président de la fédération parisienne pendant les cent jours, s'étant présenté à la cour des Comptes vers cette époque : « Monsieur, lui dit M. Barbé-Marbois, vous êtes nommé à vie, et personne n'a le droit de vous destituer ; mais toutes les fois que vous paraîtrez ici la séance sera levée. »

En août 1815, il remplace M. Pasquier au ministère de la justice et comme garde-des-sceaux. Mais un an ne s'était pas écoulé qu'il redevenait premier président de la cour des Comptes.

Louis XVIII meurt, Charles X lui succède, Barbé-Marbois se présente aux Tuileries avec sa cour des Comptes, et dit au nouveau roi :

« Sire, pénétrés de la tristesse publique, témoins des larmes que répandent les peuples, nous venons vous supplier de suspendre vos propres douleurs et de donner relâche à l'affliction fraternelle. Au milieu même des plus légitimes regrets, le gouvernement de l'État, le bonheur de la France réclament tous les soins de son Roi; et le premier serment que nous déposons entre les mains de Votre Majesté, le seul serment que votre sagesse attend de nous, est celui d'être toujours fidèles à votre service. » (*Moniteur.*)

Le 18 juillet 1830, il va trouver Charles X le *bien-aimé*, et lui dit, à propos de la conquête d'Alger : « Voilà, Sire, voilà les conquêtes et les victoires qui assurent aux peuples et à leurs rois des gloires immortelles. *Cette œuvre de sagesse place votre nom parmi ceux des bienfaiteurs des hommes*, et nous nous sommes empressés de venir vous en féliciter » (*Moniteur.*)

Neuf jours après, ce bienfaiteur des hommes les faisait mitrailler dans les rues de Paris.

Encore deux jours, et il n'était plus sur le trône.

Quatre jours encore, et un lieutenant-général occupait sa place, et M. Barbé-Marbois venait prendre jour pour lui présenter sa cour des Comptes.

Encore quatre jours, et M. Barbé-Marbois lui parlait en ces termes :

« Au milieu d'une crise terrible, qui est à son terme, les regards de la France se sont arrêtés sur vous. Vous avez entendu un vœu général, et le calme renaît. Grâces en soient rendues à vos généreuses résolutions. La cour des Comptes vous voit avec joie environné d'une nombreuse famille, présage d'un heureux avenir. »

M. Marbois est de plus marquis, grand'croix de la Légion d'Honneur, membre de l'Académie des sciences et du conseil général des hospices.

BARGINET (Alexandre), 
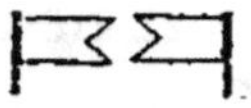

Homme de Lettres.

Fait jouer, au commencement de 1814, à Grenoble, une pièce intitulée : les *Autrichiens à Montmeillant*, pièce éminemment patriotique ; publie ensuite, à Paris, sous la restauration, plusieurs romans ou brochures politiques dont l'une intitulée : *Histoire véritable de Tchon-Tcheou-Li, mandarin lettré.* Ce mandarin lettré n'était autre que le ministre Decazes, qui envoya son chroniqueur coucher en prison. Rendu à la liberté, il renonça à tourmenter les ministres et se mit à leur solde dans *le Pilote-Cassano*, journal dont personne n'a oublié l'origine scandaleuse et la couleur perfidement doctrinaire. M. Barginet fut un des plus actifs collaborateurs de cette feuille. Il composa aussi la généalogie des *Croï-Chancel* et des *Croï-d'Havré*, pour un débat judiciaire où la France n'avait à prendre aucune part, et les *Montagnardes*, tradition dauphinoise où l'une de ces deux familles aristocratiques est par lui portée aux nues. Dans ce temps, M. Barginet, pour colorer sa défection, se plaignait amèrement des libéraux, qui l'avaient, disait-il, abandonné ; mais cet abandon qu'il faisait sonner si haut, n'avait-il pas été bien provoqué par lui?

Si M. Barginet s'est plaint des libéraux, il n'a pas à se plaindre, depuis juillet 1830, de ses anciens amis les doctrinaires, qui ont confisqué notre belle révolution à leur profit et à celui de leurs créatures. Tandis que ses camarades de prison meurent de faim au pied du drapeau tricolore, qu'ils ont essayé quinze ans d'arborer, M. Barginet occupe à la police la place d'inspecteur-général adjoint de la salubrité ; les honneurs même pleuvent sur lui, et, depuis l'avénement de Louis-Philippe, il est membre de la Légion-d'Honneur et chef de bataillon de la garde nationale de Montmartre. *Sic itur ad astra!*

BARRIÈRE (Jean-François), 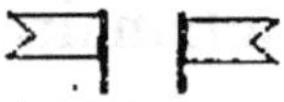
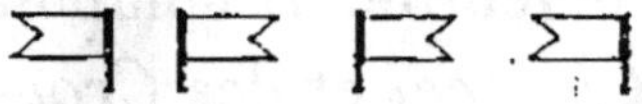

Homme de Lettres.

Employé à la préfecture de la Seine sous le comte Frochot; chef de la division des hospices, à cette même préfecture, sous le comte de Chabrol, et de plus, examinateur des livres à la direction de la librairie; enfin, encore chef de la division des hospices sous le comte de Laborde, M. Odillon-Barrot et le comte de Bondy.

Durant la première restauration, il travailla à *la Gazette*, et écrivit un jour au rédacteur en chef de cette feuille apostolique, pour l'inviter, ainsi que le public à ne point le confondre avec le conventionnel Barère; démarche bien gratuitement hostile.

Après les cent jours, M. Barrière, et non Barère, qui n'avait pas quitté sa place, fut nommé, par Louis XVIII, chevalier de la Légion-d'Honneur; par l'empereur Alexandre, chevalier de Saint-Wladimir, et par le roi de Prusse, chevalier du Mérite civil. Il travaillait alors au *Journal de Paris*, dont la teinte était à peu près celle d'aujourd'hui. Tout-à-coup il passa avec armes et bagage au *Constitutionnel*, un des journaux les plus hostiles de l'époque.

M. Barrière a été un des actifs pourvoyeurs de

la collection des *Mémoires sur la Révolution française*, publiés par les frères Baudouin, entreprise commerciale dont l'unique but était de rapetisser la belle révolution de 89 à la taille de notre honteuse restauration. Il n'y a pas mal réussi par ses préfaces et ses notes. Nous renvoyons nos lecteurs à ses opinions sur Marie-Antoinette et Mirabeau.

Le bureau de M. Barrière et M. Barrière lui-même occupent toujours à la préfecture le même local depuis le règne de Napoléon. Dites ensuite que c'est une girouette !

BARTHE (Félix),

Ministre de la Justice.

Avocat à Paris, chargé par le père du jeune Lallemand, massacré par un garde royal, de demander vengeance contre le meurtrier ; défenseur du lieutenant-colonel Caron, accusé de conspiration devant la Chambre des Pairs ; défenseur, à Colmar, de trois des accusés de la conspiration de Béfort ; défenseur des jeunes gens de la Rochelle ; défenseur de l'énergique député Kœchlin ; défenseur du *Journal du Commerce*, etc., etc. ; membre actif du *carbona-*

risme, et rédacteur d'une proclamation de cette société secrète au peuple français, en 1819.

Voilà un des côtés de la médaille. Voici l'autre: Défenseur du sieur Gémon, dans le procès intenté à celui-ci par M. Garat; défenseur du fameux Bouquet, accusé d'empoisonnement sur sa femme et ses enfans, etc., etc.

La révolution de juillet éclate. Il court à l'Hôtel-de-Ville aussitôt que les patriotes en sont les maîtres, et ensuite à la chancellerie, quand Dupont de l'Eure y est installé: Il devient un de ses plus assidus courtisans; il assiste tous les matins à son lever. Il est nommé procureur du roi près le tribunal de la Seine. « Il y a quelques jours à peine, dit-il, je partageais les travaux de mes confrères, de mes amis, et vous me voyiez à cette barre vous *exposer avec conviction* les droits des clients qui m'en avaient confié la défense; aujourd'hui je me trouve subitement placé à votre fauteuil dans la magistrature.... C'est qu'en peu de jours, en quelques instans, une grande révolution s'est opérée.... » Quel bonheur qu'il y ait des révolutions!

Être procureur du roi, c'est beaucoup. Ce ne pouvait être assez pour Me Barthe. A peine a-t-il obtenu cet emploi qu'il demande à entrer au Conseil-d'Etat. M. de Broglie lui répond « qu'il éprouve un sincère regret d'être privé des lumières que ses talens auraient apportées dans les délibérations; mais que S. M. avait décidé que la règle qui défend de cumuler les fonctions administratives et judiciaires serait rigoureusement appliquée dans la formation du conseil-d'état. »

Battu de ce côté, il revient à Dupont de l'Eure, et en obtient une présidence à la cour royale de Paris, « voulant, disait-il, suivre ses goûts, se livrer à l'étude et à la retraite. »

L'étoile de Dupont de l'Eure pâlissait : il s'en éloigne, et donne pour raison la nomination de M. Persil à la place de procureur-général. « Je ne puis, disait-il dans son indignation, mettre les pieds à la chancellerie ; je ne veux pas m'y rencontrer avec un tel homme. » Et il en exposait hautement les raisons.

Une place dans la députation de la Seine devient vacante ; il s'y présente concurremment avec M. Bavoux. M. Bavoux est évincé, Dieu sait comment et pourquoi ; et Barthe triomphe, et il se rapproche des hommes du centre.

La retraite de MM. Guizot et de Broglie amène Me Mérilhou au ministère de l'instruction publique.

Les troubles de décembre apaisés, on se débarrasse de Lafayette et de Dupont de l'Eure. La réaction commençait contre les patriotes de juillet. Barthe arrive au ministère de l'instruction publique par l'influence des centres.

Un de ses premiers actes fut de remettre en vigueur une des ordonnances les plus illégales, rendue sous le ministère Villèle, par l'évêque d'Hermopolis, et de reconstituer un prétendu tribunal universitaire, dont lui-même, étant avocat, avait censuré et combattu la légalité.

M. Barthe se sentait mal à l'aise à l'instruction publique; il n'avait aucune connaissance des hommes ni des choses universitaires, et désirait vivement passer dans un autre ministère; mais il n'y avait que celui de la justice qui pût lui convenir, et il ne pouvait y entrer sans en faire sortir *son ami Mérilhou*. L'occasion se présenta, et il la saisit avidement.

Le nouveau procureur-général Persil et le nouveau procureur du roi Comte vivaient mal ensemble. Le premier ne rêvait que procès criminels contre les hommes de juillet; le second en était avare. M. Persil déclara que, si M. Comte n'était pas destitué, il se retirerait. Le garde-des-sceaux Mérilhou refusa de destituer M. Comte. L'affaire fut portée au conseil des ministres. M. Barthe se prononça pour M. Persil. M. Mérilhou proposa d'envoyer M. Comte à la cour de cassation. M. Barthe s'y opposa violemment. Cependant M. Mérilhou refusait toujours de signer la destitution de M. Comte. Pour couper court à cette difficulté, M. d'Argout, ministre de la marine, prit les sceaux pour vingt-quatre heures; il destitua M. Comte, et puis les remit à M. Barthe, qui devint ainsi fort adroitement le successeur de son cher et vieil ami Mérilhou.

Là son nom s'est glorieusement associé à celui de son ancien ennemi Persil, dans ses innombrables procès contre les journaux et les hommes de juillet.

M. Barthe ne s'est pas borné à renier ses anciens amis, il les a destitués : témoins Odillon-Barrot, Alexandre de Laborde, Lanjuinais, qui n'était entré au parquet que par affection pour lui et sur ses vives sollicitations, Stourn, Lebreton, Cabet, etc.

Malgré tout ce qui précède, les électeurs de Paris ont renvoyé M. Barthe à la Chambre des Députés. M. Persil n'y siége-t-il pas aussi? Et voilà les libéraux de la restauration! Pauvre espèce!

BARTHELÉMY,

Jeune poète Marseillais, collaborateur de M. Méry.

Le sacre, ode à S. M. Charles X :

Charles, vois près de toi la France rassemblée ;
Vois de tentes au loin la campagne peuplée.
Entends ce cri d'amour, ce cri de mille voix.
Ainsi près de leurs rois à longue chevelure,
Sous leur épaisse armure,
Bondissaient les vieux Francs en heurtant leurs pavois.

(*Moniteur*)

Les Jésuites, pièce dédiée à M. Séguier, *la Villéliade*, *Napoléon en Egypte*, *l'Insurrection*, poëme dédié aux Parisiens, et terminé par un magnifique *chant national* destiné à devenir populaire. 1830. (Moniteur.)

Voilà le drapeau tricolore,
Glorieux enfans de Paris!
Vos bras l'ont reconquis encore,
Nous le saluons de nos cris.
Ce drapeau brille à la fenêtre
Du prince qui veut nous unir.
Dans ce palais qui la vit naître
La tempête vient de finir.
Sous lui, sous sa féconde race,
Vivons sans ployer les genoux;
Soyons fiers d'avoir parmi nous
Un roi que Lafayette embrasse.

Le roi qu'embrassait Lafayette, fait donner à Barthélemy une pension de 1200 francs. Barthélemy, persuadé qu'il ne doit pas pour cela briser sa plume, publie sa *Némésis*, et le roi qu'embrassait Lafayette fait supprimer la pension de Barthélemy. Alors plus libre encore, Barthélemy chante:

Que vas-tu donc chercher aux confins de l'Alsace?
Un sceptre pour bourdon, vingt landaws pour besace,
Penses-tu découvrir, fastueux pèlerin,
L'acerbe vérité sur la Meuse, ou le Rhin?
La vérité n'est point à la porte des villes
Où viennent t'accueillir ces échevins serviles,
Qui, depuis Pharamond, mannequins louangeurs,
Gorgent de plats discours tous les rois voyageurs.
Inévitable écueil! sitôt que le roi passe,
Mille drapeaux levés tricolorent l'espace;
Un bras municipal ramollit le chemin
D'un édredon de fleurs, fumier du lendemain;

Pour la garde du roi, quatre chevaux à l'amble
S'avancent, effrayés de se trouver ensemble:
On s'enroue en *vivat*; des pavés jusqu'aux toits
Se croisent mille chants d'indigènes patois;
Et du canon bourgeois la culasse enrhumée
Tousse, et jette dans l'air mille francs de fumée.
Tu trouveras partout, déroulé sur tes pas,
Ce programme, le seul qu'on ne transgresse pas;
Il est déjà bien vieux, car Néron et Galère
Ont aussi voyagé dans l'encens populaire.

BAUDE (Jean-Jacques), 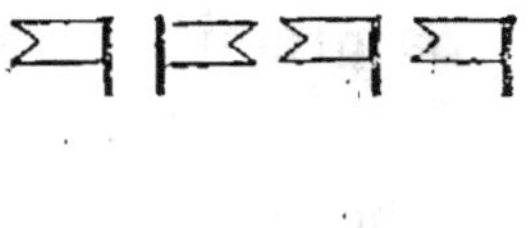

Ancien Député.

Sous-préfet à Confolens en 1810, sous-préfet à Roanne en 1814, sous-préfet à Saint-Etienne en 1815; il avait reconnu Louis XVIII à la première restauration; il reconnut Napoléon à son retour, et courut, à la tête des gardes nationales de son arrondissement, s'opposer à la marche du duc d'Angoulème sur Lyon. Louis XVIII revint, M. Baude donna sa démission et publia une brochure politique intitulée *le Lundi gras et le Mercredi des cendres*, qui le fit condamner par la Cour royale de Grenoble.

Sur la fin du règne de Charles X, il parut un nouveau

journal intitulé *le Temps*, dont M. Baude était l'un des rédacteurs. Ce fut en cette qualité qu'il signa la protestation des journalistes, premier acte de résistance qui ouvrit le grand drame des trois jours. La commission municipale prit M. Baude pour secrétaire; et la royauté nouvelle, assez embarrassée d'ailleurs pour le placer convenablement, le nomma succesivement conseiller d'état, préfet de la Manche, directeur des Ponts et Chaussés, sous-secrétaire d'état au ministère de l'intérieur pendant un mois, et préfet de police pendant deux mois tout au plus, en remplacement de M. Treilhard.

Sa première proclamation fit fureur: « Habitans de Paris, disait-il, le roi m'impose la tâche honorable et laborieuse de veiller au repos de cette capitale du monde civilisé, foyer de liberté, de lumière, dont les agitations troublent toute la France, dont la paix affermit au loin le crédit et la sécurité...... Les exemples de Paris rétabliront l'ordre et feront circuler le bien-être comme ils font circuler l'esprit de liberté. Et moi, qui suis choisi par le roi pour avoir partagé en juillet les travaux de ce peuple héroïque, c'est en me dévouant sans réserve à la défense de son repos, que je mérite d'être appelé son ami. »

On attendait d'importantes améliorations. Le 10 janvier une nouvelle affiche couvre les murs; on s'empresse de la lire! Que publiait l'ami de ce peuple héroïque? Une de ces ordonnances pour museler les chiens, si prodiguées par Mangin; et l'on était en janvier!!!

Plus tard, les intrépides du centre le lancèrent à la poursuite de la république, tantôt cachée dans les marais de la Glacière, tantôt blottie dans les carrières de Montrouge, tantôt renfermée dans Paris, au milieu des étudians et des ouvriers des faubourgs. M. Baude, qui était député, accourut à la chambre en bottes à l'écuyère, et suivi de la garde municipale; mais l'insaisissable fantôme n'apparaissait autre part que dans l'imagination troublée des honorables du palais Bourbon.

Sur ces entrefaites, le parti carliste ne sommeillait pas; il apparut audacieux à Saint-Germain l'Auxerrois, fêtant l'anniversaire de la mort du duc de Berry. Le peuple, irrité, saccagea l'église, l'archevêché, Conflans et Montrouge; les croix disparaissaient des clochers et des façades; enfin, le zèle de la garde nationale et les mesures prises par l'autorité apaisèrent l'exaspération. M. Baude, en sa qualité de préfet de police, fit cette proclamation: « Habitans de Paris, dès le lendemain des journées de juillet, le parti de la contre-révolution, qui, au moment du danger, se cachait derrière des soldats égarés, renouait la trame de ses anciens complots. C'est à l'abri de la liberté que nos lois garantissent à tous, qu'il cherche à renverser nos institutions; il s'est démasqué par une provocation insensée à la guerre civile, concertée, de son aveu même, avec Holy-Rood. Ce crime est de ceux qu'atteignent les lois.... Souvenez-vous que depuis un siècle le mot d'ordre du jésuitisme est *haine à la famille d'Orléans!* Confionsnous au roi que cette haine et ces persécutions ont identifié avec notre cause.... On veut pousser le peuple au désordre, pour éloigner de lui le travail et la sécurité : la raison du peuple rejettera ces perfides insinuations. »

M. Baude, jusqu'alors, fonctionnaire soumis à ses chefs, se ressouvient qu'il est député, et qu'il représente trois cents électeurs ; au lieu de se justifier, il attaque le ministère, il se sépare de ses anciens alliés du centre, et il est *remercié.* Quittant la préfecture, il reprend ses fonctions de conseiller d'état en service ordinaire.

Bientôt il reparaît à la tribune ; il fait sa fameuse proposition pour l'exclusion des Bourbons. On se rappelle quel fut son sort : mutilée par la chambre, retirée par son auteur, reprise par M. Delessert, elle alla mourir à la chambre des pairs : revivra-t-elle dans cette session ?

Les électeurs de 1831 n'ont point renvoyé M. Baude à la chambre ; ils ont eu tort : l'âge s'avance pour lui ; il doit en vouloir beaucoup aux républicains et aux carlistes, d'avoir interrompu sa carrière. (Notes de la société *Aide toi, le ciel t'aidera.*)

Dans l'Almanach des 25 mille Adresses, page 37, on trouve : *M. le baron Baude, chevalier de la Légion-d'Honneur (et Mme la baronne).* Est-ce une plaisanterie ?

BAUDESSON DE RICHEBOURG, ⚑
⚑ ⚑ ⚑ ⚑

Commissaire de la Bourse de Paris.

Il était, en 1815 et 1816, directeur des postes à Boulogne-sur-Mer.

Il donna un bal le soir où il reçut la nouvelle de l'exécution du maréchal Ney.

Son frère était directeur des postes à Calais. Pourquoi d'aussi dévoués royalistes furent-ils destitués? Voir le dossier de ces messieurs à la direction générale des postes.

M. Baudesson a vainement sollicité la croix de la Légion-d'Honneur. Il s'en est consolé jusqu'à un certain point, en recevant de Ferdinand l'ordre royal de Charles III.

Le 24 novembre 1824, Charles X va visiter la Bourse. M. Baudesson lui dit : « Sire, rappeler à Votre Majesté que son commissaire près la Bourse est le neveu de M. de Richebourg, ancien intendant général des postes et secrétaire particulier du *saint roi Louis XVI*, c'est lui dire que ce jour est en même temps le plus beau et le plus heureux de sa vie. » (*Moniteur*.)

Rapport à M. le préfet de police Mangin, du

16 juin 1830. « HAUSSE — Une disposition aussi remarquable en l'absence de nouvelles favorables de la flotte (d'Alger), est attribuée uniquement aux impressions satisfaisantes que la proclamation a faites sur les esprits ; et c'est surtout en observant la contenance des libéraux qu'il est facile de se convaincre des heureux résultats qu'on peut en espérer. — Les libéraux eux-mêmes commencent à calculer que les grands colléges doivent donner 115 députés au ministère, et un nombre à peu près égal dans les colléges d'arrondissement, ce qui suffit pour la majorité. La circulaire de S. Exc. M. le ministre de l'intérieur, sur la police des élections, est accueillie avec beaucoup de faveur ; et les quolibets de la faction libérale, sur ce qu'ils appellent ces apparences de légalité, n'obtiennent plus qu'un médiocre succès. »

Rapport au même préfet de police Mangin, du 18 juin 1830. — « Le jeu devra s'engager à la baisse, sur l'impression fâcheuse que ne peut manquer de produire le résultat des élections de Paris, surtout si la faction cherchait à y rattacher quelques scènes de désordres. Il sera facile au ministère de se former une majorité suffisante par une loi sur la presse. La disposition des esprits est assez favorable à cette loi, tant la licence des feuilles révolutionnaires inspire de mécontentement et de dégoût. »

La licence des feuilles révolutionnaires amène la chute de Charles X. Louis-Philippe est sur le trône, Le drapeau tricolore flotte dehors et dedans la Bourse.

Abel de Pujol substitue le roi et les armes de la révolution au roi et aux armes de la restauration ;

Et M. Baudesson de Richebourg, chevalier de l'ordre royal de Charles III, est toujours commissaire de la Bourse.

Et il a son fils (Auguste) pour secrétaire ;

Et il adresse à M. Vivien des rapports contre les républicains, absolument semblables à ceux qu'il adressait à M. Mangin contre les libéraux.

Quant aux carlistes, pas un mot ! Ils sont si bonnes gens !

BAUDRAND,

Officier supérieur du Génie.

Colonel et chef de bureau au ministère de la guerre sous Louis XVIII.

« Le maréchal-de-camp du génie, Baudrand, de retour d'une mission dont il était chargé (à l'époque du sacre de Charles X,) vient de prendre le service des bureaux du génie au ministère de la guerre, en remplacement de M. Schillemais. » (*Moniteur.*)

Il était alors chevalier de Saint-Louis et officier de la Légion-Honneur.

Depuis juillet, aide-de-camp de monseigneur le

duc d'Orléans, baron, lieutenant-général du génie et grand officier de la Légion-d'Honneur.

BAVOUX,

Jurisconsulte.

Juge au tribunal de 1re instance de Paris, sous Napoléon.

Le 5 avril 1814, il signe, en cette qualité, une adresse ainsi conçue : « Le tribunal de première instance de Paris exprime au sénat et au gouvernement provisoire sa profonde reconnaissance pour le décret qui prononce la déchéance de Napoléon Buonaparte (*sic*). Il forme le vœu le plus ardent pour que le sceptre de Louis XVI soit replacé dans les mains de Louis XVIII, *son légitime successeur.* » (*Moniteur.*)

En juillet 1819, ce même Louis XVIII fait poursuivre M. Bavoux, pour les principes qu'il émet dans son professorat à l'École de Droit.

Nommé député par les électeurs de Paris, il se distingue par une vigoureuse opposition à la tribune nationale et dans le *Journal de Paris*, alors le plus patriote de tous.

La révolution de juillet éclate. Une première réunion de députés a lieu le 26, à huit heures du soir, chez M. de Laborde. Ils étaient dix. « Notre conduite en cette circonstance, dit M. Bavoux, nous a été tracée par nos pères : nous ne devons pas hésiter en face d'un aussi grand attentat envers la liberté. Les moyens ne sont pas nombreux : il n'y en a qu'un, c'est de nous constituer en assemblée nationale. Mandataires du peuple, nous avons à soutenir ses droits et notre honneur. Aujourd'hui, comme il y a quarante ans, il s'agit encore d'un *jeu de paume!*... — M. *Périer*. Ne précipitons rien de peur de tout gâter. — M. *Bavoux*. Je ne vois pas ce qu'on pourrait gâter encore. — M. *Périer*. L'impression est toute fraîche, il faut lui donner le temps de produire son effet. — M. *Bavoux*. C'est une déclaration de nous qui doit surtout l'aider à le produire. Nous ne devons pas nous laisser conduire par l'opinion, mais la diriger. »

Dans une réunion du 28, chez M. Audry de Puyravaud, on parla pour la première fois d'un gouvernement provisoire. Cette proposition fut appuyée par quatre membres, entre autres par M. Bavoux. Elle n'eut pas de suite.

Pendant ce temps-là, le peuple achevait sa glorieuse révolution. Le 29, Mangin avait fait ses adieux à l'hôtel de la Préfecture, fuyant Paris et la France. M. Bavoux fut choisi pour remplir ces fonctions, si importantes dans un moment de crise.

Le lendemain, il publia cette proclamation : « Parisiens, investi par la commission administrative de Paris de cette magistrature qui veille à votre sûreté, j'ai pris toutes les mesures nécessaires à votre libre circulation. Continuez et régularisez votre service dans la garde nationale; remettez-vous à la disposition de vos mairies. Peu de chose reste à faire pour achever la conquête de la liberté! La cause sacrée de la patrie est gagnée! elle appelle votre dévouement. N'ayez aucune inquiétude sur la conservation de vos propriétés : la vigilance la plus active de ma part vous en donne la garantie. Peuple éminemment généreux, braves citoyens, continuez vos efforts : la paix publique, les institutions protectrices de l'honneur français, de la liberté que vous avez conquise par un courage au-dessus de tout éloge, en seront bientôt le prix. »

Le surlendemain, M. Bavoux cédait la place à M. Girod-de-l'Ain, nommé préfet de police par le duc d'Orléans, lieutenant-général du royaume, et il regagnait sa modeste demeure sans regretter l'hôtel, les équipages, les valets et les cuisiniers de la Préfecture, et sans avoir palpé la moindre partie de ses 60,000 fr. d'appointement. Trois jours cependant, c'était un billet de 500 francs!

A la Chambre des députés, il a été rapporteur du bureau qui, dans la séance du 17 août, a fait annuler l'élection de MM. Roux et Pardessus, nommés par le grand collége des Bouches-du-Rhône, le secret des votes n'ayant point été respecté. Le 9, il avait été décidé, sur sa motion, qu'il serait élevé un monument à la gloire de la ville de Paris, au nom de la France reconnaissante. On n'y a jamais pensé. Quant aux Parisiens, ils ont témoigné leur reconnaissance à M. Bavoux, en lui préférant deux fois M. Barthe; et, si cet excellent patriote siége en ce moment à la Chambre, c'est aux braves montagnards du Jura que la France en est redevable.

M. Bavoux est conseiller-maître à la cour des Comptes.

BECQUEY (Louis), 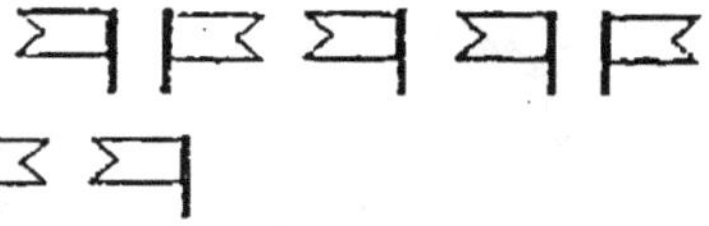

Directeur réformé des Eaux et Forêts.

Procureur-général syndic du département de la Haute-Marne au commencement de la révolution, et député de ce département à l'assemblée législative. Fort dévoué aux principes monarchiques, il se prononça en faveur des prêtres non-assermentés, vota pour que la loi sur le séquestre des biens des émigrés fût soumise à la sanction du roi, parla contre la suppression du costume religieux, et s'éleva contre la déclaration de guerre à l'Autriche. Appelé au Corps législatif en 1804, il fut nommé conseiller de l'Université impériale en 1812, signa l'acte d'adhésion de ce corps au gouvernement provisoire de 1814, *témoigna* avec lui *son admiration aux souverains alliés qui venaient de se couvrir de gloire*, et *appela de tous ses vœux le moment où il pourrait présenter l'hommage de son amour et de sa fidélité aux descendans de Saint-Louis, de François Ier et d'Henri IV, pour lesquels il conspirait, sous M. Royer-Collard, depuis 93.*

Ceux-ci ne furent point ingrats; ils nommèrent M. Becquey, d'abord directeur-général du commerce, de l'agriculture, des arts et des manufactures, puis conseiller d'état : ce fut en cette qualité qu'il parut plusieurs fois à la tribune de la chambre des députés.

Eloigné de toute fonction, pendant les cent-jours, il fut, au retour du roi, nommé député de la Haute-Marne, se montra constamment partisan des ministres, et devint sous-secrétaire d'état au ministère de l'intérieur. Il fut un des plus ardents à provoquer l'indignité de l'abbé Grégoire, et vota en faveur de la censure des journaux et du double vote.

Sous Charles X, il était directeur-général des Ponts et Chaussés et des Mines, et commandeur de la Légion-d'Honneur.

La révolution lui a fait perdre sa direction générale; mais il a siégé, comme député de la Haute-Marne, dans la chambre qui a improvisé la Charte-

Bérard, et il a par amour pour le roi déchu et le drapeau blanc, prêté serment au roi-citoyen et au drapeau tricolore.

Les électeurs de 1831 ne nous l'ont point renvoyé; ils craignaient sans doute que sa vieille habitude de conspirer pour les Bourbons ne se réveillât, comme il les en avait menacé, sous la royauté de Louis-Philippe.

BEGOUEN (JACQUES-FRANÇOIS), 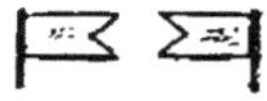
.

Négociant au Havre.

Député aux Etats-Généraux, comte de l'empire, commandant de la Légion-d'Honneur, conseiller d'état *à vie* (section de l'intérieur). Or, comme il était conseiller d'état à vie, M. Begouen a pris la chose au sérieux et a voulu, bon gré mal gré, être encore conseiller d'état à la première restauration (4 juillet 1814). L'empereur revient, M. Begouen est encore conseiller d'état (*Moniteur* 26 mars 1815). Le journal *des Débats*, du 1er mars 1814, prétend que M. Begouen a été nommé commissaire extraordinaire du roi, dans la quinzième division militaire, et qu'il est arrivé à Rouen le 28 avril 1814. On le trouve plus tard, président le collége électoral du Hâvre ; mais qu'importe? il est toujours conseiller d'état à vie, *honoraire ou non*, et sous l'empire, et à la première restauration, et durant les cent-jours, et sous Louis XVIII, et sous Charles X, et sous Louis-Philippe 1er (Voyez tous les almanachs impériaux, royaux ou nationaux). Enfin M. Begouen restera conseiller d'état *quand même*. Dévoué à tous les vainqueurs, il sera conseiller d'état *à vie* tant qu'il vivra.

BELLIARD (Augustin Daniel), 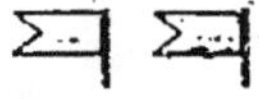
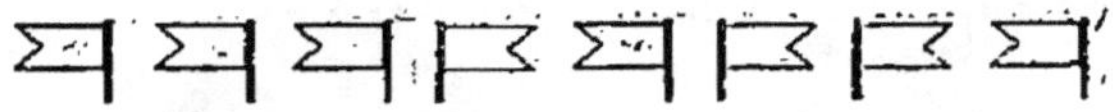

Général et pair de France.

Capitaine au 1er bataillon de la Vendée, au commencement de la révolution ; aide-de-camp de Dumourier ; chef d'état-major du général Dampierre ; adjudant-major en Belgique ; destitué par les représentans en mission ; soldat dans le troisième régiment de chasseurs à cheval ; adjudant-général dans la Vendée et en Italie ; général de brigade ; envoyé extraordinaire près du gouvernement napolitain ; général de division en Egypte (25 avril 1800); commandant la 24e division militaire en 1801; chef d'état-major, général de la cavalerie, en 1805; grand-officier de la Légion-d'Honneur à Austerlitz; gouverneur de Madrid; commandeur de la Couronne de Fer et de l'ordre impérial de la Réunion; comte d'empire; colonel général des cuirassiers; aide-major général de la grande armée; commandant en chef toute la cavalerie de l'armée et celle de la garde impériale; grand cordon de la Légion-d'Honneur nommé par Napoléon, à Fontainebleau; chevalier de Saint-Louis décoré de la main du roi; pair de France; major général de l'armée commandée par S. A. R. monseigneur le duc de Berry (ordre du jour du 15 mars 1825). Le 20 mars, il fait rentrer dans Paris les troupes qu'il conduisait contre l'empereur (journal de *l'Empire*, 22 mars 1815). Ministre extraordinaire de Napoléon près du roi de Naples Joachim Murat; pair des cent-jours; commandant les 3e et 4e divisions militaires; réintégré pair par Louis XVIII, en mars 1819; nommé, depuis la révolution, envoyé extraordinaire et ministre plénipotentiaire de France, près le nouveau gouvernement Belge. La France a admiré les négociations fermes et habiles par lesquelles il a sauvé ce malheureux pays de l'invasion hollandaise... Et il n'est pas maréchal de France! Et Mouton occupe ce grade éminent! O pompes et vanités de ce monde!

BELLOC (J. H.),

Peintre.

BELLOC (Mme Sophie),

Femme de Lettres.

Le mari obtient une médaille d'or de première classe à une des expositions impériales (1810);

La dame obtient une médaille d'or à l'Institut royal.

Le mari peint *saint Jean-le-Précurseur;*

La dame traduit *les Patriarches.*

Le mari expose, en 1827 un portrait en pied, de *Madame, duchesse de Berry;*

La dame présente à cette princesse sa traduction des *Mélodies irlandaises.*

Le mari peint *M. Boissy-d'Anglas* en pied;

La dame décrit *Napoléon* en buste.

Le mari expose, au profit des patriotes blessés dans les trois journées;

La dame leur consacre un article dans la *Revue encyclopédique.*

Il faut des époux assortis
Dans les liens du mariage.

BELLUNE (Victor Perrin duc de), 

Maréchal et Pair.

Nommé général de brigade républicain, en 1793; général de division sous le Directoire, en 1793; gratifié, à Marengo, d'un sabre d'honneur par le premier consul Bonaparte; ambassadeur de la république en Danemarck.

Commandant, en 1807, le premier corps de la grande armée à Friedland; honoré du bâton de maréchal d'empire sur le champ de bataille; nommé duc de Bellune par l'Empereur, grand-aigle de la Légion-d'Honneur, grand dignitaire, etc.

Chevalier de l'ordre royal et militaire de Saint-Louis, le 1er juin 1814; gouverneur de la deuxième division militaire, nommé par le roi: voici comme en peu de temps il fut dévoué à *ses nouveaux maîtres:*

Le duc de Bellune, à M. le maréchal duc de Dalmatie, ministre de la guerre.

Au quartier-général de Sedan, le 25 février 1815.

Monsieur le maréchal,

« La mort funeste du vertueux et infortuné Louis XVI et d'une partie de son auguste famille, sera pour les Français un sujet éternel de douleurs et de regrets. Tous désirent qu'un monument durable en atteste le témoignage à la postérité, et que le bon roi qui fait aujourd'hui leur bonheur, voie dans cette marque de sensibilité une preuve de leur dévouement à son illustre maison. Je prie votre excellence de déposer aux pieds de S. M. Louis XVIII, l'hommage respectueux de *notre inviolable fidélité.* »

Un mois après, Napoléon revient de l'île d'Elbe, et M. le maréchal publie, contre *son ancien maître*, la proclamation suivante :

Au quartier général de Sedan le 10 *mars* 1815.

« L'ordonnance du roi et la proclamation de S. M., du 6 de ce mois, annoncent aux Français le nouvel attentat de Buonaparte à la paix et au bonheur dont ils jouissent sous le *gouvernement paternel de leur souverain légitime* et justement chéri, mais elles annoncent en même temps le châtiment prochain de ce *nouveau crime.* Déjà nos troupes sont à la poursuite de son auteur, et tout doit faire espérer qu'il touche au terme de sa funeste existence...... C'est l'homme qui a tyrannisé, désolé et trahi la France pendant douze ans qu'il faut poursuivre, ainsi que les satellites qui l'assisteraient dans ses brigandages. Soldats, si nous sommes appelés à concourir à la destruction des *factieux*, nous remplirons nos devoirs, nos sermens; et notre auguste et bon roi sera satisfait de nos services. »

Cette proclamation lancée, M. de Bellune suit en Belgique *son auguste et bon roi*, y reste avec les débris de l'émigration jusqu'en juillet 1815, et rentre à cette époque, à la suite des troupes étrangères et des Bourbons, place peu digne d'un général de la république et d'un maréchal de l'empire.

Nommé président du collége électoral de Loir-et-Cher, pair de France, major-général de la garde royale, président de la commission chargée d'examiner la conduite des officiers *pendant l'interrègne*, désigné par le roi pour représenter l'armée française au mariage du duc de Berry, ministre de la guerre, major-général de l'armée des Pyrénées, témoin du passage de la Bidassoa effectué contre le drapeau tricolore, encore ministre de la guerre, ministre d'état et membre du conseil privé, ambassadeur à Vienne, etc., etc.; tout cela sous Louis XVIII.

Désigné par Charles X pour figurer dans les cérémonies processionnelles du sacre, il marcha sur la ligne de droite, derrière le maréchal Oudinot, devant le duc Dalberg, à côté du duc de Raguse. Il n'avait pas trop mauvaise grâce dans ces évolutions mystiques. Aussi Charles X, enchanté, le nomma-t-il le lendemain chevalier de son ordre du St-Esprit.

Charles X s'enfuit. Louis-Philippe monte sur le trône, un drapeau tricolore à la main. *Le chevalier du St-Esprit*, nommé par Charles X, *malgré son inviolable fidélité à l'illustre maison de Louis XVI*, prête serment à la dynastie nouvelle, et reste pair et maréchal de France sous un étendard qui n'est autre que celui du criminel *Buonaparte*, que celui de la Bidassoa.

Il est avec le ciel des accommodemens.

BENABEN (L.-G.-J.-M.), 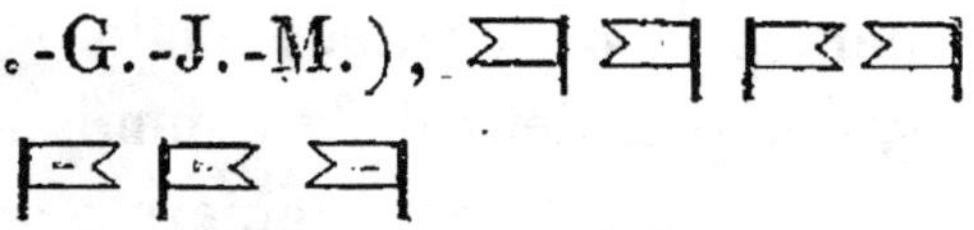

Homme de Lettres.

D'abord directeur de collége, puis professeur de philosophie, connu à Toulouse par son républicanisme ardent.

Destitué en 1815 pour cause d'opinion, il publie diverses brochures, dont une, contre le président Séguier, est remarquable par le ton plaisant et caustique qui y règne. Mais tout cela produisait peu.

Pour conserver son superbe embonpoint, il change d'opinion et s'engage dans la *Quotidienne*. Cet embonpoint s'accroît encore : il change d'opinion et passe dans la *Minerve*.

Puis il déserte avec armes et bagages, devient censeur, et travaille au *Journal de Paris*. Cette nuance ne lui paraissant pas assez prononcée, il se jette dans l'*Etoile* et dans la *Gazette de France*, obtient la croix de la Légion-d'Honneur, et publie pour le sacre de Charles X une pièce latine intitulée : *In proximam Caroli nostri inaugurationem*.

Vous la trouverez toute entière, signée de lui, dans le *Moniteur* du 25 mai 1825.

Depuis la révolution de juillet, la *bonne Gazette* est devenue *subitò* démocrate; elle fait un appel à la France, et réclame à grands cris le suffrage universel. C'est la première opinion de notre homme, et n'en cherchez la source autre part que dans l'appétit de son vaste abdomen.

BENOIST (P.-V.) 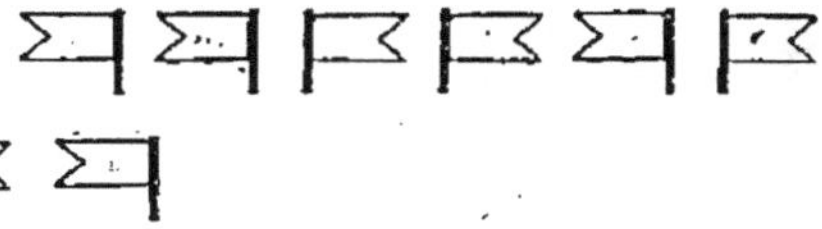

Ex-grand homme.

En 1794, lorsque les députés Chabot, Bazire, Fabre-d'Eglantine et Delaunay d'Angers furent accusés d'avoir falsifié un décret de la Convention, M. Benoist, soupçonné, quitta Paris. Il revint en 1799, et fut proposé pour secrétaire-rédacteur du Tribunat, mais point admis. Nommé plus tard chef de division au ministère de l'intérieur, il ne put obtenir de l'empereur la décoration de la Légion-d'Honneur, accordée à ses collègues. Il dut se contenter de l'ordre de la *Réunion*.

En 1814, il fut nommé par le gouvernement provisoire commissaire de l'intérieur jusqu'à l'arrivée du titulaire M. le comte Beugnot (*Journal des Débats* du 5 avril); conseiller d'état (ordonnance du 4 août) et membre de la Légion-d'Honneur le 27 juillet 1814.

Destitué au 20 mars 1815, il fut, au retour du roi, chargé, sous le titre de directeur-général, de la comptabilité des communes, puis élu, par le département de Maine-et-Loire, membre de la *Chambre introuvable*. Quoique appartenant à la majorité, il demanda qu'on pût être admis au Corps-Législatif à l'âge de 30 ans, et que le renouvellement de la Chambre eût lieu intégralement tous les cinq ans.

« Songez-y bien, s'écria-t-il, dans cinq ans, les jeunes gens qui ont 25 ans en auront 30. Aucun d'eux n'aura pris part aux événemens qui, depuis ving-cinq ans, couvrent notre malheureux pays de deuil et de calamités. Lorsqu'ils leveront les mains dans cette enceinte pour prêter serment de fidélité, ils n'auront point à se reprocher d'en avoir prêté d'autres ; lorsqu'ils se présenteront devant la *fille auguste de nos rois*, elle ne pourra lire dans leurs regards inquiets leurs remords et leurs regrets ; ils auront des *mains vierges*, un cœur pur, des âmes sans reproche et sans honte. »

Eloigné du conseil-d'état en septembre 1816.

Rappelé au même conseil en 1819.

Traducteur des effroyables romans d'Anne Radcliffe.

Directeur-général des contributions indirectes sous Louis XVIII et Charles X, et nommé par ce dernier officier de la Légion-d'Honneur, à l'issue du sacre.

Depuis juillet, M. Benoist ne figure autre part que dans la société royale d'agriculture; mais il a laissé un remplaçant aux finances, c'est son fils, M. Denis Benoist, membre de la Légion-d'Honneur, inspecteur-général et secrétaire de la commission pour l'indemnité des colons.

Madame Benoist, qui n'est autre que l'*Emilie* si fadement encensée par Demoustier le Mythologiste, prit des leçons de peinture du régicide David, premier crime pour la femme d'un royaliste; puis elle fit en abondance des portraits en pied de Napoléon, second crime; puis enfin elle en peupla les chefs-lieux de France, les préfets du gouvernement impérial ne croyant pouvoir mieux faire leur cour au mari qu'en achetant les tableaux de la dame; troisième crime, plus épouvantable que les deux autres.

Devenue grande dame, madame Benoist n'a plus exposé. Serait-ce en expiation de ses trois crimes? serait-ce parce que les beaux-arts ne doivent point déroger?

BÉRARD,

Auteur de la Charte recrépie.

Auditeur de première classe, service ordinaire, près les ministres, section de l'intérieur, sous l'empire, envoie son adhésion au gouvernement provisoire (*Moniteur*, 11 avril 1814). Maître des requêtes, service ordinaire, au conseil du roi, le 4 juillet 1814; *renommé* auditeur au conseil d'état (décret impérial d'avril 1815); membre de la Chambre des Députés de 1827 à 1830, ne s'y fait guère remarquer que par ses absences fréquentes; vote l'adresse des 221.

Dans les journées de juillet, M. Bérard fut, sans contredit, un des plus hardis et des plus actifs députés présens à Paris. Dès le 26 au matin, il proposait de protester contre les ordonnances. Proposition rejetée! Il la renouvela deux fois dans la journée. Vainement! Grande opposition de MM. Casimir Périer et Villemain! Enfin, sur ses instances, une protestation fut rédigée le 27, et adoptée le 28. Dans l'après-midi de ce jour-là, aucun député n'osant offrir son salon pour une réunion nouvelle, il offrit le sien. (On ne voulait plus de celui de M Audry de Puyraveau, sa maison étant signalée.) Là, il renouvela ses instances pour que la protestation fût signée, proposant d'y mettre son nom seul, ou avec celui de deux de ses collègues. On refusa, se contentant de la faire suivre d'une liste de députés. M. Bérard s'éleva contre cette couardise.

Le 30, réunion au palais Bourbon. Nommé secrétaire, il propose une proclamation qu'on trouve trop républicaine. Le duc d'Orléans y était provisoirement élu lieutenant-général pour trois mois, espace dans lequel la Chambre devait rédiger une constitution qui serait soumise à l'acceptation du peuple et à celle du roi que la Chambre aurait choisi.

M. Bérard s'est fait un nom historique en proposant le premier, et faisant adopter, le 6 août, *la Charte recrépie*, et l'élévation de Louis-Philippe au trône. Son nom et celui de ce roi sont désormais inséparables.

Il a été nommé, le 25 août, directeur-général des ponts et chaussées et des mines, et le 5 septembre, conseiller-d'état en service extraordinaire, autorisé à participer aux travaux des comités et aux délibérations du conseil.

Il a été réélu député en 1831.

BERNADOTTE (Charles-Jean),

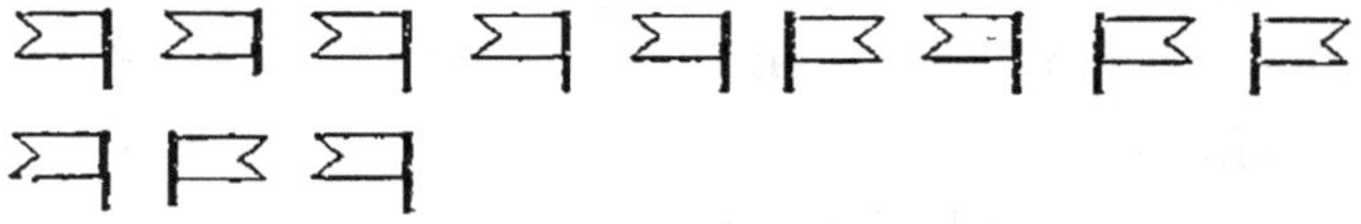

Roi de Suède.

Colonel en 1792, sous Custine; général de brigade en 1793, sous Kléber; général de division sous le Directoire; fit arrêter, en 1797, le comte d'Antraigues, agent des Bourbons, et demanda au pouvoir exécutif *une éclatante punition des ennemis de la république ;* ambassadeur à Vienne, tourmentant les émigrés, et arborant, au risque d'une émeute, le drapeau tricolore le jour où les habitans fêtaient le départ des volontaires qui s'étaient levés contre la France ; faisant chasser de Francfort les agens de l'Autriche, et retirer les émigrés à vingt lieues des postes de l'armée républicaine ; ministre de la guerre en 1799, adressant aux troupes une proclamation pour leur recommander *le civisme ;* éconduit par Sieyes, comme trop démagogue ; cherchant à déjouer le 18 brumaire ; nommé cependant par le gouvernement consulaire conseiller-d'état et général en chef de l'armée de l'Ouest ; empêchant, le 16 mai 1800, le débarquement des Anglais à Quiberon.

Maréchal d'empire le 19 mai 1804 ; chef de la huitième cohorte de la Légion-d'Honneur, institution contre laquelle il s'était prononcé dans le conseil-d'état ; président du collége électoral de Vaucluse ; nommé par le département des Hautes-Pyrénées, candidat au sénat conservateur ; décoré de l'aigle Noir, de l'aigle Rouge de Prusse, de la grand-croix de Saint-Hubert de Bavière ; nommé prince souverain de Ponte-Corvo par Napoléon.

Proclamé prince royal de Suède par les quatre ordres de cette nation, il vint prendre congé de l'Empereur, qui lui dit : « J'espère que vous n'oublierez jamais que vous êtes Fançais et que vous devez la couronne de Suède à la gloire des armées Françaises que vous avez commandées. » Le prince répondit :

« Je serai toujours glorieux d'être né Français, et n'oublierai rien, Sire, en devenant sujet d'un monarque étranger. » Napoléon lui fit remettre un million de francs.

Bernardotte, devenu Suédois, renonça à la religion catholique et embrassa la religion réformée. Il se ligua avec la Russie contre la France, et amena trente mille hommes à Alexandre. « Bernardotte, disait Napoléon à Sainte-Hélène, a été une des grandes causes actives de nos malheurs; c'est lui qui a donné à nos ennemis la clé de notre politique, la tactique de nos armées... La tête lui a tourné, à lui, ancien Jacobin, de se voir recherché, encensé par les légitimes. » L'empereur d'Autriche lui envoya la grand'croix de Marie-Thérèse. A Leipsick il prit une part importante à la déroute des Français, poursuivit nos troupes jusqu'au Rhin, entra dans Cologne, et adressa à la France une proclamation insidieuse, annonçant que ce n'était pas à elle, mais à Napoléon, qu'il faisait la guerre.

Il avait espéré le commandement en chef des armées réunies contre sa patrie. Les souverains ne lui tenant pas parole, il ouvre des négociations avec le général Maison, offre de se séparer des alliés, de les attaquer sur leurs derrières, de faire cause commune avec la France; mais il exige que Napoléon le lui demande par écrit, et l'orgueil de l'empereur s'indigne de cette condition.

Le 11 avril, il arrive à Paris. On fête les souverains alliés; et lui se voit en butte à l'improbation du peuple. Il s'en dédommage en voyant Charles X qui, le lendemain, lui rend sa visite, et il va saluer Louis-Dix-Huit, qui le traite en fils de roi

En 1818, il monte sur le trône, et prend le nom de Charles XIV. Son fils Oscar épouse la fille aînée d'Eugène. Ainsi ce Français qui a conduit l'ennemi contre ses frères, se rappelle malgré lui sa patrie, et s'unit par les liens du sang à un Francais.

BERRYER (fils),

Avocat et Député.

Volontaire royal en 1815; défenseur des généraux Debelle et Cambronne, en 1816, il prétend que Cambronne a cessé d'être Français par le traité de Fontainebleau, et qu'il a pu, sans trahir sa foi, obéir aux ordres d'un souverain reconnu par ce traité. Cité pour cette opinion devant le conseil de discipline par l'*accusateur public* Bellart, il est acquitté. Ami des jésuistes, il plaide pour les descendans de La Chalotais contre le journal des jésuites l'*Étoile*, accusé d'avoir diffamé la mémoire de ce grand magistrat. La famille plaignante lui avait adjoint M. Bernard de Rennes, qui siége sur d'autres bancs que lui à la chambre.

M. Berryer parut pour la première fois à la tribune dans la session avortée du mois de mars 1830. Grande fut la joie des absolutistes. Nous avons un orateur, s'écrièrent l'*Universel*, la *Gazette* et la *Quotidienne*, et en effet, il eût été l'orateur du ministère Polignac, si la session se fût prolongée ; il serait devenu infailliblement ministre, et il eût enfin risqué la prison perpétuelle de Ham.

Il a reparu à la chambre après la révolution de juillet, et a prêté un serment *très-restrictif* à Louis-Philippe. Les électeurs de la Haute-Loire l'ont renvoyé à la chambre de 1831.

BERTHEZÈNE (LE BARON),

Général.

Fut nommé, en 1807, officier de la Légion-d'Honneur et colonel du 10e régiment d'infanterie légère ; peu de temps après, général de brigades ; en 1813, général de division ; à l'arrivée du roi en 1814, chevalier de Saint-Louis ; au retour de l'empereur, membre de la commission chargée d'examiner les titres des militaires avancés par les Bourbons; en 1819, inspecteur-général d'infanterie en 1830, employé dans l'expédition d'Alger avec le drapeau blanc et Bourmont; après juillet, continué dans les mêmes fonctions avec le drapeau tricolore et Clauzel; en 1831, général en chef de la même armée, cruellement tourmenté par les Bedouins. M. le baron doit de plus à notre glorieuse révolution la grand'croix de la Légion-d'Honneur. Il n'a que cinquante ans; et, dans le siècle où nous vivons, les événemens marchent vite.

BERTIN DE VAUX,

Un des fondateurs du journal des *Débats*.

En 1795 il travaillait avec son frère à l'*Éclair*, journal provoquant aux vengeances et confondant dans une égale proscription les victimes et les bourreaux. En 1799, il passa avec lui au *journal des Débats*, qui acquit une grande célébrité sous le titre de *journal de l'Empire*. Plusieurs de ses articles ayant déplu au premier consul, il quitta cette feuille en 1801.

Juge au tribunal de Commerce en 1805, il en fut plusieurs année vice-président. Son frère ayant suivi Louis XVIII à Gand, et y ayant publié, pour ce monarque, un autre *Moniteur*, il obtint, en septembre 1815, la présidence du collége électoral du dixième arrondissement de Paris, la décoration de la Légion-d'Honneur, et plus tard la place de secrétaire-général de la police sous M. Decazes. Nommé député en 1820, conseiller d'état en 1822, il fut, nous ne savons pourquoi, rayé du tableau en 1824 : il siégeait cependant à droite. Il passa au centre de 1824 à 1826, votant toujours avec le ministère; en 1827, il se plaça à l'extrême gauche, et eut le courage d'y rester quel-temps ; mais l'effort était trop excentrique : en 1828 il reprenait sa place au centre, et ses fonctions au conseil d'état.

La révolution de juillet lui a valu une ambassade plénipotentiaire auprès du roi des Pays-Bas. Mais c'est surtout comme rédacteur des *Débats* qu'il est connu. Ce journal résume à lui seul, dans sa longue carrière, tout ce que la France a vu de basses adulations et de lâches flagorneries à tous les pouvoirs qui se sont succédés depuis 40 ans. Pour tous il a eu du dévoûment, de l'allégresse, de l'amour, des fleurs de rhétorique, des chants de triomphe, des hymnes, des épithalames et des fanfares. A toutes les époques il a été prêt à défendre, par les plus pitoyables sophismes et la plus insigne déloyauté, tous les principes de servitude et d'imfamie que ses maîtres lui imposaient. Il a reçu de plusieurs ministères des subventions plus ou moins considérables, et telle est la régularité de ses comptes, que, racommodé avec un pouvoir qui lui a fait froide mine, il a le courage de lui demander un arriéré de solde.

Le 26 juillet 1830, au moment où tous les autres journaux protestaient contre les ordonnances, le *journal des Débats*, assuré de la faveur du chef de la police, demandait l'autorisation de paraître et l'obtenait.

Personne n'ignore que le trône nouveau n'a pas de plus chaud partisan que le *journal des Débats*, parce que son dévoûment à la royauté de juillet n'est pas à un tarif plus élevé que son dévoûment à la dynastie légitime. Une tactique des plus perfides le dirige en ce moment. Il n'est pas de léger désordre dont il ne fasse un épouvantail d'arnarchie pour Paris et la France. La république, 93, la terreur, le *maximum,* le bonnet rouge, voilà les images habituelles de ces furieux de modération.

Ne remuons pas plus long-temps cette boue; elle a trop sali notre plume. (Notes de la Société *Aide toi, le Ciel t'aidera*).

BERTON (Henri Montan),

Célèbre Compositeur de Musique.

Aussitôt la formation du Conservatoire, il en fit partie comme professeur d'harmonie, dirigea l'Opéra Italien de 1807 à 1809, devint chef de chant à l'Académie de musique, et fut chargé, en juin 1816, d'examiner la composition musicale des opéras destinés à ce théâtre.

Ses ouvrages sont nombreux, et il y en a pour tous les goûts.

Etes-vous républicain? prenez les *Rigueurs du Cloître*, petite pièce révolutionnaire en 2 actes, dont les paroles sont de M. Fiévée (1790); le *Nouveau d'Assas* (1791), *Viala* (1792), *Tyrthée* (1793).

Etes-vous impérialiste? demandez *Thrasybule*, cantate exécutée au théâtre Olympique dans la fête donnée par les généraux à l'empereur, à l'occasion du sacre; *Thésée*, exécuté à Bruxelles au passage de Napoléon; le *Chant de Retour*, après la campagne de 1806.

Personne n'a mieux réussi que M. Berton à mettre en musique les vers louangeurs que M. Dupaty a faits en diverses circonstances. S. M. l'impératrice et reine et S. A. R. madame duchesse d'Angoulême ont inspiré également notre compositeur. On a oublié sans doute la *fête de Meudon*, hommage à LL. MM. II, dédié à S. A. S. la princesse Pauline, duchesse de Guastalla, par M. E. Dupaty, auteur des paroles. La musique de M. Berton *se trouve chez lui*. On remarque, entre autres passages, le suivant.

Je vois le fils de la Victoire
Sur son char s'offrir à mes yeux;
Il vient d'un rayon de sa gloire
Eclairer, embellir ces lieux!
Plus grand que les héros de Rome,
Près du vainqueur de l'univers,
Je vois cent guerriers qu'on renomme!
. . . .
Dans sa course illustre et rapide
Je vois un aigle audacieux
S'élancer d'un vol intrépide
Et planer au milieu des cieux!
Du bord que le Danube arrose,
Parmi *cent lauriers toujours verts*,
Il apporte en France *une rose*.

Enfin M. Berton a coopéré activement à la partition de *l'Oriflamme*, tableau de circonstance en l'honneur de Napoléon, représenté le mois de février 1814, et qui avait pour but de décider une levée en masse contre l'invasion étrangère.

En voilà pour les républicains et les impérialistes; maintenant êtes-vous royaliste? Prenez *l'hymne des jeunes Français, à S. A. R, Madame, duchesse d'Angoulême*, lors de son entrée dans la capitale, musique de H.-M Berton, *ancien pensionnaire du roi*, membre du Conservatoire et de l'Académie royale de musique; chez l'auteur, rue Helvétius, n° 49: *Prenez l'Heureux Retour*, divertissement-pantomime, composé pour fêter *la célèbre journée du 8 juillet*; prenez enfin, la musique de la *cantate exécutée à l'Hôtel-de-Ville, le jour de la Saint-Louis*, devant la famille royale. Vous y trouverez de grands rapports avec la musique de la *fête de Meudon*. Il s'agit de chanter encore les lauriers et les roses? Dupaty était là:

C'est enfin aujourd'hui que l'heureuse Lutèce
Reçoit dans son palais la fille de ses rois.
. . . .
Son front modeste, au sein de la souffrance
D'un éclat plus divin s'est encore revêtu.
A son départ elle était l'innocence,
A son retour elle était la vertu......
En mille endroits divers sur ce sol glorieux
Nos reines ont laissé des *roses immortelles*,
Nos princes, des *lauriers fameux!*
Les arts en lettres d'or ont gravé sur leur tige
Bouvine, Marignan, Arque, Ivry, Fontenoy!
. . . . :
Sur les rameaux unis du *lys* et du *laurier*
J'ai lu les plus grands noms de cette *race aimée*:
Les Charles, les Louis, Henri, François premier.

M. le chevalier Berton est tout prêt à payer un semblable tribut au drapeau de Louis-Philippe, car c'est encore celui de la république et de l'empire.

En attendant, il est toujours, comme sous Napoléon, comme sous Louis XVIII, comme sous Charles X, chevalier de la Légion-d'Honneur, membre de l'Académie des beaux-arts, professeur de composition à l'école nationale, impériale ou royale de musique et de déclamation, membre du jury de lecture pour l'Opéra, etc, etc. Charles X songeait à le faire *baron*, quand il est parti; Louis-Philippe réalisera-t-il les rêves de Charles?

BEAUME, 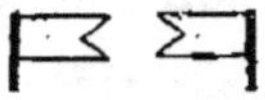

Peintre.

Bénédiction et pose de la première pierre fondamentale du monument de Louis XVI, sur la place Louis XV.

Le 4 mai 1826. « L'archevêque de Paris, assisté de son clergé, des cardinaux et évêques, vient de faire la bénédiction de la première pierre. »M. le ministre de l'intérieur *a l'honneur* de présenter le marteau à S. M. Charles X, qui va poser cette pierre; elle est accompagnée de monseigneur le dauphin, de Madame, duchesse de Berry, du grand Chambellan, des grands dignitaires; des députations des chambres des Pairs, des Députés, de la cour de Cassation, de celle des Comptes, des tribunaux du département, M. le préfet, les maires de Paris et toutes les autorités assistaient à cette auguste cérémonie. L'artiste a fait les portraits des principaux personnages. » *(Livret du Musée du Luxembourg, n° 3, 1er novembre 1828.)*

Le 28 juillet à l'Hôtel-de-Ville : BEAUME ET MOZIN. *(Livret du Musée royal,* n° 106, 1er *mai* 1831.*)*

BEUGNOT (LE COMTE),

Surnommé le Tantale de la Pairie.

Lieutenant-général du présidial de Bar-sur-Aube en 1788; procureur-général syndic du département de l'Aube en 1790; député à l'assemblée législative en 1791; conseiller intime du ministre de l'intérieur Lucien Bonaparte, après le 18 brumaire; enfin, préfet de la Seine-Inférieure, lors de l'organisation des préfectures. On remarque ce passage, dans le discours d'installation, qu'il prononça à Rouen :

« Les enfans de la vieille Neustrie n'ont pas encore oublié le chemin de la Grande-Bretagne ; nos pères lui portèrent des fers, et Bonaparte n'était pas à leur tête ! Le héros et le père des Français, et trente millions de bras, vous seconderont. »

Présentant le collége électoral de la Haute-Marne à l'Empereur, il lui parla en ces termes :

« Sire, nous apportons aux pieds de V. M. I. et R. l'hommage du respect, de la reconnaissance et de l'amour du collége électoral du département de la Haute-Marne.

« Ce département, Sire, ne s'énorgueillit d'aucune production privilégiée de l'agriculture ou des arts... mais il renferme des sujets fidèles et des citoyens soumis ; les tributs s'y acquittent avec exactitude, nos enfans accourent sous les drapeaux de la patrie.

« Un tel département échapperait dans la foule aux yeux d'un prince vulgaire : nous sommes sûrs d'être présens à ceux de V. M. ; nous sentons que nous sommes constamment aperçus, protégés, dirigés par *cette haute sagesse à qui rien n'échappe, sous qui tout prospère.*

« *Que le ciel conserve votre personne sacrée, pour le bonheur des peuples et l'exemple des rois ! et puisse-t-il retrancher de nos jours pour ajouter aux vôtres.* »

Nommé conseiller d'état en 1806 ; ministre des

finances du roi de Vestphalie en 1807; commissaire impérial et ministre des finances du grand duché de Berg et de Clèves, comte d'empire et officier de la Légion-d'Honneur en 1808; préfet du département du Nord en 1813; commissaire au département de l'intérieur; désigné par le gouvernement provisoire en 1814, borne ses quelques semaines d'administration à l'érection en plâtre de la statue de Henri IV, sur le Pont-Neuf; appelé au conseil d'état et au ministère de la police transformé en direction générale.

Il compara cette administration à *une goutte d'huile qui filtre dans les ressorts du gouvernement, et les empêche de faire du bruit.*

C'est précisément ce que les soldats appellent *plumer la poule sans la faire crier.*

Puis, oubliant tout-à-coup, pour se conformer aux idées de la nouvelle cour, les principes de sa jeunesse et la carrière qu'il avait parcourue avec toute la France, il rendit cette fameuse ordonnance, sur la célébration forcée du dimanche, qui mettait *l'embargo* sur les déjeuners, et une autre ordonnance non moins bigote sur les processions de la Fête-Dieu.

Il écrivit aussi aux archevêques et évêques la lettre suivante :

« Monsieur l'évêque, le roi m'a ordonné de vous adresser la lettre close ci-jointe, par laquelle S. M. demande des prières, en action de grâces de son heureux retour dans la capitale de son royaume. Cette cérémonie a eu lieu à Paris. Quatre cent mille Français, *les yeux baignés de larmes*, ont suivi le fils de Saint-Louis et la fille de Louis XVI jusqu'au pied des autels. Un roi de France est entré dans Notre-Dame: cette expression si simple indique seule le retour aux *saintes et vieilles mœurs de la France;* il faut y *reconnaître le doigt de Dieu*, et s'écrier avec le prophète: *Hoc factum est à Domino.*»

Au commencement de 1815, M. Beugnot passa de la police à la marine, où il échoua complétement; car ce fut précisément le moment que Napoléon choisit pour ne faire qu'une enjambée de l'île d'Elbe à Paris. M. Beugnot, qui craignait sa colère, n'en fit qu'une de Paris à Gand, où il rejoignit la famille royale.

Après la seconde restauration, il fut directeur-général des postes; et ensuite, par compensation, ministre d'état sans portefeuille. Député de la Marne à la chambre de 1815, il eut l'honneur de faire partie de la minorité; *renommé* par le département de la Seine-Inférieure, il siégea au côté gauche, deuxième section; mais bientôt il se rapprocha des ministres. Dans les sessions suivantes, il combattit tour-à-tour les libéraux et les ultràs, et marcha avec des formes indépendantes sous les drapeaux de M. Decazes.

En 1819, il soutint avec chaleur le principe de la liberté de la presse, et eut la plus grande part au rejet de la proposition *Barthélémy*, qui dénaturait le système électoral.

En 1820, il appuya, sous une autre forme, cette proposition que son éloquence avait fait rejeter, et combattit le principe de la liberté de la presse que lui-même avait posé.

Le bruit courut que la pairie serait la récompense de ce changement de conviction. La démission qu'il donna de ses fonctions de député, donna même de la consistance à ce bruit.

Mais M. Siméon refusa d'acquitter les dettes de M. Decazes, et M. Beugnot cessa d'être député sans devenir pair. A chaque promotion ministérielle, sous Louis XVIII, sous Charles X, le peuple s'attendait à voir surgir M. Beugnot. Il attend encore aujourd'hui. La royauté de juillet sera-t-elle plus barbare que les deux royautés passées?

BIGNON (Louis Edouard). 

Diplomate.

Simple soldat dans la 128e demi-brigade en 1793; secrétaire de légation près la confédération helvétique en 1797; près de la Savoie en 1799; près de la Prusse en 1801; chargé d'affaires près de cette dernière puissance en 1802; ministre plénipotentiaire près la cour de Cassel en 1803; commandeur de la Légion-d'Honneur; baron; ministre de France près la cour de Bade; commissaire impérial près les autorités prussiennes; administrateur général des domaines et finances des pays occupés; envoyé à Varsovie pour organiser l'insurrection polonaise; commissaire impérial près le gouvernement provisoire de Wilna; plénipotentiaire français au congrès de Dresde, etc., etc.

Pendant le premier règne des Bourbons, M. Bignon se retira à la campagne, dont il ne sortit que dans les cent-jours. Napoléon le nomma sous-secrétaire d'état au ministère des affaires étrangères, conjointement avec M. Otto. Le département de la Seine-Inférieure le choisit pour membre de la Chambre des Représentans. Chargé du portefeuille des affaires étrangères, il eut le malheur d'être obligé de signer, en cette qualité, la convention du 3 juillet, qui reléguait l'armée française au-delà de la Loire, et ouvrait Paris à l'invasion étrangère.

Le lendemain, la commission de gouvernement, *présidée par Fouché*, votait des remercîmens aux défenseurs de Paris, et mettait la cocarde tricolore, le drapeau et le pavillon aux trois couleurs nationales sous la sauve-garde spéciale des armées, des gardes nationales et de tous les citoyens.

Le 7 juillet, la cocarde blanche encombrait les Tuileries, le drapeau et le pavillon blancs y flottaient, et *Fouché était ministre*.

Sous la restauration, et jusqu'au ministère Martignac inclusivement, M. Bignon, siégeant au côté gauche près de Dupont de l'Eure, s'est montré constamment le défenseur de la liberté, faisant souvent rougir les ministres de la légitimité de l'infamie de leur politique extérieure. Il n'a pas cru, depuis juillet, devoir toujours traiter avec la même sévérité les ministres de Louis-Philippe. Il s'est trompé : la franchise est maintenant plus nécessaire que jamais.

En 1830 comme en 1817, il a laissé entrevoir l'existence d'un grand secret dont il a pleine connaissance, et qu'il ne peut divulguer. Il a bien donné quelques explications ; mais on ne les a guère plus comprises que le secret. N'en soyons pas inquiets, et laissons au temps de nous apprendre ce qu'une diplomatie qui se donne de l'importance, croit devoir nous cacher. Le siècle des réticences est passé.

M. Bignon a d'abord été chargé, par la commission municipale, de diriger provisoirement le ministère des affaires étrangères, qu'il a presque aussitôt cédé au maréchal Jourdan. C'est vraiment avoir joué de malheur, que d'être arrivé deux fois à ce portefeuille, sans avoir pu le garder plus de quatre jours chaque fois.

Nommé commissaire provisoire de l'instruction publique, il parla, le 5 août, en ces termes au lieutenant-général du royaume :

« Monseigneur, le conseil de l'instruction publique a l'honneur de présenter à V. A. R. l'hommage de son respect et de son dévouement à la patrie. L'Université est d'avance assurée de répondre à vos intentions, en s'occupant sans relâche à former des hommes probes et de bons citoyens. » (*Moniteur.*)

Dans son testament, Napoléon a tracé ces mots : « Je lègue au baron Bignon 100,000 francs. Je l'engage à écrire l'histoire de la diplomatie française de 1792 à 1815. »

M. le baron s'est mis à l'ouvrage. Voici un échantillon de son travail :

« Un gouvernement nouveau, un gouvernement contesté ouvertement, ou en secret, par toutes les puissances de l'Europe, a besoin d'arbitraire pour s'affermir. Un pouvoir fondé sur une possession ancienne, et que personne ne conteste, s'affermit par la liberté des peuples....Une ancienne dynastie a des avantages immenses pour le repos des nations et pour la sûreté des gouvernemens. Napoléon n'eût pas péri s'il eût été souverain héréditaire. Il est une révolution à laquelle je tiens : c'est celle dont les résultats ont été consacrés par la Charte (octroyée par Louis XVIII en 1814). » (*Histoire de France depuis le* 18 *brumaire*, tome I, pag. 16 et 18.)

BLANGINI (Joseph-Marc-Marie-Félix),

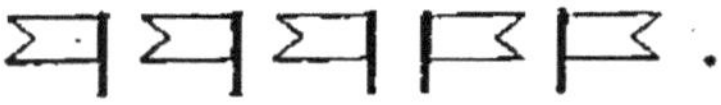 .....

Compositeur de Musique.

Maître de chapelle du roi de Bavière en 1805; directeur de la musique et des concerts de la princesse Borghèse en 1806; directeur-général de la musique de la chapelle, du théâtre et de la chambre du roi de Westphalie en 1809; surintendant honoraire de la musique de la chapelle du roi Louis XVIII, et professeur de l'école royale de musique en 1818; surintendant honoraire de la musique de la chapelle du roi Charles X, professeur de l'école royale, directeur-adjoint de la musique de Madame, duchesse de Berry, en 1826.

M. Blangini a dû à la restauration la croix de la Légion-d'Honneur, celle du Saint-Sépulcre, et le titre si doux de *chevalier Félix de Blangini.*

On lui doit *Trajano in Dacia*, *Marie-Thérèse à Presbourg*, *le duc d'Aquitaine*, *la Saint-Henri*, et plusieurs autres pièces de circonstance.

Il attend les ordres du roi Louis-Philippe.

BLONDEL,

Peintre d'Histoire.

La France recevant la Charte de Louis XVIII, plafond de la deuxième salle du conseil d'état.

Décoré de la Légion-d'Honneur sous la restauration.

La France a reconquis ses nobles couleurs aux trois mémorables journées de juillet 1830. (Exposition au profit des blessés.)

BOÏELDIEU (Adrien),

Célèbre compositeur de Musique.

Professeur de piano au Conservatoire, sous le directoire et le consulat; directeur de la chapelle l'empereur de Russie en 1803; professeur de composition à l'école de musique et de déclamation sous l'empire, à la première restauration, dans les cent-jours, sous Louis XVIII, Charles X et Louis-Philippe.

Membre de l'Institut et de la Légion-d'Honneur.

Il a composé les partitions suivantes :

Bayard à Mézières, opéra en un acte, joué en février 1814, sur le théâtre de l'Opéra-Comique, en l'honneur de Napoléon ;

Blanche de Provence, ou la Cour des Fées, grand opéra allégorique en 3 actes, joué sur le théâtre de la cour et à l'Académie royale de musique, au mois de mai 1821, à l'occasion du baptême du duc de Bordeaux ;

Pharamond, grand opéra allégorique en 3 actes, joué à l'Académie royale de musique, à l'occasion du sacre de Charles X.

Membre de la commission dramatique, M. Boïeldieu, comme ses collègues, a fait l'abandon du produit total de ses droits sur les ouvrages qui ont été joués tant à Paris que dans les départemens, au profit des blessés, des veuves et des enfans des *citoyens* morts dans les *glorieuses journées* des 27, 28 et 29 juillet, *jaloux*, dit-il, *de s'associer à cette œuvre de justice et de reconnaissance.*

BOISSY D'ANGLAS (François-Antoine),

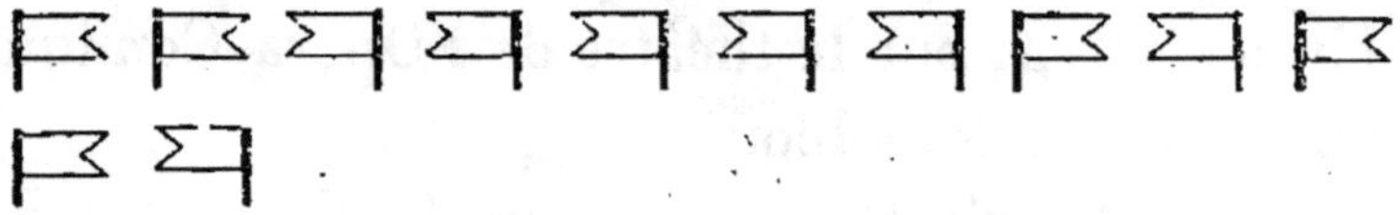

Pair de France.

Avocat au parlement de Paris, maître-d'hôtel ordinaire de Monsieur, depuis Louis XVIII, homme de lettres, membre de plusieurs académies de province et de celle des inscriptions et belles-lettres, député aux états-généraux par la sénéchaussée d'Annonay, procureur syndic du département de l'Ardèche après la séparation de l'assemblée constituante, membre de la convention.

Il la présidait le 1er prairial an 3, jour de l'assassinat de son collègue Féraud, et fit preuve d'un sang-froid héroïque. Il est auteur du discours préliminaire de la constitution de l'an 3.

Voici le passage d'un de ses discours à la Convention :

« Citoyens, trois compagnies d'un bataillon du Tarn, en garnison à Ste.-Affrique, y pillèrent le club, y déchirèrent les *Droits de l'homme*, et abattirent l'arbre de la liberté. Ce désordre fut bientôt réprimé, et les trois compagnies furent obligées de se retirer. Elles allèrent à Saint-Hippolyte. Leur arrivée dans cette ville effraya les bons citoyens, qui se rallièrent et voulurent les massacrer. Vos commissaires, alors à Nîmes, s'efforcèrent de prévenir ce malheur, et requirent le général d'Albignac de faire venir ces trois compagnies à Nîmes. Elles y vinrent, furent désarmées, et les instigateurs, parmi lesquels se trouvent un prêtre et un ci-devant garde du roi, furent mis en prison. »

Membre du conseil des Cinq-cents, secrétaire de cette assemblée, président du Tribunat, sénateur, commandant de la Légion-d'Honneur, comte de l'Empire, etc., etc.

En 1806, il complimente Napoléon sur la paix de Presbourg, et, en 1809, sur la paix de Vienne. En 1813, lors de l'invasion étrangère, Napoléon le nomme commissaire extraordinaire dans la douzième division militaire dont le chef-lieu est La Rochelle. Il donne son adhésion pleine et entière aux actes du sénat pour le rétablissement de la famille des Bourbons. Aussi Louis XVIII le nomme-t-il pair de France le 4 juin 1814. Napoléon, à son retour, le charge d'organiser impérialement les départemens du midi, et le *renomme* pair de France. Louis XVIII revient et le *trinomme* pair, le 17 août 1815; il est porté sur la liste des membres de l'académie des inscriptions et belles-lettres.

Pair sous Charles X.

Pair sous Louis-Philippe. *Vir bonus !*

BOISSY D'ANGLAS (fils du précédent),

Baron d'empire, nommé par l'empereur; préfet de la Charente (*Almanach Impérial* de 1811); maître des requêtes ordinaire au conseil du roi (4 juillet 1814); préfet de la Charente Inférieure en 1815.

M. Boissy le père, président de la Convention, au 1er prairial an III, fut un des hommes qui montrèrent le plus de fermeté de caractère dans un temps où tant d'hommes sûrent en montrer. M. Boissy, le député actuel, n'a point reçu de son père cette qualité, si nécessaire à un homme politique; c'est un orateur du centre, qui vote toujours avec conscience, mais aussi avec aveuglement.

A la révolution de juillet, M. le baron n'a gagné qu'un avancement assez léger dans la carrière quasi militaire qu'il suit avec honneur. Avant juillet, il était sous-intendant militaire, ayant passé par tous les grades du commissariat des guerres, les trois classes d'inspecteurs, et deux des trois classes d'intendant. Depuis juillet il est intendant. Sous la restauration son chemin eût été tout aussi rapide.

Chevalier de la Légion-d'Honneur en 1814, il a, en sa qualité de protestant, été nommé chevalier du

Mérite-Militaire en 1821. Les électeursde l'Ardèche nous l'ont renvoyé en 1831. Il ne suffit pas à un député d'être le fils de son père; il faudrait qu'il payât de sa personne, et comprît la conduite qu'il tient. (Notes de la société *Aide toi, le Ciel t'aidera!*)

BONDY (LE COMTE TAILLEPIED DE),

Préfet de la Seine.

Directeur de la fabrication des assignats, en 1792; ami du prince Eugène, avec qui il faisait des armes; chambellan de Napoléon en 1805; maître des requêtes; président du collége électoral de l'Indre; chambellan du roi de Saxe à Paris, chambellan du roi de Bavière dans la même capitale; comte de l'empire; grand-croix de l'ordre de Saint-Hubert de Bavière; délégué pour recevoir l'impératrice Marie-Louise; ordonnateur des réceptions et fêtes de la route; officier de la Légion-d'Honneur; préfet de Lyon. Eloge de sa conduite dans le *Moniteur* (22 janvier 1814), il se retire avec l'armée. Arrivé à Paris, il adresse le 11 avril à Talleyrand, la lettre suivante :

MONSEIGNEUR,

« Aussitôt que j'ai appris les événemens qui viennent de se passer, *je me suis empressé* de me rendre en cette ville, pour apporter au gouvernement provisoire mon adhésion pleine et entière aux actes du sénat et du gouvernement. Personne plus que moi ne désire de pouvoir consacrer ses faibles moyens au service de *l'illustre* famille des Bourbons, qui nous est rendue pour le bonheur de tous les Français. » (*Moniteur.*)

Monsieur, depuis Charles X, touché decette offre aimable, ordonne à M. de Bondy d'aller reprendre ses fonctions; et bientôt le *Moniteur* publie ce qui suit :

« Lyon, 13 mai. Arrivée du comte de Bondy, préfet. — Les Lyonnais ont vu revenir avec un sentiment profond de satisfaction et de joie ce magistrat si digne de la confiance publique, et qui s'est acquis, durant tout le temps de l'exercice de ses fonctions, tant de droits à notre estime et à notre reconnaissance. »

BRAVES LYONNAIS !

« Vos souffrances ont été grandes, le terme en est enfin arrivé. Au milieu de la plus affreuse des tempêtes, notre antique amour pour l'auguste famille des Bourbons nous a *sauvés*. *Nos mains suppliantes se sont élevées vers le descendant de Saint-Louis, de Louis XII et de Henri IV*; nous nous sommes réfugiés sous les lys, et nous y avons trouvé les douceurs, depuis long-temps inconnues aux Français, de la tranquillité et du repos.... Braves Lyonnais, vous avez trop long-temps senti l'administration par les durs sacrifices qu'elle vous arrachait; mais n'avez vous pas quelquefois plaint vos administrateurs, et pensé à leurs peines secrètes? Oh! oui sans doute, ils ont souffert autant que vous, peut-être, de l'énorme abus *d'un pouvoir effréné;* jugez-donc de leur bonheur, lorsqu'ils n'ont plus maintenant qu'à cicatriser vos plaies... *Mon dévoument au roi* me donne l'espoir de remplir avec quelques succès la tâche qui m'est imposée.... L'aurore d'une longue prospérité luit sur la France, enivrée d'un bonheur inespéré.... La faux, la terrible faux de la conscription est brisée, *la révolution est bien décidément finie*, c'est le règne *du bon ordre* qui commence enfin, celui de *la vraie liberté*, celui du *meilleur des rois*. » *Signé* comte DE BONDY.

Bientôt il eut l'honneur de recevoir, à leur passage à Lyon, Madame, duchesse d'Angoulême, Monsieur, frère du roi, les princes et les princesses d'Orléans. Malgré *ses protestations de dévouement*, sa préfecture lui fut enlevée le 20 novembre 1814. On dissimula cette disgrâce sous le cordon de commandant de la Légion-d'Honneur.

Au retour de Napoléon, en 1815, il fut nommé préfet de la Seine et rentra au conseil d'état dans sa qualité de maître des requêtes. Il fut un des signataires de la fameuse délibération de ce corps, dans laquelle on remarquait les passages suivans:

« Les Bourbons ont constamment violé leurs promesses ; ils favorisèrent les prétentions de la noblesse fidèle, ils ébranlèrent les ventes de biens nationaux, il préparèrent le rétablissement des droits féodaux et des dîmes ; ils menacèrent toutes les existences nouvelles, ils déclarèrent la guerre à toutes les opinions libérales, ils attaquèrent toutes les institutions que la France avait acquises au prix de son sang, ils dépouillèrent la Légion-d'Honneur de sa dotation et de ses droits politiques, ils en prodiguèrent la décoration pour l'avilir, ils enlevèrent à l'armée, aux braves leur solde, leurs grades, leurs honneurs pour les donner à des émigrés, à des chefs de révolte; ils voulurent enfin régner et opprimer les peuples par l'émigration.

« Profondément affectée de son humiliation et de ses malheurs, *la France appelait de tous ses vœux son gouvernement national, la dynastie liée à ses intérêts, à ses nouvelles institutions.*

Lorsque l'Empereur approchait de la capitale, les Bourbons ont en vain voulut réparer, par des lois improvisées, des sermens tardifs et les outrages faits à la nation et à l'armée. Le temps des illusions était passé, *la confiance était aliénée pour jamais* : aucun bras ne s'est armé pour leur défense, la nation et l'armée ont volé au-devant de leur libérateur.

(*Moniteur*).

Adresse du conseil municipal, présentée par M. de Bondy.

« SIRE,

« L'insconstance de la fortune, et plus encore la trahison, contraignirent V. M. à descendre un moment de ce trône qu'elle n'avait pourtant pas le droit d'abjurer, puisque c'était par la volonté nationale qu'elle y était montée... Que V. M. reçoive les bénédictions d'un peuple qui vous remercie d'avoir été deux fois en une même année, et par un éloignement volontaire et par un prodigieux retour, le sauveur et le libérateur de la patrie... Vos premières paroles renferment la promesse d'une constitution. Les Français, qui vous connaissent, savent qu'une constitution garantie par vous ne sera pas aussitot violée que promulguée. Sire, la ville de Paris vous salue des *nouvelles protestations de son respect, de son amour et de sa fidélité.* »(*Moniteur*).

Le 20 avril, M. de Bondy annonce au peuple que les registres destinés à recevoir les signatures pour l'acte additionnel sont ouverts à l'Hôtel-de-Ville, dans les douze mairies, dans les greffes des cours, des tribunaux, des jutices de paix et dans les études des notaires. (*Moniteur.*)

On a vu comme l'ex-chambellan est louangeur en parlant à la restauration, humble en parlant à l'empereur. On va le voir se redresser pour parler aux citoyens, et se venger, par de grands airs, des courbettes qu'il a faites. La bataille de Waterloo est perdue, l'ennemi s'approche : « Ce n'est pas vous, dit-il aux Parisiens, qui êtes appelés à prononcer sur les grands intérêts de la nation ; défiez-vous donc de tous ceux qui pourraient vous conseiller de prendre une part trop active à de hautes déterminations, dans lesquelles votre concours ne saurait être utile.... Les troupes étrangères ne sont pas loin de la capitale ; elles pourraient d'un instant à l'autre paraître sous vos murs. Que cet événement ne vous intimide pas! Le pouvoir national est là : il écartera les maux que vous auriez à redouter. *Évitez les rassemblemens;* évitez ces cris, quels qu'ils soient qui, s'ils flattent les vœux des uns, excitent en même temps les passions des autres. » (*Moniteur.*)

M. de Bondy, après avoir enjoint au peuple de Paris de ne point se mêler de ses propres affaires, a été négociateur et signataire de la convention pour l'occupation de la capitale par les troupes alliées. La commisson du gouvernement, en la ratifiant, mit la cocarde et le drapeau tricolores sous la sauvegarde de l'armée, de la garde nationale et des citoyens. Mais la convention avait exilé l'armée au-delà de la Loire; la garde nationale avait arboré la cocarde blanche et le drapeau des lis ; et les citoyens, amis de leur patrie, n'avaient plus qu'à gémir sur une seconde restauration.

Les Bourbons à peine instalés, donnèrent à M. de Bondy la préfecture de la Moselle. Ils ne l'y laissèrent que quatorze jours, et il en fut pour ses frais de route.

Nommé, en 1816, député de l'Indre, il siégea à la Chambre jusqu'en 1823. On le vit peu paraître à la tribune; mais, en revanche, il fit souvent partie des députations chargées d'aller recevoir ou complimenter le roi, comme si le sort eût voulu favoriser l'ex-chambellan. On dit aussi qu'il ne fut pas étranger aux intrigues qui firent adopter, en 1820, l'amendement créateur des grands colléges et du double vote. (*Notes de la société* Aide-toi le ciel t'aidera.)

Réélu en 1827, il ne prit pas la parole dans les deux sessions de 1828 et 1829. En 1830, il vota l'adresse des 221, ce qui fut cause de sa réélection. Depuis la révolution de juillet, à laquelle il ne prit aucune part, il n'a prouvé sa présence que par ses votes acquis aux divers ministères. Il a enfin été récompensé de son dévoûment, par la préfecture de la Seine, où il a remplacé M. Odillon-Barot, le 6 février 1831.

BONJOUR (Casimir),

Auteur dramatique.

En 1815, la violence des réactions politiques le força d'abandonner l'instruction. Il crut devoir se réfugier dans la carrière administrative; mais une seconde destitution l'atteignit dans les bureaux du trésor : on assure qu'elle était accompagnée d'une marque de distinction assez flatteuse. Après le succès de la *Mère rivale* et des *Deux Cousines*, le ministre des finances lui fit signifier son renvoi, motivé sur ce qu'il avait *trop d'esprit pour être employé dans ses bureaux.*

Cet ostracisme ministériel est honorable. Voici qui l'est également sans doute, mais d'une autre manière :

« M. Casimir Bonjour a été admis à présenter au roi (Charles X) sa comédie intitulée : le *Mari à bonnes fortunes.* » (*Moniteur* du 21 octobre 1824.)

En août 1831, Louis-Philippe a accordé à M. Casimir Bonjour, la décoration de la Légion-d'Honneur.

BONNEMAIN (Pierre), 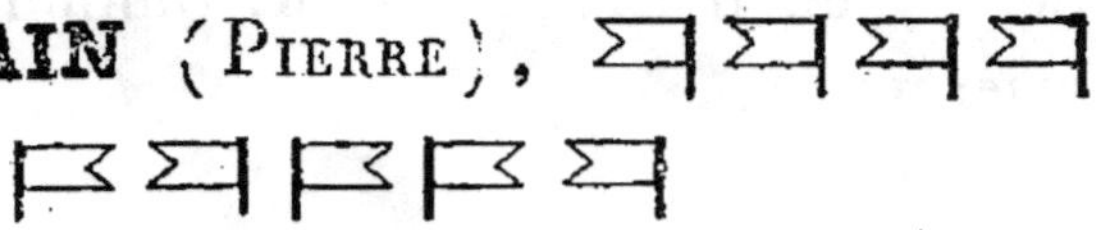

Général.

Sous-lieutenant de dragons au commencement de la révolution; aide-de-camp du général Tilly; colonel de chasseurs en 1806; général de brigade en 1811; l'empereur l'avait fait chevalier de la Couronne de fer, chevalier et officier de la Légion-d'Honneur; le roi lui donna la croix de St-Louis;

il combattit à Waterloo. Depuis la seconde restauration, il a été employé soit sous Louis XVIII, soit sous Charles X, comme maréchal-de-camp, ou comme inspecteur-général de gendarmerie, ou comme commandant de la Corse. L'empire l'avait fait baron ; la restauration l'a fait vicomte, commandeur de St-Louis, grand-officier de la Légion-d'Honneur, et lieutenant-général.

On lit dans le *Moniteur* du 22 Juillet 1830 :

« Le roi (Charles X) a reçu en *audience particulière* M. le vicomte de Bonnemain. »

On lit dans l'Almanach national de 1831 :

« Lieutenans-généraux du cadre d'activité d'état-major pour 1831 : ..... le vicomte Bonnemain, commandeur de St-Louis, grand-officier de la Légion-d'Honneur. »

M. le vicomte était candidat du ministère Polignac en juin 1830, et présidait le grand collége qui l'a élu. C'était venir un peu tard pour défendre la restauration à la Chambre. La révolution de juillet a coupé court à sa carrière politique ; aussi lui garde-t-il rancune. Ce n'est qu'avec la plus extrême répugnance qu'il a donné son adhésion au système actuel. Le 8 août, il déclarait qu'il n'avait pas reçu mission pour prononcer la déchéance, et, le 15, il prêtait serment pour se ranger, disait-il, du parti de la majorité, puisqu'elle avait déclaré que Charles X n'était plus roi de France, et que Louis-Philippe était roi des Français.

Les électeurs de Saint-Lô, ayant égard à ses scrupules, ne nous l'ont point renvoyé en 1831.

BONNET,

Commissaire extraordinaire dans la Vendée.

Général de brigade en 1794 ; général de division en 1802 ; nommé grand'croix de la Réunion en 1813 ; chevalier de Saint-Louis en 1814 ; commandant de Dunkerque pendant les cent-jours ; investi du commandement de la première division militaire à la seconde restauration ; nommé grand'croix de la Légion-d'honneur, et commissaire extraordinaire près des départemens de l'Ouest, après la révolution de juillet.

BORDESOULLE (LE COMTE TARDIF DE POMMERAUX DE),

Général de la Garde royale.

Nommé colonel du 32e d'infanterie à Austerlitz ; général de brigade à Friedland ; général de division en 1813, il adhère, en 1814, à la déchéance de Napoléon, et devient inspecteur-général de cavalerie, chevalier de Saint-Louis et grand-officier de la Légion-d'Honneur ; suit le roi à Gand pendant les cent-jours ; fait partie de la chambre introuvable de 1815 ; siége au conseil de guerre qui condamne à mort le brave adjudant-commandant Boyer ; obtient une commanderie de l'ordre de Saint-Louis, et ensuite le commandement de la première division de la cavalerie de la garde royale ; cruellement froissé sur les boulevarts, dans les événemens de juin 1820 ; ayant suivi le dauphin dans sa mémorable campagne d'Espagne ; nommé au retour grand'croix de Saint-Louis, grand'croix de la Légion-d'Honneur, et pair de France.

Au mois de juillet 1830, il commandait la première division de cavalerie de la garde royale, composée des grenadiers et des cuirassiers.

Depuis la révolution, il figure parmi les lieutenans-généraux du cadre de réserve d'état-major général.

Enfin, il siége à la chambre des pairs, comme si le drapeau tricolore, sans fleurs de lis, n'avait pas remplacé le drapeau blanc fleurdelisé. O Charles X, ferme les yeux !

BOSIO,

Sculpteur, Palais des Beaux-Arts.

Buste de S. M. l'empereur et roi, fait d'après nature; S. M. le roi de Rome, fait d'après nature, peu de jours après sa naissance; S. M. la reine de Westphalie. (Exposés au *Musée Napoléon*, sous les nos. 1007, 1009, 1010.)

La même époque lui doit encore les statues du roi de Westphalie et de l'impératrice Joséphine, les bustes des principaux personnages de la cour de Napoléon, vingt des bas-reliefs de la colonne de la place Vendôme, etc., etc.

Buste du roi fait d'après nature (exposé au *Musée royal* des Arts, le 1er novembre 1814, sous le no 1400 de la Notice).

Vers la même époque, Henri IV enfant, exécuté en marbre et en argent pour le cabinet du roi.

Napoléon, à son retour de l'île d'Elbe, donne à M. Bosio la croix de la Légion-d'Honneur. Il est appelé à l'Institut.

Louis XVIII le nomme officier de la Légion-d'Honneur, chevalier de Saint-Michel, et l'honore du titre de *premier sculpteur du roi*.

M. Bosio a exécuté pour ce prince, ou pour son successeur, la statue en bronze de Louis XIV, destinée à la place des Victoires, avec les deux bas-reliefs de ce monument; les bustes de madame Elisabeth, de Charles X, de Madame duchesse d'Angoulême, le quadrige et les chevaux de l'arc de triomphe du Carrousel.

Quand la révolution de juillet éclata, il achevait la statue en bronze de Louis XVIII, avec trois bas-reliefs, pour la place du palais Bourbon; la statue en marbre de Louis XVI, pour l'église de la Madeleine; et un groupe de Louis XVI avec un ange, pour la chapelle expiatoire.

Il n'a rien exposé en 1831. Attendons!

BOUILLY (JEAN-NICOLAS), 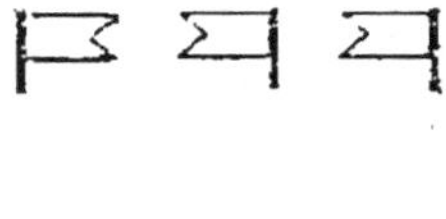

Homme de Lettres.

Avocat au parlement de Paris en 1788; puis révolutionnaire de cœur, ami de Mirabeau et de plusieurs fondateurs de la liberté; administrateur du département d'Indre, juge au tribunal civil de Tours, accusateur public dans cette ville, avant le 9 thermidor; membre de la commission d'instruction publique après cette époque.

Inventeur de vaudevilles pour les dames, et de contes pour les enfans.

« M. Bouilly, auteur des *Contes aux Enfans de France*, étant tombé gravement malade, S. A. R. Madame, duchesse de Berry a daigné envoyer savoir de ses nouvelles. Cette touchante bonté a beaucoup contribué à la guérison de M. Bouilly. » (*Moniteur.*)

Ces *Contes aux Enfans de France* obtinrent, en 1829, un des prix fondés par M. de Monthyon, pour l'ouvrage le plus utile aux mœurs.

Les *Contes populaires*, dont la couleur n'est pas tout-à-fait la même, ont obtenu le même prix en 1830.

M. Bouilly est un des signataires de la déclaration de la commission dramatique en faveur des blessés, des veuves et des enfans des *citoyens* morts dans *les glorieuses journées de juillet*, et comme ses collègues, il a été *jaloux de s'associer à cette œuvre de jutice et de reconnaissance.*

BOULA DU COLOMBIERS,

Ex-Deputé.

Nommé auditeur au conseil-d'Etat et chevalier de la Légion-d'Honneur, en 1809; commissaire spécial de la police générale à Wesel, en 1812; préfet de Saône-et-Loire par décret impérial du 6 mars 1815; préfet des Vosges par ordonnance royale du 14 juillet 1815; maître des requêtes en service extraordinaire, le 24 août suivant; destitué de sa préfecture en 1823, mais nommé conseiller-d'Etat en 1828; député des Vosges, même année, siégeant au centre gauche; habitudes et indépendance d'un fonctionnaire de la restauration : ayant prêté serment à Louis-Philippe, après la révolution de juillet.

BOURDEAU, ⚐⚐⚐⚐⚐⚐⚐

Ex-Ministre.

Procureur-général dans la Haute-Vienne en 1814; député du même département, l'année suivante; procureur-général d'Ille-et-Vilaine, de 1816 à 1825; il vota la loi qui institua les cours prévotales, la lo contre les cris séditieux, la loi dite d'amnistie, la lo sur l'abolition absolue du divorce, la loi du double vote, les lois sur la suspension de la liberté individuelle et *de la liberté de la presse*.

Il ne perdit aucune occasion de faire preuve de ses sentimens d'amour et de fidélité envers les Bourbons et la légitimité. « C'est dans ce principe salutaire ‘ disait-il aux électeurs, que la France doit trouver son salut. »

Il demanda qu'il fût accordé un sursis aux émigrés poursuivis pour dettes, opina pour que les imprimeurs pussent être condamnés comme complices dans les délits de la presse, s'opposa à ce que le peuple pût présenter des candidats pour les fonctions de juge-de-paix, etc., etc.

M. de Villèle s'étant un peu séparé de ses amis du centre, pour se rapprocher de l'extrême droite, d'où il était sorti, M. Bourdeau fut révoqué de ses fonctions de procureur-général. Aussitôt il se jeta à corps perdu dans l'opposition, attaqua la loi du sacrilége, celle du droit d'aînesse, celle *sur la presse*, dite *loi de justice et d'amour*; mais, ne voulant pas se brouiller avec tout le monde, il déclara en même temps à la tribune que, s'il existait des dettes légitimes du roi, il fallait les payer.

L'administration déplorable ayant été renversée en 1827, M. Bourdeau, qui avait dit un jour aux ultras : « Vous voulez tout l'ancien régime, avec les jésuites de plus et les libertés de l'église gallicane de moins », M. Bourdeau fut appelé au conseil-d'état et à la direction générale de l'enregistrement et des domaines. Dès-lors il défendit opiniâtrément *le projet de loi sur la presse*, et s'opposa à l'application du jury au jugement de cette espèce de délit.

Nommé sous-secrétaire d'état au département de la justice, puis garde-des-sceaux, il publia cette fameuse circulaire destinée à ranimer le zèle des procureurs du roi contre la licence de la presse, et il ne tarda pas à joindre l'exemple au précepte.

Le ministère Polignac le sacrifia, en l'envoyant premier président à la cour royale de Limoges; mais le titulaire, protégé par tout le pays, garda sa place. M. Bourdeau se vengea du nouveau ministère en votant l'adresse des 221. Il dut à ce changement de conversion sa réélection en 1830, et l'occasion de prêter serment au drapeau tricolore et à la dynastie de Louis-Philippe. Mais il n'en continua pas moins à voter avec les centres et à prendre part à toutes les mesures rétrogrades qui affligent le pays. Son vote est d'avance acquis à tous les ministères qui voudront comprimer l'élan national et arrêter la civilisation dans sa marche. (Notes de la société *Aide-toi, le ciel t'aidera.*)

BOURIENNE (Louis-Antoine-Fauvelet de), [illegible]

Condisciple de Napoléon à Brienne; secrétaire de la légation de France à Stuttgardt, en 1792; émigré en 1793; arrêté à Léipsick, comme coupable d'entretenir des intelligences avec la république française; rayé de la liste des émigrés; secrétaire intime du consul, puis de l'empereur Napoléon; conseiller d'Etat; nommé, *par son ami Fouché*, chargé d'affaires de France à Hambourg; nommé par le gouvernement provisoire directeur des postes; par le roi, conseiller d'état honoraire et préfet de police; signant, en cette dernière qualité, l'ordre d'arrêter *son ami Fouché*; suivant l'émigration à Gand, où ils n'est pas admis au conseil du roi; nommé, après la seconde restauration, conseiller d'Etat; appelé à la chambre des députés par le département de l'Yonne; sapant, dans un rapport sur le budget, les institutions libérales, et la gloire de la nation parlant en faveur des *nombreux et urgens besoins des ignorantins et des missionnaires*; réélu deux fois; votant, dans la chambre septennale, en faveur de Villèle; publiant des *Mémoires* pour déchirer son bienfaiteur Napoléon; retombé depuis lors dans une obscurité des plus profondes. *Requiescat in pace!*

BOURMONT (LOUIS-AUGUSTE-VICTOR, COMTE DE GAISNE DE),

Maréchal de France.

Enseigne aux gardes françaises en 1788; émigré en 1789; aide-de-camp du prince de Condé, envahissant la Champagne; major-général de l'armée vendéenne; député en cette qualité auprès de Charles X à Edimbourg; décoré, par ce prince, de la croix de Saint-Louis, avec l'accolade, et autorisé à la conférer aux gentilshommes chouans; pénétrant enfin à leur tête dans la ville du Mans.

« Il est impossible, assure un témoin oculaire, de comparer la conduite de ses troupes dans cette malheureuse ville, autrement qu'à celles des Tartares de Gengiskan. Les prisons publiques furent ouvertes, et des scélérats condamnés à mort recouvrèrent leur liberté. On pilla toutes les caisses publiques et beaucoup de particuliers; le pillage en numéraire et autres effets fut évalué à 953,000 francs; la poste aux lettres fut dévastée; les papiers, les registres des administrations furent incendiés; mais ce qui fut une perte irréparable, c'est la destruction de soixante volumes in-folio contenant l'histoire du Mans depuis 1481. Ce précieux dépôt, que l'on conservait à l'Hôtel-de-Ville, fut livré aux flammes avec plus de cent registres de l'état-civil; et ce qu'on ne se rappelle qu'avec la plus profonde horreur, c'est que des soldats blessés de la 40e demi-brigade furent égorgés dans leurs lits. »

Les Chouans ayant éprouvé des revers, Bourmont fit sa soumission à la république, et écrivit à Georges Cadoudal, pour l'engager à faire la sienne. Georges, le regardant comme un traître, fit fusiller son beau-frère, qu'il accusait d'être dévoué au premier consul.

Cette accusation était fondée : Bourmont, fixé à Paris, avait déjà su captiver les bonnes grâces de Bonaparte ; il s'était rendu nécessaire en dénonçant pêle-mêle royalistes et jacobins. Le jour de l'explosion de la machine infernale il vint trouver le premier consul dans sa loge à l'Opéra, et lui demanda la punition des jacobins, qu'il accusait de cet attentat. Cette dénonciation donna des doutes au gouvernement, et Fouché fit surveiller le dénonciateur. Ces soupçons s'étant accrus, il fut enfermé au Temple, transféré à la citadelle de Dijon, et de là à celle de Besançon, d'où il réussit à s'évader et à passer en Portugal avec sa famille. Il conserva même assez de crédit pour faire lever le séquestre apposé sur se biens. Junot ayant dû évacuer ce pays, Bourmont parvint à se faire comprendre dans la capitulation du général, et à rentrer en France à la suite de l'armée. Fouché n'était plus ministre de la police. Bourmont, paraissant se dévouer de bonne foi au gouvernement impérial, déclara : « Que le vœu de tous les royalistes était rempli, et que c'était un grand malheur d'avoir versé tant de sang français pour arriver au seul résultat que se fussent jamais proposé les chefs éclairés des armées de l'Ouest. »

Colonel-adjudant-commandant de l'armée de Naples ; attaché à l'état-major du prince Eugène, dans la campagne de Russie ; employé en 1813, dans le

11me corps; général de brigade en 1814; défendant avec héroïsme la ville de Nogent; nommé général de division, par l'empereur, en récompense de sa conduite.

Les Bourbons arrivent, Bourmont est un des premiers à reconnaître l'autorité du roi; S. M. le décore du titre d'officier de la Légion-d'Honneur, et le nomme commandant de la 6me division militaire, à Besançon, au pied de cette même citadelle où il avait été enfermé.

Napoléon débarque; *Bourmont voit la défection des troupes royales, et assiste à la lecture de cette fameuse proclamation qui conduisit le maréchal Ney à la mort.* Il court à Paris et demande du service à l'empereur; celui-ci répugnait à lui en donner; il ne s'y décide que sur les vives instances du général Gérard. Bourmont part pour Waterloo, investi du commandement de la 6me division du corps d'armée commandé par ce général.

« Charleroi, le 15 juin au soir. Le général Gérard a rendu compte que le lieutenant-général Bourmont, le colonel Clouet, etc., ont passé à l'ennemi. Le major-général (Soult) a ordonné que *ces déserteurs fussent sur-le-champ jugés, conformément aux lois*. Rien ne peut peindre le bon esprit et l'ardeur de l'armée; elle regarde comme un événement heureux la désertion de ce petit nombre de traîtres qui se démasquent ainsi. » *(Moniteur.)*

« Arras, le 29 juin. Le comte de Bourmont, nommé

par le roi, gouverneur de la 16me division militaire, considérant qu'il importe de *préserver les fidèles sujets du roi de la malveillance des complices de Bonaparte*, et d'empêcher que *ses espions* ne circulent dans les communes, arrête...... Article 3. Tout individu portant *la cocarde tricolore ou autre signe de rébellion*, sera arrêté et conduit au commandant militaire de l'arrondissement, qui *le fera juger par une commission militaire.* » (Moniteur)

« Lille, le 14 juillet. Le comte de Bourmont, lieutenant-général des armées du roi, gouverneur pour sa majesté, dans la 15me division militaire. — *Plaignons ceux qui se sont écartés de leur devoir*, et n'usons de notre force que pour assurer le repos et le bonheur de tous. *Vive le roi*! (Moniteur.)

M. Bourmont figura ensuite dans les procès *du maréchal Ney* et du général Bonnaire, et *contribua beaucoup, par ses dépositions, à la condamnation du premier, dont il avait partagé la défection.* (Voir ci-dessus.)

Chargé d'une mission importante dans le département du Nord, il y resta jusqu'en 1816, époque à laquelle il fut nommé commandant de l'une des divisions de la garde royale. Lorsqu'en 1823 l'armée française fit la malheureuse campagne d'Espagne, le comte de Bourmont y commanda la division d'infanterie de la garde royale attachée au corps de réserve. Il était déjà pair de France, gentilhomme de la chambre du roi; il avait reçu de grandes pensions de Louis XVIII, et des sommes immenses de l'Angleterre, pour prix du plan de la bataille de Waterloo, qu'il avait livré avec tant de générosité.

On ne parlait déjà plus de lui, il était enseveli dans l'opprobre, lorsqu'au grand scandale de la nation Charles X le nomma ministre de la guerre. A cette nouvelle, il n'y eut qu'un cri de réprobation dans toute la France; mais lui, brava l'indignation générale, il resta au ministère, et, pour outrager encore ses concitoyens, il se mit à la tête de l'expédition d'Alger, et s'adjugea le bâton de maréchal.

On croit qu'il n'a dû qu'à la trahison sa victoire sur le Dey; mais, l'eût-il obtenue par sa bravoure que d'ailleurs nous ne nions pas, tous les triomphes, toutes les conquêtes, ne le laveront jamais de toutes ses défections.

Il n'a point signé les ordonnances de juillet; mais il organisait l'armée pour opprimer la nation, il l'infestait de jésuites, de chouans et de traîtres; il songeait à venir nous mitrailler à la tête des troupes d'Afrique, comme si ces troupes auraient consenti à se souiller d'un pareil forfait.

Il roulait cette idée sinistre, quand il apprit la révolution de juillet.

« Le comte de Bourmont écrit de la Casauba, sous la date du 17 août, à M. le maréchal comte Gérard, ministre de la guerre : Les armées de terre et de mer ont arboré aujourd'hui le drapeau tricolore.

Les troupes ont quitté la cocarde blanche; elles prendront les nouvelles couleurs lorque tous les corps pourront le faire à la fois. » *(Moniteur)*

Le gouvernement de Louis-Philippe n'ayant pas accepté ses services, Bourmont reprit la cocarde blanche, et courut les offrir au vieillard d'Holy-Rood, qui le dépêcha dans le midi de l'Europe, avec la duchesse de Berry : c'est de là qu'ils lancent des brandons de discorde à Marseille et dans la Vendée. Réussiront-ils à allumer un nouvel incendie? Le peuple de juillet, qui connaît sa force, ne leur en suppose pas le pouvoir. En attendant, Bourmont est encore, dit-on, pair et maréchal de France ! ! !

BOUTON (Charles-Marie), et **DAGUERRE** (Louis-Joseph-Mandé),

Peintres de genre.

Les travaux par lesquels ils ont concouru au perfectionnement du Diorama sont la partie la plus importante de leur gloire;

Ils nous y ont montré sous la restauration :

Le Château d'Holy-Rood, demeure passée et future de Charles X;

Après la révolution de juillet :

L'aspect de la place de Grève, à l'issue de la victoire populaire.

Le premier de ces travaux leur a valu la croix d'honneur.

BRA, 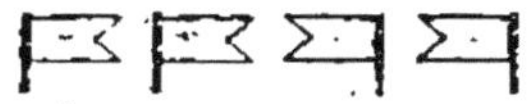

Sculpteur.

Monument élevé au duc de Berry, dans la cathédrale de Lille.

Monseigneur le dauphin devant Cadix.

« S. M. (Charles X) a accordé, hier 26 novembre (1824), une séance de deux heures à MM. BRA, Horace-Vernet et Gérard. Le roi a daigné adresser à ces trois artistes des paroles pleines de bonté. » (*Moniteur.*)

« 27 Décembre. M. Bra a eu l'honneur de présenter au roi le buste pour lequel S. M. avait daigné poser. Le roi, très-satisfait de ce travail, a bien voulu en accepter le premier exemplaire, qui a été aussitôt placé dans les appartemens. Ce buste vient d'être exposé au Salon. » (*Moniteur.*)

« 24 Mai 1825, M. le préfet de la Seine (Chabrol) vient de charger M. Bra d'exécuter, d'après son beau modèle de S. M. Charles X, le buste colossal en marbre qui doit décorer le palais de la Bourse. » (*Moniteur.*)

Il obtient des Bourbons la croix de la Légion-d'Honneur.

Après la révolution de juillet, il se fait affilier aux principales sociétés populaires.

En Mai 1831, il expose au Musée royal le buste du roi et de la reine. (*Livret*, nos 2629 et 2630.)

En juillet, il est chargé du monument à élever à la mémoire de Benjamin-Constant.

BRANCAS-CÉRESTE (ALBERT, DUC) ⚐ ⚐ ⚐ ⚐

Émigra en 1791, et fit contre la France les campagnes de l'armée de Condé. Après le 18 brumaire, il rentra en France, et devint chambellan de S.M. l'empereur et roi; adjudant-commandant de la garde nationale. (*Décret impérial* du 8 janvier 1814. Voyez le *Moniteur.*) Présenté par S. A. S. le prince vice-connétable à S. M. l'empereur, pour prêter serment de fidélité entre ses mains. (*Moniteur* du 16 janvier suivant.)

« Ce fut lui qui, le premier, excita au milieu de ces braves que le sort des armes avait trahis, et qu'il rencontra le 2 avril, sur le boulevart de la Madelaine, à applaudir par leurs acclamations et les cris de *vive le roi!* aux nouvelles destinées de la France. » (*Journal des Débats*, du 7 avril 1814. Art. *Paris*.)

Signataire de l'adresse de la garde nationale parisienne au gouvernement provisoire, dans laquelle on trouve ces mots : « Un peuple magnanime, que des *malheurs inouis* n'ont pu abattre, va recouvres les droits que *le despotisme* n'avait pu lui faire oublier. » (*Moniteur*.)

Officier dans les mousquetaires, maison du roi. Présentation au roi et serment. (*Moniteur*.) Chevalier de Saint-Louis, officier de la Légion-d'Honneur, grand d'Espagne de première classe, colonel. La révolution l'a-t-elle oublié? Nous le recommandons aux girouettes du ministère de la guerre.

BRAULT (Charles),

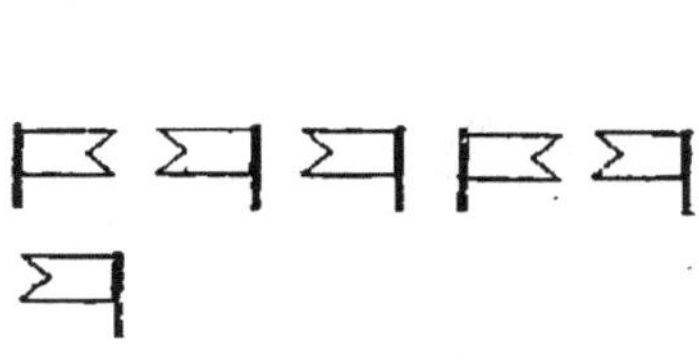

Archevêque.

Théologal et professeur de théologie à Poitiers, il émigra pour ne pas prêter serment à la constitution civile du clergé. Rentré en France, il fut nommé évêque de Bayeux en 1802, et s'y fit remarquer par sa simplicité et sa tolérance. Au concile tenu à Paris en 1811, il se montra zélé partisan des libertés gallicanes. Mais bientôt il s'attira les faveurs de Rome, et loua à outrance Napoléon. On n'oubliera pas de si tôt son mandement sur la bataille d'Austerlitz. Les Bourbons arrivèrent; M. Brault les loua aussi. Il fit plus : pour leur complaire, il créa des confréries, fonda des séminaires et des couvens, appela des missionnaires, et leur fit bâtir une superbe maison. Nommé à l'archevêché d'Albi, par suite du concordat de 1817, M. Brault préféra rester à Bayeux, espérant obtenir l'archevêché de Rouen. Trompé dans son attente, il se résigna à accepter le siége d'Albi, qu'il a occupé sous Louis XVIII et Charles X, et qu'il occupe encore sous Louis-Philippe. Il a successivement prié pour le duc de Berry, pour le ministère Polignac, et pour les patriotes de juillet. Prélat héroïque !

BRAZIER,

Vaudevilliste.

Voici un couplet de sa façon, daté de 1811. Il s'agissait de la naissance du roi de Rome :

Nous faisions tous des vœux
Pour demander aux dieux
Un prince héréditaire
Qui plût,
Qui fût
Semblable à son père;
Le sort nous est prospère,
Chantons ce prince-là!
Le voilà!

Les Cosaques et les Bourbons nous menacent en 1813, M. Brazier chante :

Mes amis, courons, courons, courons,
Courons à la Victoire;
En vrais fils de la gloire,
Mais amis, courons, courons, courons,
Et quand nous combattrons,
Triomphons ou mourons.

Les Cosaques et les Bourbons arrivent, M. Bra- ne court plus, il ne triomphe pas, il ne meurt pas, mais il chante :

Quand dans un esclavage affreux
Nous gémissions d'puis vingt années,
Qui peut donc, par un coup heureux,
Changer nos tristes destinées?
Ma foi, convenons-en tout d'bon,
C'est un Bourbon.

Ce Bourbon-là, c'était Louis XVIII. Les vers de M. Brazier n'avaient pu le rendre immortel, il mourut. Son frère Charles X lui succéda. L'administration du théâtre des Variétés inaugura son buste le

13 novembre 1824. Les administrateurs, les principaux auteurs, les acteurs et actrices, assistèrent à cette fête de famille. Des toasts furent portés avec enthousiasme au roi, à monseigneur le dauphin et à tous les membres de la famille royale. La gaîté la plus franche présida au banquet; des couplets charmans furent chantés. M. Brazier, *employé à la bibliothèque particulière du roi*, que l'on retrouve partout où il faut célébrer les Bourbons, chanta celui-ci :

Air : *Du Dieu des bonnes gens.*

Charles a dit : Français, vivez en frère.
. . . .
Que notre amour pour lui se fortifie!
Jamais Bourbon manqua-t-il à sa foi ?
Que l'on s'embrasse et que l'on se confie
Au cœur d'un si bon roi! » (*Moniteur.*)

Ceux qui se sont fiés au cœur de ce bon roi n'ont pas eu trop à s'en féliciter. Ce Bourbon a manqué à sa foi, et M. Brazier y a perdu sa place d'employé à la bibliothèque particulière. Il s'en console en chantant la révolution et les trois couleurs au théâtre des Variétés, non pas encore sous son nom, car M. Brazier a de la pudeur, mais sous celui de son fidèle collaborateur Dumersan. Plus tard, on verra si l'on peut décemment se nommer : ce ne sera pas long.

BRIFAUT (Charles),

Versificateur et Académicien.

Il est fils d'un honnête artisan.

L'abbé Volsius, évêque constitutionnel de Dijon, développa ses dispositions naturelles par une éducation toute libérale, dont il fit les frais. A Paris, il eut pour protecteur le comte Bertier, conseiller-d'état. Tout cela fit éclore le poëme de *Rosemonde*, les trois tragédies de *Ninus II*, *Jeanne Gray*, *Charles de Navarre*, et l'opéra d'*Olympie*, tous ouvrages de sifflante mémoire.

En 1810, il publia la *Journée de l'Hymen*, in-4° :

> *Gloire à Napoléon* ! Hymen, comble ses vœux !
> Que le plus grand des rois en soit le plus heureux !
> Accourons, célébrons ses travaux, ses conquêtes !
> Que le champ soit ouvert ! que les palmes soient prêtes !
> Que le marbre et l'airain s'animent à sa voix !
> Fatiguons nos pinceaux à tracer ses exploits !
> Chantez, fils de la lyre, au pied de ses trophées !
> . . . .
> Napoléon nous rend une vie immortelle,
> Et révèle à la France une France nouvelle,
> . . . Dieu même, le bras sur le Louvre, incliné,
> De son sceptre a béni le couple fortuné.
> Long-temps il jouira de ses travaux immenses.

Vous verrez cet hymen, entouré d'espérances,
Par vos prospérités les remplir chaque jour,
Et *l'auguste compagne, objet de son amour*,
Du bonheur d'un héros source pure et féconde,
Eterniser son nom sur le trône du monde.
Favori du Très-Haut, honneur à tes exploits!
Les siècles se diront: Il parut, et les rois
Pâlissaient à ses pieds, et des peuples sans nombre
De son camp protecteur couraient implorer l'ombre.

. . . .

Le pardon descendit de ses mains indulgentes;
Et ce roi, qui se montre à nos yeux éblouis,
Eut toutes les vertus comme toutes les gloires.

En 1811, il publia une *Ode sur la Naissance du Roi de Rome*, in-4°, confiée aux presses de l'imprimerie impériale.

Ces deux pièces furent aussi imprimées dans le recueil intitulé : *L'Hymen et la Naissance*, imprimé chez Firmin Didot, en 1812.

En mai 1814, il fit paraître des *Stances sur le retour de Louis XVIII*, mises en musique par madame de B..., chez Pozzo, Siéber et Vente, marchands de musique. Prix, 1 fr. 50 c.

Allez, *noble fils de la gloire*,
Au-devant du fils de Henri!
Portez-lui l'étendard chéri
Des Bourbons et de la victoire.
Il revient, ce monarque exilé de son trône,
Comme un autre Œdipe appuyé
Sur le bras *d'une autre Antigone.*
Sa voix bénit, *son cœur pardonne.*

. . . .

A l'aspect de notre misère,
Mes enfans, dira-t-il . . . .
Respirez tous au sein d'un père.

M. Brifaut a fourni à la *Gazette de France*, dans les trois derniers trimestres de 1814, des articles politiques tout-à-fait à l'ordre du jour.

En 1826, il a été admis, je ne sais trop pourquoi, à l'Académie française, en remplacement du marquis d'Aguesseau, et il a salué, en passant, Charles X de deux ou trois coups d'encensoir.

Charles X, qui était poli, lui a donné la croix de la Légion-d'Honneur.

Il est encore académicien sous Louis-Philippe.

BRISSAC (Timoléon de Cossé, duc de),

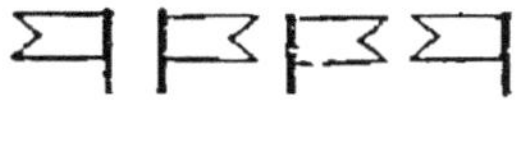

Pair de France.

Chambellan de *Madame*, mère de l'empereur, préfet du département de Marengo en 1809, et du Doubs en 1812, fonctions dans lesquelles il acquit la réputation d'un bon administrateur. Il se distingua, en 1813, par les mesures de défense qu'il prit contre l'invasion des alliés. Le 9 janvier 1814, il faisait un appel énergique aux *braves artilleurs* du département, qu'il invitait à venir défendre Auxonne. (*Moniteur*.) Le 9 avril, il se hâtait d'envoyer son adhésion à la déchéance de Napoléon, son bienfaiteur; et, de peur qu'on ne trouvât pas son adresse au milieu du tumulte d'une révolution, il avait la précaution d'écrire au-dessous de sa signature : *Rue Neuve-des-Capucines, n° 9*. (*Moniteur*.) Il fut nommé pair de France par Louis XVIII, à cette première restauration, ne fit point partie du sénat pendant les cent-jours, fut réintégré par Louis XVIII à la seconde restauration, continué par Charles X et par Louis-Philippe. Dans cette chambre, ils s'est montré partisan des anciennes institutions, et ne s'est plus souvenu que de la noble exception sociale dont il fait partie.

BROGLIE (ACHILLE - CHARLES - LÉONCE - VICTOR, DUC DE), 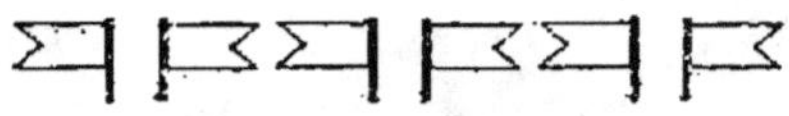
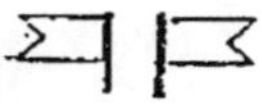

Ancien Ministre et Pair de France.

Auditeur au conseil d'Etat, en 1809, intendant des provinces Illyriennes, membre de l'administration d'Espagne; attaché aux ambassades de Varsovie et de Vienne, sous l'empire. Nommé pair de France par Louis XVIII, en juin 1814, il atteignit sa trentième année et eut voix délibérative la veille de la condamnation du maréchal Ney. Il vota pour la première fois, mais inutilement, son absolution pure et simple, et se prononça contre la nouvelle loi d'amnistie, en soutenant la loi du 5 février 1817, concernant les élections; il déclara que ce projet de loi l'avait « réconcilié jusqu'à un certain point, pour un temps du moins, avec la rigueur des conditions imposées par la Charte. » Le 8 du même mois, il défendit la liberté individuelle contre l'arbitraire ministériel. Le 25 février 1817, il combattit le projet de loi sur la saisie préalable des écrits incriminés; et, plus tard, nommé rapporteur du projet de loi sur les délits de la presse, il s'écria : « Si vous entreprenez de la garotter, elle se relèvera plus hardie et, comme un forçat révolté, elle jettera à la tête de ceux qui croient la tenir les fers qu'elle aura brisés. »

M. de Broglie avait énoncé des vues pleines de justesse dans plusieurs séances de la société des *Amis de la liberté de la presse*, dont il était membre, et dont il avait été l'un des principaux fondateurs. On se rappelle le procès qui fut intenté à cette société. M. de Broglie s'en était retiré au moment de l'accusation; cette retraite parut au moins prématurée.

Le 26 février 1820, il fit de vains efforts pour s'opposer au rétablissement de la censure; mais bientôt, comme fatigué de sa brillante course, il se jeta dans les bras des doctrinaires, et vota le projet de réforme du système électoral, qui a été si funeste à la France.

Après les journées de juillet, auxquelles il ne prit aucune part, M. de Broglie fut appelé à diriger le ministère des travaux publics, et assista en cette qualité à la séance du 9 août, dans laquelle Louis-Philippe fut proclamé roi par la chambre des députés. Le 11, il fut nommé ministre de l'instruction publique et des cultes, et président du conseil-d'état; ce fut à cette occasion que le *Constitutionnel* lui adressa cette semonce : (23 août)

« On croirait encore, à quelques égards, que le ministère Polignac n'est point renversé, en parcourant les ordonnances de M. le ministre de l'instruction publique, tellement pressé d'organiser le conseil d'Etat, qu'il n'a pas cru devoir attendre l'intervention du pouvoir législatif. »

Il ne tarda pas lui-même à ne plus faire partie du ministère.

BRYAS (LE MARQUIS DE),

Maire de Bordeaux.

Nommé membre du conseil d'arrondissement de Bordeaux, par S. M. Louis XVIII *le Désiré;*

Nommé chevalier de l'ordre royal de la Légion-d'Honneur par Charles X *le bien-aimé;*

Nommé maire de *notre* bonne ville de Bordeaux par Louis-Philippe, *le roi citoyen;*

Nommé membre de la Chambre des Députés par les électeurs de Bordeaux;

Surnommé *le marquis libéral* par le peuple de la même ville.

C

CAILLEUX, 

Secrétaire-général du Musée royal sous Louis Dix-Huit, qui le fait chevalier de la Légion-d'Honneur;

Secrétaire-général du Musée royal, sous Charles X, qui le fait officier de la Légion-d'Honneur;

Secrétaire-général du Musée national, sous le gouvernement populaire des trois jours qui respecte tout, sauf les portraits de Charles X;

Secrétaire-général du Musée *tout court*, sous le lieutenant-général.

Et enfin secrétaire-général du Musée royal, sous Louis-Philippe qui, probablement le fera aussi quelque chose.

CALMON,

Directeur des Domaines et de l'Enregistrement.

Inamovible dans cette administration ! Inspecteur-général en 1809; administrateur en 1814; directeur-général sous le ministère Martignac; destitué sous le ministère Polignac; réintégré après la révolution de juillet.

En 1820, député du grand collége du Tarn, il siégeait au centre; en 1823 au centre gauche; rentré à la chambre avec le ministère Martignac, il bornait et borne encore tous ses vœux à la liberté telle que ce ministre l'entendait. La révolution de juillet, en lui rendant ses anciennes fonctions et le créant conseiller d'Etat, ne l'a point décidé à faire un pas en avant. Il a voté pour le maintien des droits du timbre sur la presse périodique. La liberté sortie des barricades demande un peu plus de générosité.

CAMBON (AUGUSTE, MARQUIS DE),

Député.

De 1824 à 1826, il siégeait au centre, votant l'indemnité et le sacrilége.

En 1826, il siéga avec les doctrinaires au centre gauche, derrière M. Royer-Collard.

En 1827, il faisait partie de l'opposition de droite et de la défection Agier.

C'était l'apogée de son patriotisme. Le juste milieu arriva tout exprès pour lui ; il s'y cramponna, ne désirant autre chose que de continuer Villèle et Martignac.

Il parlait fort bien sous la restauration, il est muet depuis la révolution.

M. Martignac l'avait fait conseiller d'Etat ; la révolution est trop bénigne pour lui retirer sans motif cette honorable place.

CAMBON (ALEXANDRE, BARON DE). 

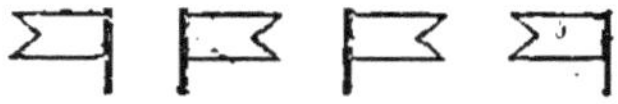

Frère du précédent. Député.

En 1811, il était conseiller à la cour impériale de Toulouse.

En 1813, l'usurpateur le faisait baron.

En 1818, la légitimité le faisait président de chambre à la cour royale de Toulouse;

En 1822, chevalier de l'ordre royale de la Légion-d'honneur ;

En 1828, premier président à la cour royale d'Amiens.

En 1827, il était député du grand collége d'Albi.

Après juillet, il a été réélu par les mêmes électeurs, nous ne savons si c'est pour avoir fait de l'opposition sous M. de Villèle, ou du ministérialisme sous M. de Martignac. Ces titres n'effacent pas les souvenirs de l'émigration de MM. de Cambon, et de leur dévoûment à la légitimité.

M. le baron impérial était membre du parti de la défection, sous les ordres de M. Agier. C'est aujourd'hui l'un des pairs que M. Périer compte introduire au Luxembourg. Bonne chance !

CAMPENON (Vincent),

Versificateur et Accadémicien.

Il était, sous l'empereur, chef-adjoint de la première division de l'Université, et commissaire impérial du théâtre de l'Opéra-Comique. Ce fut à cette époque glorieuse qu'il publia la pièce suivante :

Requête des Rosières des Salency à S. M. l'Impératrice :

Quand sur nos rives fortunées
Vous venez, par les plus doux nœuds,

Du plus puissant des rois parer les destinées,
Daignez de vos regards favoriser aussi
Les jeunes têtes couronnées
Du village de Salency.
Et si l'hymen partage ou confond toutes choses,
De l'empire des Francs que votre auguste époux
Soit l'orgueil et l'appui; mais vous,
Protégez l'empire des roses.

(*Journal de l'Empire*, du 13 mai 1810. Recueil intitulé : *l'Hymen et la Naissance*. 1811.)

Son poëme de l'*Enfant prodigue* lui ouvrit les portes de l'Institut. Il fut désigné pour remplacer Delille. Le public, à cette nouvelle, s'écria :

Au fauteuil de Delille aspire Campenon :
Son talent suffit-il pour qu'il s'y campe? Non.

De sa nomination à sa réception il s'écoula un espace de deux ans ; il fut nommé sous l'empereur et reçu sous le roi : le héros de son discours devant toujours être le chef du gouvernement, il se tira d'affaire en substituant Louis XVIII à Napoléon.

« Pourquoi craindre, s'écria-t-il, de répéter ce que toute la France a dit? On a employé tous les moyens de séduction pour obtenir quelques vers du Virgile français ; tout a échoué ; *il est resté fidèle à l'inflexibilité de l'honneur*, et rien n'a pu interrompre le cours de *son silence courageux*, silence que les plus beaux vers n'auraient jamais pu égaler. » (16 novembre 1814. *Moniteur*.)

Cette première restauration ravit à M. Campenon

le titre séditieux de *commissaire impérial* du théâtre de l'Opéra-Comique ; mais il conserva sa place de chef-adjoint de la première division de l'Université, devint *censeur* aux appointemens de 1200 fr. (24 octobre 1814.), et vit, ne sachant trop pourquoi, le ruban rouge de la Légion-d'Honneur parer, avec le ruban blanc de la Fleur-de-lys, sa boutonnière aristocratique. (13 septembre 1814.) Les faveurs royales ne s'arrêtèrent point là : le 1er janvier 1815, il entra en fonctions comme secrétaire du cabinet du roi et des Menus-Plaisirs, sous les ordres de M. le duc de Duras.

Tout cela allait le mieux du monde, quand le retour de Napoléon mit en fuite M. le duc de Duras. M. Campenon, qui n'aime pas à rire quand il y va d'une place perdue, court aussitôt de l'Opéra-Comique aux Tuileries, et des Tuileries à l'Opéra-Comique, où l'on avait déjà oublié l'ex-commissaire impérial. En vain il croit obtenir grâce en rappelant sa jolie *Requête des Rosières de Salency*; il était trop tard : M. de Jouy l'avait supplanté.

Au second retour de Louis XVIII, il fut conservé dans la nouvelle organisation de l'Académie française en mars 1816. Charles X l'y respecta et le fit officier de la Légion-d'Honneur. Louis-Philippe l'y trouve encore, la cocarde tricolore au chapeau, fêtant l'anniversaire des trois journées, comme s'il n'avait point eu sa part des quinze années de restauration bourbonienne.

CAPEFIGUE (B.), 

Littérateur.

Protégé par le comte Siméon, lorsqu'il était ministre de l'intérieur;

En 1823, il publie le *Récit des Opérations de l'Armée française en Espagne, sous les ordres de S. A. R. M. le duc d'Angoulême, accompagné de notes*; in-8°. Cet ouvrage de circonstance, qui a paru au retour du vainqueur du Trocadéro, n'est autre chose que la réunion des bulletins officiels du *Moniteur*.

Couronné plusieurs fois à l'Académie des Inscriptions et Belles-Lettres, il obtient la faveur de faire imprimer ses mémoires à l'imprimerie royale, aux frais du gouvernement, sous le ministère Corbière.

Il a été, pendant deux ou trois ans, membre de la société asiatique; mais il s'en est retiré, parce qu'elle n'ouvrait pas un champ assez vaste à son ambition.

Pendant deux ans, il a siégé fort régulièrement à *la société des Bonnes-Lettres*, où il prenait souvent la parole; il a coopéré très-activement à la rédaction de la *Quotidienne*, qui n'en était ni mieux écrite, ni moins fanatique, ni moins ennuyeuse. Il trouva néanmoins des protecteurs qui, en novembre 1826, lui firent accorder, par Charles-

le-Bien-Aimé, la décoration de la Légion-d'Honneur.

Transbordé par le ministère Martignac de la *Quotidienne* au *Messager*, journal du gouvernement *quasi*-libéral ;

Après la révolution de juillet, transbordé du *Messager* au *Constitutionnel*, journal *quasi*-juste-milieu ;

Il vient de publier une *Histoire constitutionnelle de France* et *une Histoire de la restauration*. Il y en a pour tous les goûts.

CAPELLE (GUILLAUME-ANTOINE-BENOIT),

Ex-Ministre.

D'abord comédien, puis membre de la confédération du midi ; lieutenant de grenadiers au 2e bataillon des Pyrénées-Orientales ; destitué pour cause de fédéralisme ; commandant de la garde nationale de Milhau, sa ville natale ; député par ce corps auprès du gouvernement consulaire ; employé dans les bureaux du ministre de l'intérieur Chaptal ; secrétaire-général des Alpes-Maritimes ; secrétaire-général de la Stura ; préfet du département de la Méditerranée, à Livourne ; lié bientôt avec sa voisine Elisa, sœur de Napoléon, princesse de Lucques et de Piombino; rappelé par l'empereur et envoyé préfet dans le Léman, à Genève.

Il existait dans cette ville un *Cercle des partisans de l'Égalité*. Cette dénomination déplut à l'ex-fédéré du midi. Il invita les membres à la changer, et, sur leur refus, les y contraignit par un acte légal. Ils prirent le titre de *Cercle des mêmes*.

Ayant quitté son poste avant l'arrivée des troupes étrangères, M. Capelle fut suspendu de ses fonctions, et traduit devant une commission d'enquête.

La restauration lui rendit la liberté. Louis XVIII le nomma préfet du département de l'Ain, et Monsieur, depuis Charles X, le fit officier de la Légion-d'Honneur.

Au retour de Napoléon, M. Capelle se rendit à Lons-le-Saunier, où il trouva le maréchal Ney. N'ayant point voulu déférer aux ordres qu'il en reçut, de retourner dans sa préfecture, il partit pour la Suisse, où il joua le rôle d'un royaliste ardent. Ses anciens administrés, ne pouvant croire à une conversion si subite, l'obligèrent à sortir des cantons. Il courut à Gand, où Louis XVIII venait d'arriver. Admis plusieurs fois dans son conseil, il obtint, à la seconde restauration, la préfecture du Doubs, vint à Paris servir de témoin contre le maréchal Ney, fut nommé conseiller-d'Etat et secrétaire-général du ministère de l'intérieur.

Il participa à tous les actes de Villèle; ce fut à son école qu'il devint habile à fausser les élections.

Homme de confiance des Jésuites, ce fut par ses mains que passèrent tous les dons que leur prodiguait la duchesse d'Angoulême. Il correspondait avec les affiliés de province, et transmettait les ordres des supérieurs.

Par suite d'un grand changement de ministère, Capelle fut nommé préfet de Seine-et-Oise, et lorsqu'on eut résolu de jeter la France dans les fers, on inventa pour lui un ministère : on le fit ministre des travaux publics.

On ne l'avait élevé jusque-là que pour avoir un homme qui fît éclore une chambre corrompue et docile ; il avait promis de bien manœuvrer les élections. Fraudes, corruptions, menaces, faveurs, violences, tout fut par lui mis en œuvre, et tout échoua, parce que la France était lasse de la tyrannie bourbonienne,

M. le baron Capelle a signé les fatales ordonnances ; il a fait plus : il les a provoquées. Il a voulu priver les citoyens de leurs droits, il a conjuré contre la liberté publique, il a violé la Charte constitutionnelle, troublé la paix intérieure du pays, soufflé la guerre civile, et répandu, avec ses collègues, des sommes considérables pour animer les soldats contre le peuple. Tous ces crimes l'ont fait condamner, ainsi qu'eux, à la mort civile. Mais eux subissent leur peine dans le château de Ham : Capelle, plus heureux, a trouvé les moyens d'échapper à la justice en fuyant la France. Sans doute, caché derrière les bataillons ennemis, il trame contre elle d'odieux complots. Puissent l'énergie d'un autre ministère et la contenance du peuple les faire avorter !

CAPELLE (P.),

Chansonnier.

Vivent les chansonniers ! quand ils changent d'opinion, ils le font gaîment ; ils n'imitent pas ces magistrats revêtus d'une triste et longue simarre, qui, à chaque variation politique, viennent gravement et processionnellement jurer fidélité, n'importe à qui.

M. Capelle a quelques échantillons à offrir de son admiration et de son dévoûment. Voici ce qu'il pensait en 1811, sur l'air : *Comme faisaient nos pères.*

Français, Français, le verre en main,
Que ce jour nous rassemble,
Chantons, buvons ensemble
A la santé du *roi romain.*
Et sa naissance
Et sa puissance
Viennent en France
Doubler notre espérance.
On le verra plus d'une fois
Dans le temple auguste des lois,

Régler les droits
Des peuples et des Rois,
En maître de la terre,
Tout comme a fait son père,
Tout comme a fait, tout comme a fait son père.

Il a pensé bien différemment en 1814, sur l'air: *Du magistrat irréprochable* :

Un roi français et légitime,
Jaloux du sort de ses soldats,
Par le carnage et par le crime
N'agrandira point ses états;
Il sait que le *Maître du monde*
N'a créé les rois si puissans
Qu'afin que chacun lui réponde
Du bonheur de tous ses enfans.

M. Capelle, d'abord libraire à Paris, est devenu inspecteur de l'imprimerie et de la librairie sous Napoléon, Louis XVIII, Napoléon, Louis XVIII et Charles X. Ces fonctions ayant été supprimées avant la révolution de juillet, il a eu le regret de ne pouvoir prêter serment à Louis-Philippe.

CARMOUCHE (J.), 

Vaudeviliste.

Il a épousé la spirituelle actrice Jenny Vertpré : c'est un mauvais tour qu'il lui a joué ; mais c'est la meilleure pièce qu'il ait faite .

Il en avait composé auparavant un grand nombre en l'honneur de Louis *le Désiré.*

Charles X monta sur le trône : grands banquets, grandes réjouissances dans toutes les légions de la garde nationale, quand vint la fête du *bien-aimé* ! A la 2me légion, ce fut M. Carmouche qui se rendit *l'interprète des sentimens qui animaient tous les bons Français.* *(Moniteur.)*

Quelques jours après, il fit jouer aux Variétés, *la Croix-d'Honneur,* pièce de circonstance, si jamais il en fut. Il assista à l'inauguration dans le foyer de ce théâtre du buste du roi, répondit à tous les toasts portés en son honneur, et chanta de délicieux couplets de circonstance. *(Moniteur.)*

Après la révolution, il signa la déclaration de la commission dramatique en faveur des blessés, des veuves et des enfans des *citoyens* morts dans les *glorieuses journées de juillet.* *(Moniteur.)*

CARRION DE NISAS (Marie - Henri - Elisabeth , baron ou marquis de), 

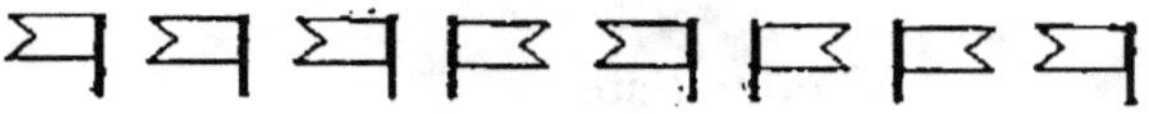

Législateur, Militaire et Versificateur.

L'un des vingt-trois barons des Etats du Languedoc, seigneur et puis maire de village; officier de cavalerie; incarcéré comme fédéraliste; mis en liberté le 9 thermidor; tribun sous le consulat.

En octobre 1804, il fit présent à la ville de Béziers d'un buste de Bonaparte, qui fut inauguré solennellement dans la grande salle du *palais de la Cohorte*, avec cette inscription : *Hic amat dici pater atque princeps*; et il prononça un discours à cette occasion.

Ardent approbateur de l'établissement du gouvernement impérial, il fut celui des tribuns qui répondit avec le moins de modération à l'illustre Carnot, resté seul défenseur de la république au milieu d'un corps essentiellement républicain. Dans le discours qu'il prononça à cette occasion, on remarque ces mots :

« On a beaucoup cité, au commencement de la révolution, un monument remarquable de ces contrats solennels passés à de grandes époques, je veux parler de ce fameux serment des cortès de la vieille Espagne, qui, si j'en crois l'histoire, fut long-temps prêté et reçu par mes propres ancêtres. »

De ces mots, sans qu'il fût besoin de recourir aux généalogies que M. Carrion indique en note, on conclut qu'il descendait des rois d'Aragon ; il en résulta cette épigramme :

Monarques et grands de la terre,
En voyant le tribun Carrion
Descendre des rois d'Aragon,
Apprenez comme on dégénère.

Les anciens, le jour d'une grande solennité, offraient une victime en sacrifice; M. Carrion, fidèle imitateur des anciens, offrit pour victime, à l'époque du couronnement de Napoléon, une tragédie intitulée *Pierre le Grand*, qui fut sacrifiée par le peuple-parterre. On commença à siffler à midi, en attendant l'ouverture des bureaux; on sifflait encore après minuit. L'auteur avait provoqué cet accueil par deux lettres insérées au *Journal de Paris* des 26 et 27 floréal an 12, dans lesquelles il appelait ses futurs auditeurs des *loustics* et des *siffletiers*.

Rentré dans l'armée après cet échec, il fut lieutenant dans les gendarmes d'ordonnance; capitaine chargé par l'empereur d'apporter à Joséphine le traité de Tilsitt; chef d'escadron à l'état-major de l'armée de Portugal; adjudant-commandant au siége de Saragosse; nommé par l'empereur baron et officier de la Légion-d'Honneur; destitué et exilé à cent lieues de la capitale ; simple volontaire dans le vingtième régiment de dragons ; adhérant, le 13 avril 1814, aux actes du gouvernement provisoire ; nommé marquis et chevalier de Saint-Louis par Louis XVIII.

Le 16 mai, il fit partie de la députation des colonels présentés au roi par le duc de Duras, premier gentilhomme de la chambre ; leur adresse était ainsi conçue :

« Sire, les colonels de l'armée viennent déposer au pied du trône l'hommage de leur respect et de leur admiration pour les hautes vertus de votre majesté. Tous ont appris à obéir avant de savoir commander, ce qui doit être pour votre majesté un gage sacré de leur obéissance et de leur dévoûment à leur souverain légitime, auquel ils jurent une fidélité inviolable ; ils reporteront dans les rangs des soldats votre amour paternel, et ces soldats s'écriront avec nous : Vive le père de l'armée ! vive notre roi légitime ! »

Sa majesté a terminé sa réponse en daignant accorder la décoration de la fleur de lis d'or à MM. les colonels de l'armée. (*Moniteur*)

A la fin de 1814, M. le marquis fut employé dans son ancien grade à l'état-major de la première division, et au commencement de mars 1815, nommé secrétaire-général adjoint au ministère de la guerre. Il proposa, lors du débarquement de Napoléon, des mesures pour arêter sa marche ; mais on ne le comprit point.

Napoléon arriva ; le marquis, redevenu baron, fut chargé, par un décret, de la défense éventuelle des ponts de Saint-Cloud et de Sèvres ; il rédigea l'adresse du champ de Mai, au nom du peuple Français et de la députation centrale des électeurs ; sa belle conduite dans la défense qui lui avait été confiée, lui valut le grade de général de brigade de la part du gouvernement provisoire ; mais ce titre loin, de lui être confirmé par la seconde restauration, le fit placer deux ans sous la surveillance de la haute police.

Cette disgrâce ne dura pas. En 1824, M. le baron, redevenu marquis, fut admis à l'honneur de présenter au roi, à Monsieur et au duc d'Angoulême, son *Essai sur l'Histoire de l'art militaire*. Plus tard, sous Bourmont, il fut de nouveau attaché au ministère de la guerre. La révolution de juillet lui vaudra la confirmation de son grade de maréchal de camp.

CARTELLIER (Pierre), 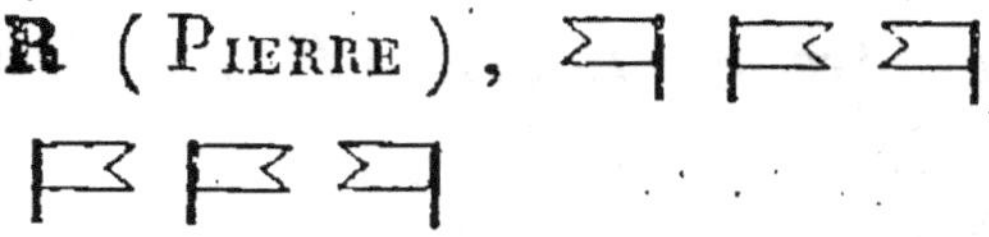

Célèbre Sculpteur.

Professeur à l'école royale de peinture et de sculpture. En 1808, Napoléon le décora de la Légion-d'Honneur, et, le 19 mars 1810, il fut admis à l'Institut.

L'empire lui doit les ouvrages suivans : la statue de *Vergniaud*, membre de la Convention, retirée du grand escalier du Luxembourg lors de l'entrée du roi; *la Capitulation d'Ulm*, un des bas-reliefs de l'arc-de-triomphe du Carrousel ; la statue en marbre du *Grand-Connétable de France*, exposée au salon de 1810; la statue colossale du général *Valhubert*, destinée à être placée sur le pont de la Concorde; la statue en marbre de *Napoléon*, en grand costume, destinée à l'Ecole de Droit, etc., etc.

L'ordonnance de Louis XVIII, du 21 mars 1816, le plaça au nombre des membres de l'Académie des Beaux-Arts, deuxième section. Il l'en remercia par les ouvrages suivans :

Louis XIV à cheval, bas-relief en pierre, au-dessus de la porte principale de l'hôtel des Invalides; la statue en bronze de *Louis XV*, de onze pieds de haut, inaugurée sur la place Royale de Reims, le 25 août 1819, etc., etc.

Il fut de plus chargé d'exécuter une statue équestre de *Louis XV* pour la place de la Concorde, où, en 1826, on a placé la première pierre d'un monument à la mémoire de Louis XVI, et où la révolution de juillet a décidé qu'il serait élevé un monument à la Charte. Que va devenir le *Louis XV* de M. Cartellier ?

Il fut chargé enfin, avec deux autres artistes, de l'exécution d'un monument à élever, dans l'église de

Notre-Dame, en l'honneur du *Duc de Berri*. Que faire encore de celui-là?

M. Cartellier travaille depuis un an pour la révolution de juillet.

CASSATION (Cour de),

On connaît l'institution de cette cour; l'empereur lui accorda de grands priviléges : elle remplaçait, pour ainsi dire, le parlement. Elle encensa son restaurateur; c'était tout simple, puisqu'il l'avait comblée de bienfaits et d'honneurs. (Tous ses anciens membres ont reçu la croix des mains de l'empereur.) Elle encensa Louis XVIII, qui l'avait refondue; elle réencensa l'empereur; elle réencensa Louis XVIII; elle a encensé Charles X et Louis-Philippe. Voici des noms qui devraient être gravés en lettres d'or sur tous les murs :

Bailly, Borel de Bretizel, Busshop, Carnot, Cassaigne, Favard de l'Anglade, Gardon, Giraud-Duplessis, Henrion de Pensey, Lasagni, Liger de Verdigny, Merlin, Poriquet, Ruperou, Vergès, Zangiacomi, etc., etc.

Nous renvoyons aux adresses présentées par ces

messieurs à l'empereur, le 24 janvier 1809, et en décembre 1812. En voici une troisième, du 3 avril 1814 :

Au sénat. « Nos seigneurs! nous nous empressons de vous adresser l'hommage de nos respects et de nôtre soumission. Grâces soient rendues au sénat d'avoir confié l'exercice de l'autorité publique à des hommes aussi distingués par leurs services et leurs talens (*Talleyrand et compagnie*). Grâces lui soient rendues d'avoir détruit *l'édifice du despotisme*. Puissions-nous, *après plus de* 20 *ans d'orages et de malheurs*, trouver enfin le repos à l'ombre du *sceptre antique et révéré* qui, pendant huit siècles, a si glorieusement gouverné la France! Nos seigneurs, nous adhérons aux grandes mesures de salut public que le sénat a décrétées dans ses séances mémorables du 1er et du 2 avril; *elles ont exprimé le vœu des Français*.. » (Moniteur.)

Le 4 mai suivant, la cour de cassation va au-devant de Louis XVIII jusqu'à Saint-Ouen; elle est admise à l'audience de S. M. (*Ibidem.*)

Le 23 mars, admise à l'audience de l'empereur, elle lui dit : « Sire, la cour de Cassation vous salue *comme seul véritable et légitime souverain* de l'empire. Qu'ils soient à jamais oubliés ces jours d'un *interrègne préparé par la trahison, établi par la force étrangère, et que la nation ne put alors que subir!* » (Ibidem.)

Le 24 mai, la cour de Cassation vote unanimement une *offrande patriotique* de six mille francs pour les dépenses de la guerre. (*Moniteur.*)

« Le 12 juillet, la cour de Cassation s'honore, sire, d'avoir, le 3 avril (*voir ci-dessus*), prévu le décret du Sénat qui déclara vos droits au trône... Ce vœu fut accompli, et votre bonté fit revivre les beaux jours de Louis XII et de Henri IV; mais de nouveaux malheurs nous étaient réservés. Puissent-ils s'ensevelir dans un éternel oubli, ces événemens affreux qui, en vous arrachant des bras de vos sujets désolés, ramenèrent *le plus audacieux despotisme!* Toutes les âmes furent comprimées; une autorité usurpatrice, qu'environnait la terreur, contraignit les corps et les particuliers à parler et à écrire dans l'intérêt de son usurpation.... Que V. M. daigne apprécier les motifs de la conduite de ceux qui, placés par leurs fonctions sous l'action immédiate de l'oppression, n'auraient pu lui résister sans faire cesser l'empire des lois, et livrer à l'anarchie l'administration de la justice.... La colère du ciel s'est enfin apaisée. Vous êtes revenu, sire, au milieu de *vos sujets, dont les cœurs vous étaient toujours demeurés fidèles.* » (Ibidem.)

Louis XVIII est mourant. « Le 13 septembre 1824, la cour de Cassation se rend à l'église métropolitaine en corps et en robes rouges pour assister aux prières de quarante heures à l'occasion de la maladie du roi. »

(*Ibidem.*)

Quatre jours après, la cour de Cassation disait au successeur de Louis XVIII : « Elle est juste, cette douleur universelle de la France, qui perd aujourd'hui le meilleur des pères... Heureusement, sire, que la Providence a permis que la France retrouvât tout ce qu'elle a perdu, dans son auguste successeur. *Tous les Bourbons se ressemblent*. Ils sont tous de dignes descendans de Saint-Louis et d'Henri IV. Ce sont toujours les mêmes vertus, la même foi, la même magnanimité, la même clémence, le même amour pour le peuple; et nous, sire, c'est aussi le même cœur que nous vous apportons, la même fidélité, *le même dévoûment*, le même zèle, le même respect, le même amour. » (*Moniteur*.)

Le 18 juillet 1830, (*notez bien la date*.) la cour de Cassation disait à Charles X :

« Comme le canon portait au loin le bruit de vos succès en Afrique, les voûtes du vieux palais de Saint-Louis ont tressailli sur nos têtes. Après avoir déposé aux pied des autels nos humbles actions de grâces, nous devons à V. M. l'hommage de nos félicitations. Tel que ce roi de l'antiquité dont *la reconnaissance des hommes a éternisé la mémoire*, et qui sut triompher de la férocité africaine, V. M., *dans sa haute sagesse*, a vaincu pour le genre humain. La Grèce délivrée et l'Afrique renaissante seront deux *monumens impérissables du règne de Charles X*. »

(Ibidem.)

Quelques jours après, une révolution a lieu,

Charles X est renversé du trône ; la cour de Cassation dit au lieutenant-général du royaume :

« Dans les circonstances critiques et solennelles où *la patrie* se trouve placée, *la puissance publique* a été remise entre vos mains. Aidé du concours des deux Chambres, et soutenu par *la confiance universelle*, V. A. R. en usera pour *le maintien de tous les droits et le développement de toutes les garanties*. Elle assurera l'union indissoluble *de l'ordre et de la liberté*. Magistrats et *citoyens*, nous sommes doublement intéressés, à ces titres, à *l'affermissement des institutions et des libertés publiques*. Nos espérances ne seront pas trompées. » (*Moniteur*.)

Le lieutenant-général du royaume est proclamé roi, la cour de Cassation lui dit : « La monarchie s'écroulait sous *les ruines de la loi fondamentale du royaume*. Les rênes de l'État flottaient abandonnées. V. M. les a saisies, aux acclamations des deux Chambres et du peuple. Elle a ceint la couronne et *s'est dévouée sans réserve au salut de l'État*. Grâces vous en soient rendus, sire !... Que V. M. daigne agréer notre hommage respectueux. »

(*Ibidem*.)

Et voilà la cour de Cassation ! ! !

CATEL (Charles-Simon), 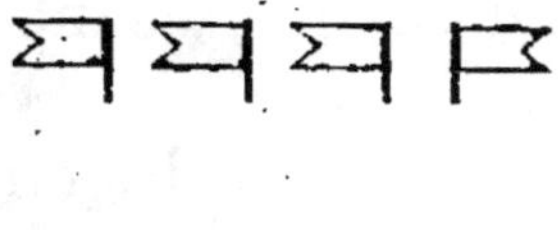

Célèbre Compositeur de musique.

Attaché, en 1790, au corps de musique de la garde nationale en qualité de compositeur, adjoint à son maître, Gossec, il a composé pour cette armée civique les recueils de marches et pas militaires, si énergiques et si brillans, que les soldats français ont fait tant de fois entendre à l'ennemi avant la victoire.

En 1792, *de Profundis* à grand orchestre, exécuté à l'occasion des honneurs funèbres que la garde nationale rendit à son major-général Gouvion.

Hymne à la Victoire, à l'occasion de la bataille de Fleurus, paroles de Lebrun, exécutée par Catel lui-même dans la fête donnée aux Tuileries le 11 messidor an II.

An III. Fondation du Conservatoire de musique. Catel y est nommé professeur d'harmonie.

En 1810, il devint inspecteur de l'enseignement et professeur de composition, puis membre de l'Institut.

En 1814, il composa une partie de la musique de *Bayard à Mézières* opéra en un acte, destiné à célébrer N poléon.

Quelque temps après, Louis XVIII l'appelle à

l'Institut renouvelé, académie royale des Beaux-Arts.

Charles X, à peine sur le trône, le nomme chevalier de l'ordre royal de la Légion-d'Honneur, avant son départ pour le sacre.

Signataire de la déclaration des auteurs dramatiques en faveur des victimes des glorieuses journées de juillet.

CAUCHY (Louis-François),

Garde des Archives honoraire de la Chambre des Pairs.

Commis à l'intendance de Rouen avant la révolution; garde des archives et du sceau, rédacteur des procès-verbaux des séances du Sénat-conservateur sous le consulat; secrétaire-archiviste du sénat-conservateur sous l'empire; garde des archives et rédacteur des procès-verbaux des séances de la Chambre des Pairs sous la restauration; garde des archives honoraire de la même Chambre avant, pendant et après la révolution de juillet; son fils Alexandre, conseiller à la cour royale, en étant le garde titulaire, et son fils Eugène, le garde-adjoint, tous trois fort bien logés, éclairés et chauffés au Luxembourg.

Poète latin sous le consulat et l'empire, M. Cauchy a publié : *Ode au premier consul*, 1802; *Ode à Napoléon sur la rupture du traité d'Amiens par les Anglais*, 1805; *la Légion-d'Honneur*, ode, 1805; *Napoléon au Danube*, ode traduite de l'italien du colonel Grobert, 1805; *la Marche de la Grande-Armée*, ode, 1805; *la Bataille d'Austerlitz*, dithyrambe, avec une traduction française, 1806; *les Prédictions de Nérée*, petit poëme sur la naissance du roi de Rome, 1811.

En récompense de tant de vers latins, Napoléon le fit chevalier de la Légion-d'Honneur. Louis XVIII, pour qui il en composait souvent, le fit officier du même ordre. Charles X, dont il chanta le sacre, poussa ses enfans. Il n'a pas encore chanté Louis-Philippe. Attendons!

CAUX DE BLACQUETOT (Louis-Victor, vicomte de),

Ancien Ministre de la Guerre.

Elève sous-lieutenant à l'école du génie de Mézières, en 1792; lieutenant et destitué comme noble en 1793; réintégré en 1795, avec le grade de capitaine ; chef de bataillon en 1799 ; chef de l'état-major du premier inspecteur général du génie, en 1806 ; chef de la division du génie au ministère de la guerre, en 1807 ; colonel et baron de l'empire en 1813 ; chevalier de Saint-Louis, officier de la Légion-d'Honneur et maréchal-de-camp en 1814 ; vicomte et conseiller-d'état en 1817 ; chargé du matériel et du personnel du génie au ministère de la guerre, commandeur de la Légion-d'Honneur en 1820 ; commandeur de Saint-Louis en 1822 ; lieutenant-général en 1823 ; grand-officier de la Légion-d'Honneur en 1827 ; et enfin ministre de la guerre en 1828. Bourmont l'a remplacé en 1829.

Outre les diverses décorations françaises qui brillent sur sa poitrine, il s'énorgueillit de la grand-croix de Saint-Ferdinand et de la grand-croix d'Isabelle-la-Catholique; il est commandeur de Saint-Léopold d'Autriche, de Saint-Henri de Saxe, des Guelphes de Hanovre, et chevalier de l'ordre de Sainte-Anne de Russie, 1re classe.

En 1822 et 1823, c'était un des plus chevaleresques partisans de la guerre d'Espagne ; et la France lui doit d'avoir provoqué cette expédition qui nous a coûté 400 millions, et valu le reproche d'une croisade contre la liberté.

Elu député par l'arrondissement de Maubeuge, en juin 1830 ; il a pris la cocarde tricolore et prêté serment à la royauté de juillet. Quoique pair en expétative, il est permis de douter qu'il nourrisse une bien vive sympathie pour notre révolution des barricades.

CHABROL DE CROUZOL (LE COMTE ANDRÉ JEAN DE), 

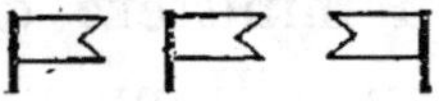

Ex-Ministre.

Auditeur au conseil-d'état en 1805; membre de la Légion-d'Honneur et maître des requêtes en 1806; membre du conseil général de liquidation en Toscane, le 13 août 1809; président par *intérim* de la *cour impériale* d'Orléans; rappelé au conseil-d'état en service ordinaire; l'un des présidens de la *cour impériale* de Paris; comte d'empire, intendant-général des finances dans les Provinces-Illyriennes.

Bertrand, Junot et Fouché rendirent le meilleur témoignage de son *dévouement inébranlable, non-seulement au gouvernement, mais à la personne de Napoléon.* Lorsque son frère Chabrol de Volvic fut appelé à la préfecture de la Seine, « l'empereur, s'écria l'intendant de l'Illyrie, sait et apprendra mieux de jour en jour combien il peut compter sur notre famille. »

Cette fidélité si rare fut bientôt mise à l'épreuve. Dès le commencement du gouvernement royal, en

1814, M. Chabrol devint conseiller-d'état, et le 22 novembre de la même année, préfet du Rhône.

Lors du retour de Napoléon, il seconda puissamment l'autorité militaire qui se préparait à disputer le passage à l'ex-empereur. Voyant tant d'efforts superflus, il effectua sa retraite, et sortit par une porte tandis que Napoléon entrait par l'autre. Arrêté aux barrieres, il fut obligé de rétrograder; mais les officiers, qui déjà commandaient au nom de l'empereur, lui permirent de continuer sa route. Il était difficile de porter plus loin la vanité de la peur. On eût dit que Napoléon ne venait en France que pour détrôner le préfet du Rhône.

Durant les *cent jours*, M. de Chabrol demeura neutre, et ne parut ni à Gand, ni à Paris. Après Waterloo, il se décida. Les Autrichiens cernaient Lyon : il se glissa dans la ville, de leur consentement, et reprit ses fonctions de préfet le jour de leur entrée.

Ce fut sous cette seconde administration de M. de Chabrol qu'éclata ce qu'on a appelé la conspiration du 22 octobre 1816. Les victimes furent entassées dans les prisons, les têtes roulèrent sur l'échafaud, et l'instrument de mort parcourut les campagnes ensanglantées. M. de Chabrol cessa d'être préfet, mais il fut maintenu sur la liste des conseillers-d'état en service extraordinaire; adjoint, comme sous-secrétaire-d'état, à M. Laîné, ministre de l'intérieur; renvoyé par M. Decazes; nommé directeur-général des domaines et de l'enregistrement, à la mort de

M. Barrairon; gratifié du portefeuille de la marine par M. de Clermont-Tonnerre, de celui de la justice dans les premiers jours du ministère Polignac; appelé à la Chambre des Pairs, où il siége encore depuis la révolution de juillet. L'ex-préfet de Lyon est, en outre, grand-officier de cette Légion-d'Honneur, *récompense des braves.*

CHABROL DE VOLVIC (LE COMTE GILBERT JOSEPH GASPARD DE), 
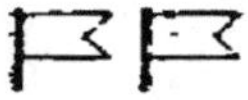

Ex-Préfet de la Seine.

Elève de l'Ecole Polytechnique; ingénieur à l'armée d'Egypte; sous-préfet de Pontivi après le 18 brumaire; préfet du département de Montenotte en 1806. Cette progression de la faveur du gouvernement était la juste récompense de son dévoûment au chef de l'Etat, et du zèle remarquable qu'il déployait dans les fonctions qui lui étaient confiées. Jamais préfet ne fit exécuter avec tant d'ardeur les lois sur la conscription, il sut concilier fort habilement l'obéissance due à l'empereur et les égards que méritait le pape, lorsqu'en sa qualité de préfet il fut un de ses surveillans à Savone. Il se trouvait en congé à Paris quand la conspiration Mallet éclata. Le préfet de la Seine, Frochot fut taxé de faiblesse et destitué. Chabrol fut désigné pour le remplacer. Il débuta dans sa carrière laudative, en allant, à la tête du conseil municipal, féliciter l'empereur sur son retour de Russie.

« Quelle allégresse, sécria-t-il, répand dans tous les cœurs la présence de votre personne sacrée! Que d'espérances, quelle sécurité elle porte avec elle! Vos regards viennent tout vivifier; mais aussi que de gloire pendant votre absence! Le peuple de votre bonne ville de Paris est resté sourd aux cris du pillage et de la licence, et s'est montré digne dépositaire de l'héritier du trône. Auguste enfant! auquel se rattache tant de gloire, à qui de si grands exemples assurent de si hautes destinées! Au premier cri d'alarme, son berceau serait environné de cette population fidèle; tous tiendraient à honneur de lui faire un rempart de leurs corps. Qu'importe la vie devant les immenses intérêts qui reposent sur cette tête sacrée! » (*Moniteur*).

Cette harangue valut à M. de Chabrol sa nomination de maître des requêtes au conseil-d'état. Il était déjà baron d'empire et membre de la Légion-d'Honneur. Cependant l'astre de Napoléon pâlissait; M. de Chabrol, aussi habile à rédiger un compliment de condoléance, qu'un discours de félicitation, court à Saint-Cloud et dit à l'impératrice :

« Quel Français pourrait rester sourd à la voix de l'empereur, au cri de la patrie et de l'honneur? L'appel que vient de faire V. M. a retenti dans tous les cœurs; ils éprouvent le besoin de manifester ces sentimens généreux qui furent en tous temps le noble apanage de la France. Jamais la couronne de l'auguste empereur des Français ne sera dépouillée de ses lauriers. » (*Moniteur.*)

Les alliés arrivent sous les murs de Paris. Le Sénat, jusque là si servile, se fait l'auxilaire des baïonnettes étrangères. Le conseil municipal de Paris se déclare aussi contre Napoléon vaincu. M. de Chabrol hésite quelque temps, mais il est entraîné par l'avocat Bellart, et, dès le 4 avril, « il déclare qu'il partage la satisfaction publique causée par la déchéance de Napoléon et de sa famille, et qu'il attend avec confiance de la sagesse du sénat et du gouvernement provisoire le pacte constitutionnel qui doit nous rendre, et fixer à jamais en France la race antique de nos rois. »

(*Ibidem.*)

Le lendemain, il demande : « que le Sénat soit solennellement remercié au nom de la ville de Paris, d'avoir rempli le vœu général, en portant le sénatus-consulte qui déclare la déchéance de Napoléon Bonaparte et de sa famille, et qui délie les Français et l'armée de leur serment de fidélité. »

(*Moniteur.*)

Circulaire de M. le baron de Chabrol, préfet de la Seine, aux maires et sous-préfets de ce département.

Il leur annonce d'abord : « qu'*il a été assez heureux pour avoir obtenu la confiance du gouvernement provisoire qui l'a nommé préfet de la Seine. Depuis long-temps*, ajoute-t-il, *je ne cessais de gémir sur les maux qui désolaient notre patrie; j'appelais de tous mes vœux, j'osais même réclamer, autant qu'il était en moi, l'adoptoin d'un système de modération qui pût mettre un terme à tant de calamités.* Je sais, monsieur, que *vos opinions*, que *vos sentimens ont été et sont les mêmes.* J'ai donc l'espérance que vous concourrez *avec un zèle sans bornes* à l'exécution des mesures qui ont été prescrites par *la haute sagesse* du gouvernement provisoire. » (*Moniteur.*)

« Le 7 avril, le préfet et le corps municipal de Paris se sont rendus *chez le duc de Raguse pour le féliciter de la conduite noble et généreuse qu'il a tenue*, et lui exprimer *la reconnaissance* qu'éprouve à ce sujet la ville de Paris, à laquelle il a évité les plus grands malheurs, *en résistant aux ordres sacriléges* qu'il avait reçus de continuer la défense. M. le maréchal a exprimé à la députation toute la sensibilité que lui inspirait cette démarche, et l'a assurée qu'*il avait le plus vif désir de rendre de nouveaux services à la ville de Paris.* »

(*Ibidem.*)

Cinq jours après, le préfet de l'ex-empereur vint complimenter, Monsieur, depuis Charles X, aux portes de Paris. « Monseigneur, lui dit-il, *après vingt ans de malheurs*, la France revoit *avec transport* la famille auguste qui, pendant huit siècles, assura *sa gloire et son bonheur*. La ville de Paris, objet de l'amour constant de ses rois, note ce jour au rang des plus beaux qui aient brillé pour elle depuis l'origine de la monarchie. » (*Moniteur.*)

Neuf jours après, nouvelle harangue à S. A. R monseigneur le duc de Berry, jetée dans le même moule. « Monseigneur, y disait-il, que d'allégresse l'arrivée de V. A. R. vient ajouter aux transports des habitans de Paris ! Le bonheur de la capitale ne sera complet que lorsqu'elle verra dans son sein, réunis autour de son roi, tous les nobles rejetons de cette famille auguste. » (*Ibidem.*)

Douze jours après, nouvelle harangue de la même espèce au roi Louis XVIII. « Sire, lui dit M. de Chabrol, le corps municipal de votre bonne ville de Paris, dépose aux pieds de V. M. les clés de la capitale du royaume de saint Louis. Le ciel dans sa clémence nous rend enfin nos rois et accorde un père aux vœux des Français. *La France, sous l'antique bannière des lis, voit combler toutes ses espérances. Amour, respect, fidélité inviolable au sang de nos rois*, voilà le sentiment unanime des habitans de votre bonne ville. La France entière, heureuse par sa confiance et son amour, tourne ses regards sur ses princes chéris, sur *une princesse auguste dont le nom réveille tant de sentimens et d'émotion*, et elle s'écrie dans ses transports de joie et d'attendrissement : Vive le roi ! vive les Bourbons ! (*Moniteur.*) »

A peine M. de Chabrol eut-il loué toute la famille royale, qu'il se vit maintenu dans toutes ses fonctions, et nommé successivement comte, conseiller-d'état, officier de la Légion-d'Honneur ; mais soudain on apprend que Napoléon a débarqué à Cannes. M. de Chabrol, muni d'une nouvelle harangue, est admis chez le roi à la tête du conseil municipal. Il avait adulé Napoléon puissant aux pieds de l'impératrice, il outrage Napoléon déchu aux pieds du roi. L'habileté d'un orateur consiste surtout à varier, suivant les circonstances, le genre de son éloquence. « Sire, s'écriait le *remplaçant de M. Frochot*, depuis le retour de V. M., la France commençait à respirer.... et c'est le moment que choisit *cet étranger* pour *souiller* notre sol de *son odieuse présence.* Que veut-il de nous ? Quels droits peut-il prétendre, lui dont la tyrannie nous a affranchis de tous devoirs ? ... Faut-il donc incendier une seconde fois l'univers, pour appeler une seconde fois l'étranger sur la France ? *Couvert déjà de tant de sang, c'est du sang encore qu'il demande* ; c'est la guerre civile qu'il veut apporter aux enfans de la France.... *Il n'est pas un de nous, sire, qui ne soit prêt à mourir aux pieds du trône.* » (Ibidem.)

Au sortir des Tuileries, M. de Chabrol, dont l'éloquence ne peut être cinq minutes oisive, publie une proclamation aux Parisiens : « Il offre des uniformes aux volontaires, cent mille francs à la direction générale de la police pour la garde nationale de Paris ; enfin, cent vingt-quatre chevaux et six mille francs à la brigade mobile. » (*Moniteur.*)

Cependant Napoléon avançait toujours. *M. de Chabrol ne mourut pas aux pieds du trône,* comme il l'avait promis ; mais, redoutant la vengeance de l'*odieux étranger*, auquel il devait sa fortune politique, il se tint caché pendant trois mois, et demeura trois mois sans faire de harangues.

Au retour de Louis XVIII, il reprit, avec une nouvelle ardeur, ses fonctions oratoires et administratives : « Sire, dit-il au roi, cent jours se sont écoulés depuis le moment fatal où V. M., forcée de s'arracher aux affections les plus chères, quitta sa capitale au milieu des larmes et de la consternation publique... Le déchaînement des passions, la guerre civile et l'invasion étrangère sont venus fondre à la fois sur vos peuples. *Le ciel s'est chargé de la vengeance*, sire ; il ne vous rend à nous que pour pardonner.... N'ayons plus désormais qu'un seul cri de ralliement : vive le roi ! vive Louis XVIII ! vivent les Bourbons ! »

(*Ibidem.*)

Malgré ce souhait de M. de Chabrol, Louis XVIII tomba dangereusement malade en septembre 1824. Le préfet reconnaissant envoya, de deux heures en deux heures, s'informer des nouvelles de la santé du roi. (*Moniteur.*) Il lui devait tant ! ! ! Outre les bienfaits que nous avons énumérés, c'est par son influence personnelle qu'il avait été nommé député de la Seine en 1816, et Aigle-Rouge de seconde classe en Prusse.

Cependant les larmes ne faisant pas revenir les morts, force fut à M. de Chabrol d'apporter ses phrases laudatives au successeur de Louis XVIII : « Sire, lui dit-il, vous surmontez vos douleurs pour vous consacrer à des devoirs augustes ; mais *escorté sur le trône par la plus grande popularité dont jamais prince ait joui*, tout vous sera facile. *Les cœurs volent au-devant de votre majesté.* La France salue l'aurore de votre règne comme les prémices d'*une félicité sans mélange*. Dans son amour, elle ne sait pas mettre de bornes à ses espérances. » (*Moniteur.*)

Six ans après, le roi, *au-devant de qui avait volé le cœur de M. de Chabrol*, faisait mitrailler ses bienheureux sujets sous les fenêtres du panégyriste. Le préfet ne vit plus là matière à louanges ; il évacua la place, et alla méditer quelques nouvelles harangues dans le fond de l'Auvergne.

S'il eût eu le courage de rester à son poste, il serait probablement encore préfet de la Seine, avec le drapeau tricolore à sa fenêtre : c'est l'opinion générale. Pourquoi s'est-il tant pressé de partir? Le courage n'est pas commun dans cette famille.

CHANTELAUZE,

Ex-Ministre.

« Février 1814. Adresse des officiers et sous-officiers de la garde nationale urbaine de Montbrison à S. M. l'empereur et roi, rédigée et signée par M. *Chantelauze*, sergent-major.

» Sire, vous avez confié à la garde nationale de votre bonne ville de Paris votre épouse et votre fils, *ces objets si chers à la France* ! Les cohortes des autres villes de l'empire ne sont pas moins dignes, *par leur dévoûment à V. M.*, de cette haute confiance. En garantissant son territoire, la garde nationale de Montbrison formera un premier rempart pour la capitale de l'empire, et concourra ainsi à la garde de ce *précieux dépôt*. » (Moniteur.)

M. Chantelauze était alors employé dans les bureaux d'un avoué; il professait les principes les plus constitutionnels, et publia un écrit politique qui fit sensation.

Las de n'arriver à rien en marchant sous la bannière de l'opposition, il se jeta à corps perdu dans les bras des Jésuites, et obtint diverses places dans la magistrature à Riom et à Grenoble.

Député du ministère, il devint le protégé de Polignac et de Peyronnet, ne dissimula plus ses liaisons avec Montrouge, et se fit initier aux plus secrets mystères de Saint-Acheul.

Charles X jeta les yeux sur lui pour l'associer au ministère de Polignac, dont personne ne voulait être le complice. Après mille refus humilians, après le départ de Chabrol, après la démission de Courvoisier, après le mépris de vingt valets dégradés du trône et de l'autel, la haute faveur du roi des jésuites tomba sur Chantelauze.

Il refusa d'abord avec une feinte modestie. On lui dépêcha un révérend père de Chambéry, deux évêques, M. le marquis de Pina, M. Planelli de la Valette, le baron Finot. Tout paraissait inutile, il tenait à sa présidence de Grenoble; il redoutait, disait-il, la licence du parti libéral; Peyronnet lui-même y perdait son latin. Enfin, le Dauphin, revenant de la Provence, où il avait assisté au départ de la flotte d'Alger, s'arrêta à Grenoble, vit Chantelauze, et le vainqueur du Trocadéro triompha de toutes ses répugnances.

Chantelauze prit la route de Paris, et vint s'installer au ministère de la justice. L'effroi fut dans le camp des modérés; ses premiers discours épouvantèrent le cardinal de Latil lui-même; les coups-d'état commencèrent; les circulaires et les destitutions tombèrent sur tous les points de la France; on chercha à corrompre l'armée; on ordonna à la magistrature de sévir; on prépara l'organisation des cours martiales; on enjoignit aux préfets de tyranniser leurs administrés, on aiguillonna le zèle des prêtres, on marchanda les consciences des députés.

Chantelauze poussait le roi à une crise prochaine; il lui conseillait l'arrestation des banquiers libéraux, le pillage, les spoliations. Paris était, suivant lui, la cause de tous les malheurs de la France; point de tranquillité pour l'Europe, tant que la moderne Babylone serait sur pied.

On sait le reste : la moderne Bobylone se souleva, elle écrasa la tyrannie, elle lança la foudre contre ses infâmes conseillers. Chantelauze avait pris la fuite. On l'arrêta près de Tours, vêtu pauvrement, sans argent, dans un abandon universel. Il fut jugé avec ses complices, soustrait à l'indignation populaire, condamné à la mort civile, et enfermé à tout jamais dons le château de Ham. Ministres, osez ensuite vous jouer des droits du peuple !

CHAPTAL (Jean-Antoine-Claude),

Célèbre Chimiste et ancien Ministre.

Professeur de chimie à Montpellier; ennobli et décoré du cordon de Saint-Michel avant la révolution : directeur de la poudrière de Grenelle, professeur à l'École-Polytechnique, administrateur du département de l'Hérault sous la république; appelé à l'Institut sous le Directoire; admis au Conseil-d'État et plus tard nommé ministre de l'intérieur après la révolution du 18 brumaire, dont il s'était montré partisan; sénateur, grand-dignitaire, trésorier du Sénat, grand-officier de la Légion-d'Honneur, comte décoré de la grand-croix de l'ordre de La Réunion, commissaire extraordinaire dans le département du Rhône, sous l'empire.

Après les événemens du 30 mars 1814, il donna son adhésion aux actes émanés du Sénat. Louis XVIII cependant ne le comprit pas dans la liste des pairs. Napoléon, à son retour, le nomma directeur-général du commerce et des manufactures, grand-croix de la Légion-d'Honneur, ministre-d'état et pair de France.

A la seconde restauration, il fut, lors de la réorganisation de l'Institut, nommé membre de l'Académie des sciences, puis appelé à siéger à la Chambre des Pairs; nommé membre du conseil général des hospices, du conseil d'agriculture, président de la société d'encouragement, membre du conseil supérieur des colonies et de plusieurs académies et sociétés de médecine.

La révolution de juillet n'a détruit aucune de ces positions. Mais, M. Chaptal a revu avec transport un étendard qui lui rappelle tant de gloire.

CHARDEL, 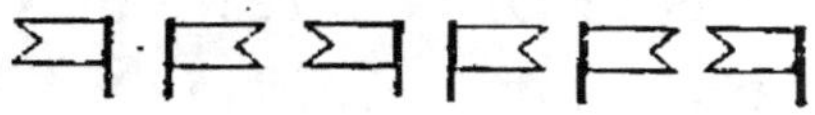

Ancien Député, Conseiller à la Cour de Cassation.

Il était juge au tribunal de première instance de Paris en 1814. Il fut un des premiers signataires de la déclaration suivante :

« Le tribunal de première instance exprime au Sénat et au gouvernement provisoire sa *profonde reconnaissance* pour le décret qui prononce la déchéance de Napoléon *Buonaparte* (sic). Il forme le vœu le plus ardent pour que le sceptre de Louis-Seize soit replacé dans les mains de Louis XVIII, *son légitime successeur.* » (Moniteur.)

Juge au tribunal de première instance sous Louis-Dix-Huit, Napoléon, Louis XVIII et Charles X, il fut nommé député par le département de la Seine en 1828. Il ne démentit pas à la Chambre les opinions libérales qui lui avaient valu l'élection.

M. Chardel se signala dans les journées de juillet; il présidait, le mercredi matin, un comité insurrectionnel; et le souvenir de Lavalette ne l'empêcha pas d'accepter la direction-générale des Postes, où il rendit de grands services. La Chambre le vit ce qu'il était avant la révolution, franchement ami de la liberté. (Notes de la société *Aide-toi, le ciel t'aidera.*)

M. Chardel, comme beaucoup d'hommes de juillet,

a été relégué, par le ministère Guizot, dans un emploi fort honorable sans doute, mais hors de toute participation politique au gouvernement qu'il a tant contribué à fonder. Il est conseiller à la cour de Cassation (*Chambre civile*). Les électeurs de Paris n'ont pas été plus reconnaissans envers lui que les ministres de la révolution; et le dixième arrondissement lui a préféré M. Mouton, célèbre seulement par ses espiégleries hydrauliques.

CHATEAUBRIAND (FRANÇOIS-AUGUSTE, VICOMTE DE),

Un des premiers Écrivains de notre siècle.

Aspirant à la prêtrise; sous-lieutenant au régiment de Navarre; admirateur passionné de la guerre des *Etats-Unis*; allant parcourir le théâtre d'une si glorieuse indépendance; revenant en France pour combattre sa patrie sous les bannières de l'émigration; blessé d'un éclat d'obus au siége de Thionville; se retirant en Angleterre;

Là, il se trouve dans une situation pénible; le découragement s'y mêle. Les principes qu'il manifeste n'annoncent pas qu'il prévoie la possibilité du rétablissement des Bourbons. Il publie un *Essai histori-*

que, politique et moral sur les révolutions anciennes et modernes, considérées dans leurs rapports avec la révolution française, composition quasi-républicaine, que l'auteur appelle *un ouvrage neuf, écrit avec une foi antique.*

Le 18 brumaire arrive; Napoléon s'empare du pouvoir, et déclare que les principes libéraux ne lui conviennent plus. M. de Châteaubriand publie *Atala;* et, ne regardant point encore Bonaparte comme le plus odieux des hommes, sa main se décide à tracer ces lignes : « On sait ce qu'est devenue la France jusqu'au moment où *la providence a fait paraître un de ces hommes qu'elle envoie en signe de réconciliation lorsqu'elle est lassée de punir.* »

Rentré en France, il publie *le Génie du Christianisme.* Cet ouvrage s'accordait avec les desseins du premier consul, qui voulait un pouvoir sans limites, et qui, se préparant à porter les deux couronnes de Charlemagne, rétablissait l'autorité du sacerdoce. M. de Châteaubriand en fut récompensé par la nomination de secrétaire d'ambassade à Rome, où il suivit le cardinal, Fesch, et l'année suivante, par celle de ministre plénipotentiaire de la république dans le Valais.

Après la mort du duc d'Enghien, il donne sa démission. Napoléon, qui va être couronné, ne lui en témoigne aucun ressentiment, et lui fait des offres qui ne sont point acceptées. M. de Châteaubriand part pour Jérusalem, traverse la Grèce, et revient par l'Afrique et l'Espagne. Il publie ensuite *les Mar-*

tyrs, poëme en prose, objet de grands éloges et de nombreuses critiques.

En 1811, M. de Châteaubriand fut désigné pour remplacer Joseph Chénier à l'Institut. Dans son discours de réception, au lieu de faire, selon la coutume, l'éloge de son prédécesseur, il s'éleva sans mesure contre ses principes, et osa attaquer l'empereur lui-même. L'irritation du monarque fut extrême; mais M. de Châteaubriand refusa de composer un autre discours; cependant l'éloge du *persécuteur* reparut bientôt comme à l'ordinaire, dans *l'Itinéraire de Paris à Jérusalem;* enfin, le désastre de 1812 vint soulager la sincérité de l'auteur des *Martyrs*, et le rendre tout entier à lui-même.

Dès le mois d'avril 1814, parut la brochure intitulée *de Buonaparte ou des Bourbons*, ou *de la nécessité de se rallier à nos princes légitimes* pour le bonheur de la France et de l'Europe: c'est l'écrit le plus hardi qu'on puisse signer contre un pouvoir qui n'est plus. L'homme envoyé par la providence y est peint avec autant d'énergie qu'autrefois; mais sous d'autres couleurs.

Nommé par le roi ambassadeur extraordinaire à la cour de Suède, il mit peu d'empressement à se rendre auprès d'un monarque qui ne devait sa couronne qu'au vœu du peuple; aussi était-il encore à Paris, quand Napoléon revint de l'île d'Elbe. Il suivit le roi à Gand, et y fut un de ses ministres. En cette qualité, il publia un *Rapport sur la situation de la*

France, écrit si imprudent, que Napoléon crut de sa politique de le faire réimprimer à Paris.

Après le désastre de Waterloo, il rentra en France dans les bagages de l'émigration, et devint ministre d'Etat, pair de France et président du collége électoral du Loiret. Ce fut en cette qualité qu'il dit au roi : « Sire, ce n'est pas sans une vive émotion que nous venons de voir le *commencement* de vos justices : *vous avez saisi le glaive* que le souverain du ciel a confié aux princes de la terre pour assurer le repos des peuples ; vos mains royales ne s'étaient levées jusqu'ici que pour absoudre des coupables et pour répandre des bénédictions ; mais, en sentant tout ce que cet effort a dû coûter au cœur du roi, nous ne vous dissimulons pas que le moment était venu de suspendre le cours de votre inépuisable clémence. »

Le 12 octobre 1815, il fut nommé secrétaire de la chambre des pairs, et le 21 mars 1816, rappelé à l'Académie. Six mois après, il publia, sous le titre de *la Monarchie selon la Charte*, un mélange d'idées sages et de doctrines impolitiques, qui lui valut la disgrâce de Louis XVIII. Le roi déclara, par ordonnance, que le vicomte de Châteaubriand, ayant élevé des doutes sur sa volonté personnelle, cessait d'être compté au nombre des ministres d'Etat.

Dès-lors, dans ses écrits et à la tribune, il se déclare en faveur du clergé persécuté, contre la liberté de la presse et contre la loi du recrutement. En juin 1818, *le Times* lui attribue : « Une remontrance aux souverains alliés, pour les engager à nepoint retirer l'armée d'occupation des frontières de France. » M. de Châteaubriand s'en défend assez mal. Il prend une part des plus actives à la rédaction du *Conservateur*, dont on n'a pas oublié les doctrines subversives de toute liberté. En 1820, il publie un écrit intitulé : *Mémoires, lettres et pièces authentiques, touchant la vie et la mort de S. A. R. monseigneur Charles-Ferdinand d'Artois, fils de France, duc de Berry*, où toutes les formules du servilisme et de l'idolâtrie monarchique sont prodiguées à la race bourbonnienne. Bientôt, au moment du baptême d'Henri V, il court offrir à sa mère de l'eau du Jourdain. On ne fut pas peu surpris qu'il eût eu l'heureuse idée de rapporter ce flacon ; mais on admira avec plus d'étonnement encore sa fortune, qui lui avait fait oublier de l'offrir en 1811, pour arroser d'une onde romantique le berceau chargé des destinées de l'avenir.

Nommé à l'ambassade de Londres, où il voit Canning ; envoyé au congrès de Vérone, d'où il rapporte la guerre liberticide d'Espagne ; appelé au ministère des affaires étrangères, en remplacement de M. Mathieu de Montmorency, y siégeant à côté de M. de Villèle, soutenant de tous ses moyens le projet de septennalité ; brouillé avec son collègue et destitué, il se jette de plus belle dans une opposition systématique, et devient une des fermes colonnes du *journal des Débats*. Il y défend la liberté et les Grecs.

Lous XVIII expire, M. de Châteaubriand publie une brochure quasi-monarchique, quasi-libérale, intitulée : *Le Roi mort! Vive le Roi!* Il figure aux cérémonies du sacre dans une marche processionnelle, ayant derrière lui Raguse et à côté le maréchal Oudinot. A son retour, il publie une autre brochure intitulée : *de la Maison de France*, ou recueil de pièces relatives à *la légitimité* et à la famille royale.

La révolution de juillet éclate, le drapeau que déployait *Buonaparte* est arboré ; des jeunes gens portent l'auteur des *Martyrs* en triomphe aux cris de *Vive la liberté! plus de Bourbons!* Quelques jours après, il monte à la tribune de la Chambre des pairs, verse des larmes amères sur ce pauvre Charles X et son intéressante famille, donne sa démission, et part pour la Suisse. De là il a écrit deux fois, d'abord pour réclamer la réédification des masures féodales de Saint-Germain-l'Auxerrois, puis pour nous annoncer que non-seulement il ne prendrait jamais les armes contre la France, mais qu'au moment du danger il viendrait se joindre à nous pour la défendre. M. de Châteaubriand est dans ce moment à Paris.

CHAUVELIN (FRANÇOIS).

Ancien Député.

Elève de l'Ecole militaire de Paris, le marquis de Chauvelin était depuis peu d'années au service en 1789; il occupait aussi à la cour la charge de maître de la garde-robe, qu'avait possédée son père. Devenu aide-de-camp du maréchal de Rochambeau en 1791, il fut, l'année suivante, envoyé à Londres, avec Talleyrand, en qualité de ministre plénipotentiaire. De retour à Paris, on le chargea d'une nouvelle mission diplomatique en Toscane. Appelé au Tribunat après le 18 brumaire, il fut revêtu des fonctions de secrétaire, et porta la parole devant les consuls, comme organe de ce corps :

« Déployez, leur dit-il, tous les moyens déposés en vos mains pour le triomphe de la plus belle des causes! *Appelez-en à l'énergie républicaine*, au courage, à l'indignation des Français! »

Il se prononça contre l'établissement de la Légion-d'Honneur, qu'il qualifia d'ordre de chevalerie, disant : « qu'il fallait effacer les distinctions nobiliaires et non les *couvrir*; les anéantir, et non les remplacer; les détruire par des principes, et non les combattre par d'autres préjugés. »

Toutes ces considérations puissantes restèrent sans

effet, et l'orateur qui les avait présentées fut décoré, en 1804, de l'ordre qu'il avait repoussé en 1802, et investi de la préfecture de la Lys. Il se vit appelé, en 1810, au conseil-d'Etat, promu au grade d'officier de la Légion-d'Honneur, et nommé, en 1812, à l'intendance de Catalogne.

Survient la restauration. Dès le 27 avril 1814, on lisait dans *le Moniteur* : « M. le conseiller-d'Etat Chauvelin, à son arrivée à Paris du quartier-général de M. le maréchal duc d'Albuféra, où il se trouvait en mission, *a donné son adhésion entière aux actes du Sénat et du gouvernement provisoire, avec les témoignages les plus formels de soumission et d'attachement à S. M. Louis XVIII et à son auguste Maison.* »

Malgré une adhésion aussi formelle, M. de Chauvelin ne compta plus, durant la restauration, que parmi les membres honoraires du conseil-d'Etat. Napoléon, durant les cent-jours, lui tint rancune; mais en 1817, les suffrages des électeurs constitutionnels de la Côte-d'Or vinrent l'arracher à la retraite, et le porter à l'extrême gauche de la Chambre des Députés. Il y combattit sans relâche toutes les propositions illibérales, et y appuya toutes les mesures favorables à la liberté de sa patrie. Son élocution facile, son style mordant, son improvisation aussi spirituelle que nerveuse, pulvérisaient ses adversaires. A sa place, c'était Beaumarchais; à la tribune, c'était Chapelier ou Barnave. Il défendit les projets de loi de 1819 sur le recrutement et la presse, se prononça pour le rappel des proscrits et le renvoi des Suisses, manifesta son attachement à la loi électorale de 1817, et sa sympathie pour les pétionnaires, parla chaudement en faveur de la liberté de la presse et de la liberté individuelle. Jetant un coup d'œil prophétique sur l'avenir : « Craignez, messieurs, s'écria-t-il en terminant, que, séparé des masses, ignorant la réalité des faits, entraîné par l'impulsion contre-révolutionnaire, aujourd'hui si difficile à ralentir, le ministère ne s'y laisse bientôt abandonner! *craignez alors des résistances multipliées, infaillibles, toujours renaissantes, et quelqu'un de ces bouleversemens déplorables au milieu desquels les nations seules ne périssent pas.* »

Ce conseil n'est pas suivi. La loi électorale est mise en question. La victoire paraît incertaine; l'appel est terminé, le réappel commence; tout-à-coup, un nouveau votant se présente, c'est M. Chauvelin, qui, malade, s'est fait porter à son poste. On lui présente l'urne, il y dépose sa boule, et elle décide du triomphe des amis de la liberté : 128 voix contre 127 signalent la défaite ministérielle. Le bruit s'en est répandu au-dehors; le nom du député à qui elle est due vole de bouche en bouche. La reconnaissance publique l'attend au sortir de la séance, et les cris de *vive Chauvelin!* l'accompagnent jusqu'à sa demeure. La faction aristocratique s'en irrite; elle prend les armes contre les citoyens désarmés; les dragons chargent le peuple; les plus graves outrages sont prodigués aux députés libéraux. En vain réclament-ils une enquête contre les auteurs de ces désordres, leur juste demande est indignement repoussée, et une nouvelle loi électorale s'élève du sein du carnage. Peu s'en fallut alors qu'une révolution n'éclatât, et que le dénoûment de la restauration ne fût devancé de dix ans. Eut-il été plus complet, plus satisfaisant? Que sais-je?

M. Chauvelin reparut encore plusieurs fois à la tribune; il fut même réélu dans une des sessions suivantes; mais les manœuvres ministérielles ou l'oubli populaire l'écartèrent toujours des bancs qu'il a tant illustrés!

Comment la révolution de juillet n'a-t-elle pas encore songé à s'attacher un si beau talent, un si brillant patriotisme?

CHÉRUBINI (Marie-Louis-Charles-Zénobie-Salvador),

Compositeur célèbre.

Nommé l'un des cinq inspecteurs de l'enseignement au Conservatoire de musique, dès l'organisation de cet établissement, en 1795; conservé lors de la réforme qui eut lieu quelques années après; auteur de *la pompe funèbre du général Hoche*, en 1797; membre suppléant du juri de lecture de l'Opéra, en 1799; professeur de composition au Conservatoire en 1814; auteur, à la même époque, de *Bayard ou le Siége de Mézières*, opéra de circonstance en l'honneur de Napoléon, et en 1821 de *Blanche de Provence ou la Cour des Fées*, opéra de circonstance destiné à fêter la naissance d'Henri V; surintendant de la musique de la chapelle de Louis XVIII; décoré de la Légion-d'Honneur par ce prince; admis à la quatrième classe de l'Institut (Académie des Beaux-Arts); membre de l'Académie de Musique de Stockolm; chevalier de l'ordre de Saint-Michel; directeur de l'Ecole royale de Musique et de Déclamation; présenté solennellement à Charles X, le 4 octobre 1824 (*Moniteur*); auteur de la messe en musique exécutée au sacre de Reims; surintendant de la musique de la chapelle de ce monarque; gratifié par le roi de Prusse, en septembre 1825, d'une bague de diamans, accompagnée d'une lettre de sa main, en témoignage de satisfaction d'une messe en musique qu'il avait composée pour ce prince, après juillet 1830, sous Louis-Philippe, membre de l'Académie des Beaux-Arts, et directeur de l'école royale de musique.

CHILHAUD DE LA RIGAUDIE,

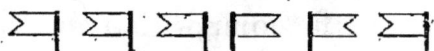

Ex-Député.

Avant la révolution, M. Chilhaud était conseiller au présidial de Périgueux. En 1792 et 1798, il se fit poursuivre et décréter d'accusation pour menées royalistes. Plus tranquille après le 18 brumaire, il fut successivement nommé juge au tribunal de Périgueux, membre du corps législatif, conseiller à la Cour impériale de Bordeaux. Aussi se hâta-t-il de voter la déchéance en 1814, Napoléon l'avait fait chevalier de la Légion-d'Honneur; il gagna à ce changement la croix d'officier, et, dans la chambre d'alors, opina avec tenacité pour qu'on rendît aux émigrés tous leurs biens, soutenant que, pour une mesure aussi équitable, une ordonnance royale était plus que suffisante. De 1815 à 1831, il a voté toutes les lois contre la liberté individuelle, la presse, les élections; pour l'indemnité, la loi du sacrilége, etc. Il est aujourd'hui conseiller à la cour de Cassation.

Son acte de naissance, qui date de 1749, lui a donné le privilége de présider plusieurs fois la Chambre, fonctions d'une difficulté insurmontable pour lui. Il s'était retiré des affaires sous le ministère Martignac, et c'est uniquement pour plaire à M. de Polignac, en enlevant pour quelques jours la présidence provisoire à Labbey de Pompières, qu'il s'est laissé mettre sur les rangs en juin 1831. Par suite de cette complaisance il a prêté serment au roi du drapeau tricolore, le mois de juillet suivant. Que de faiblesses, M. de la Rigaudie!

CHOISEUL-PRASLIN (LE DUC ANTOINE-CÉSAR-FÉLIX DE),

Pair de France.

Chambellan de l'empereur et président du collége électoral de Seine-et-Marne : « Quelle allégresse, dit un jour M. le chambellan à Napoléon, a pénétré vos sujets en apprenant qu'ils allaient avoir un rejeton *du plus grand, du plus illustre des monarques!... Puissent nos petits-enfans jouir encore long-temps du bonheur d'être gouvernés par lui,* et lui répéter comme à vous : *Vive à jamais le grand Napoléon!* »

Dans le mois de janvier 1813, au moment où l'empereur redoublait d'efforts pour réparer les désastres de la campagne de Russie, il vint lui offrir, au nom de son département, un certain nombre de cavaliers armés et équipés, et le supplia de confier au courage des membres du conseil-général *le fils de César*, promettant de l'entourer de leurs corps, et de le couvrir de leurs armes.

Nommé officier de la Légion-d'Honneur et chef de la 1re légion de la garde nationale parisienne, il crut que de nouveaux bienfaits méritaient de nouvelles marques de zèle, et le 31 mars, lendemain de la bataille de Paris, rencontrant des royalistes portant la cocarde blanche et criant Vive le roi ! vive les Bourbons ! « Vous n'êtes que des individus, s'écria-il; *ce n'est pas là le sentiment général.... Otez vos cocardes : nous ne devons faire des vœux que pour l'empereur....* Vous feriez mieux d'aller aux barrières relever les blessés.... Nous avons un ordre de choses établi, nous devons nous y attacher; je ne vois que cela, moi. »

Six jours après, il signait *le premier* l'adresse de la garde nationale au sénat et au gouvernement provisoire, pour le remercier « d'avoir couronné *leur généreuse entreprise* en proclamant *ce prince dont l'antique race fut* pendant huit cents ans *l'honneur de notre pays*. Un peuple magnanime, ajoutait-il, que des malheurs inouïs n'ont pu abattre, va recouvrer les droits que le despotisme n'avait pu lui faire oublier. Nous adhérons avec empressement à l'acte qui rend le trône de France à Louis-Stanislas-Xavier et *à son auguste famille.* » *(Moniteur.)*

Il fut aussi *le premier* à proposer une souscription pour le rétablissement de la statue d'Henri IV sur le Pont-Neuf, et le 18 avril, il fit afficher sur tous les murs de Paris la pièce dont voici un extrait :

« La garde nationale de Paris, après avoir passé hier la revue de Monsieur (depuis Charles X), a émis le vœu unanime et spontané de faire rétablir la statue équestre d'Henri IV sur le Pont-Neuf, et a rédigé, à ce sujet, une adresse aux habitans de Paris.

Signé le duc de CHOISEUL-PRASLIN.

« Habitans de Paris, partout dans vos murs *d'orgueilleux monumens* consacrent de *sanglans trophées*... Nous en cherchons vainement un seul qui nous retrace d'heureux souvenirs. Que nos yeux se reposent sur un monument qui plaise à notre mémoire ! Qu'il soit orné de la statue d'un roi dont le nom seul fait palpiter nos cœurs ! Nous avons nommé Henri IV ! Oui, sublime Henri, c'est toi, ce sont tes traits chéris qui doivent charmer nos regards ! Que d'anciens souvenirs nous fassent oublier nos récentes infortunes.... Vous accepterez tous ce projet avec enthousiasme. La 1re légion a émis le vœu de tous vos cœurs. Elle venait de passer la revue d'un descendant du bon roi; elle était frappée de ces traits de bonté, de ces manières nobles et gracieuses qui rappellent si bien le meilleur des princes.... Une souscription est ouverte chez M. le duc de Choiseul-Praslin, rue de Matignon, n° 1... On va vous voir tous accourir... La statue de notre Henri va nous être rendue. Bon Henri ! nous reverrons ton image. »

Le 24 avril, à l'issue de l'audience de ce prince

si gracieux, la garde nationale s'est réunie dans un banquet, et M. le duc de Choiseul-Praslin a porté le toast suivant : A *S. M. Louis XVIII! à l'auguste famille des Bourbons!* Tous les convives ont imité cet exemple. Des couplets ont été improvisés, et l'enthousiasme général n'a plus connu de bornes.

(*Moniteur.*)

M. le duc de Choiseul-Praslin fut nommé pair le 4 juin, et quelques jours après commandeur de la Légion-d'Honneur; mais, le 20 décembre, il fut remplacé par M. le duc de Choiseul-Stainville dans le commandement de la 1re légion de la garde nationale.

Lorsque Napoléon revint de l'île d'Elbe, M. de Choiseul-Praslin alla de nouveau se ranger sous ses bannières. Il reprit le commandement de sa première légion, et fut un des pairs de la nouvelle création. Le 9 juillet 1815 il signa *le premier* la déclaration des chefs de légions et majors de la garde nationale pour réclamer la conservation de la cocarde tricolore.

Ce qui ne l'empêcha, pas plus tard, de reprendre la cocarde blanche, et de redevenir pair de Louis Dix-Huit et du *gracieux* Charles X.

La révolution de juillet est venue fort heureusement lui rendre sa chère cocarde tricolore. Il siége toujours à la Chambre des Pairs; mais il ne fait plus de proclamations, et c'est vraiment dommage.

CHOISEUL-STAINVILLE (LE DUC CLAUDE ANTOINE-GABRIEL DE), 

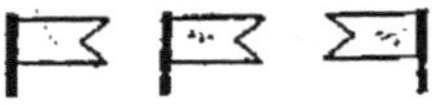

Pair de France.

Nommé pair de France en 1787; colonel en second des dragons de Larochefoucault; colonel en premier du royal dragons; complice de l'évasion de Louis XVI; arrêté à Varennes; emprisonné; rendu à la liberté à l'aceptation de la constitution par le roi; chevalier d'honneur de la reine; condamné à mort; émigré en Angleterre; levant un régiment de hussards, à la tête duquel il combat la France; fait prisonnier en 1795; s'échappant des cachots de Dunkerque; parti pour l'Inde; naufragé à Calais; traduit comme émigré devant une commision militaire; gardé plusieurs années dans les prisons; condamné à la déportation après le 18 brumaire; rentré en France en 1801; impliqué dans la conspiration de Moreau et Pichegru; enfermé au Temple; exilé; rentré de nouveau; gratifié d'une pension de 12,000 fr. par l'empereur.

En 1814, nommé pair de France; lieutenant-géneral; chef de la 1re légion de la garde nationale parisienne; en 1815, président du collége électoral des Vosges, et ensuite président du conseil-général de ce département; défenseur, à la chambre, de toutes les libertés publiques; parlant en faveur du général Merlin, dont le père n'était pas resté étranger aux longues persécutions des naufragés de Calais; refusant de voter la peine de mort dans le procès du maréchal Ney; nommé major-général de la garde nationale parisienne, fonction dont il se démit bientôt après; n'ayant jamais demandé, et par conséquent jamais obtenu aucune pension.

La révolution de juillet éclate; le 29, quelques citoyens, entendant le peuple demander des chefs, prennent sur eux de former, avec trois noms connus, un gouvernement provisoire qui n'a jamais existé; M. de Choiseul, qui s'y trouve porté, ne réclame point durant le péril; mais le 5 août, quand la victoire est complète, il croit devoir à la vérité de déclarer que son nom a été mis dans les proclamations à son insu. Le même jour il envoie 500 francs à son arrondissement, pour les blessés. C'est un de nos pairs les plus patriotes.

CHORON (Alexandre-Etienne), 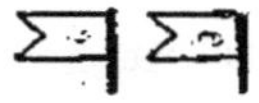

Professeur et Compositeur de musique.

Répétiteur de mathématiques à l'Ecole normale, en 1795; chef de brigade à l'Ecole polytechnique;

chargé, par le ministre des cultes Bigot de Préameneu, d'un plan sur la réorganisation des maîtrises, des chœurs de cathédrale, et de la direction de la musique dans les fêtes et cérémonies religieuses; travail approuvé *par l'empereur*.

Le 4 mai 1814, *Te Deum* pour célébrer l'entrée de *Louis XVIII*, sous la direction de M. Choron.
(*Moniteur*.)

Nommé, en 1815, par le ministère de l'intérieur, membre de la commission chargée d'introduire l'enseignement mutuel dans les écoles primaires; régisseur-général, en 1816, de l'Académie royale de musique, ayant publié en 1817; *le livre choral de Paris; contenant le chant du diocèse écrit en contre-point*; et en 1818, *une Méthode concertante de plaint-chant et de contre-point ecclésiastique*; fondateur de l'école royale et spéciale des chœurs, dans le but de former des sujets pour *la chapelle du roi*, pour l'Opéra et autres établissemens; muni des instructions des ministres de l'intérieur et de la maison du roi pour parcourir les départemens et y provoquer la formation d'écoles préparatoires propres à alimenter celles de la capitale; membre correspondant de l'Institut (Académie des Beaux Arts), et chevalier de la Légion-d'Honneur.

Charles X, qui, comme beaucoup de ses ancêtres, est grand amateur du plain-chant, donna ordre au ministère de sa maison de placer M. Choron à la tête d'une institution de *musique royale religieuse* (*sic*) que lui et toute sa famille honorèrent de leur haute protection.

Après la chute de ces excellens princes, on a lu dans le *Moniteur* du 12 août 1830 : « L'Institution de musique dirigée par M. Choron donnera, le mardi 24 de ce mois, à huit heures précises du soir, au profit des victimes des trois journées, un exercice dans lequel on exécutera divers morceaux *patriotiques*, tels que la *Marseillaise* et *la défaite des Suisses à Marignan*. »

CLAUSEL (BERTRAND, COMTE),

Maréchal de France.

Volontaire de l'Arriège en 1791 ; sous-lieutenant au 43me de ligne, dans l'armée du général Lafayette; blâmant la déchéance de Louis XVI ; capitaine de chasseurs à cheval, dans la légion des Pyrénées, 1792; adjudant-général en 93 ; chef d'état-major de la division du général Pérignon ; attaché à ce chef à l'ambassade d'Espagne.

Chargé, par une foule de républicains, de déterminer Pérignon à entrer dans Madrid précédé du drapeau aux trois couleurs, il croit voir dans cette démarche une occasion de désordre, et cache le drapeau tricolore dans la voiture de l'ambassadeur.

Il détermine l'abdication du roi de Sardaigne. Nommé ensuite général de brigade, puis général de division à Saint-Domingue; employé en Hollande, sous le roi Louis, et en Italie sous Eugène; gouverneur de Raguse; général en chef de l'armée du nord de l'Espagne; baron d'empire, ensuite comte; grand-officier de la Légion-d'Honneur le 17 juillet 1809; chevalier de l'ordre royal et militaire de Saint-Louis le 1er juin 1814.

Le 24 mars 1815, étant inspecteur-général, il accepte le gouvernement de la 11me division militaire, entre dans Bordeaux après le départ de la duchesse d'Angoulême, et refuse les honneurs que les corps constitués veulent lui rendre. Nommé pair le 4 juin, il est quelques jours après dénoncé par Fouché comme protégeant les royalistes.

Compris sur la première liste de l'ordonnance du 24 juillet, il quitte son commandement le 28, pour se rendre à l'armée de la Loire, et s'embarque en novembre pour les Etats-Unis. Là, il refuse la commission de général en chef des armées des indépendans de l'Amérique espagnole, établit une plantation sur la baie de la Mobile, et rentre en France au mois de juillet 1820, en vertu d'une ordonnance royale qui met au néant toutes les poursuites intentées contre lui.

Napoléon sur le rocher de Sainte-Hélène, se rappelant les exploits du général Clausel, le rangeait au nombre de ses futurs maréchaux. Elu député en 1827, il appartint à l'opposition libérale qui combattait le système avilissant de la restauration; mais on peut lui reprocher, à lui homme proscrit en 1815 par les royalistes, d'avoir trop souvent visité certaine portion des Tuileries dont la reconnaissance lui ouvrait les appartemens. (Notes de la société *Aide-toi.*)

Après la révolution de juillet, ce fut à lui que le gouvernement confia la mission délicate de faire arborer le drapeau tricolore aux troupes d'Afrique commandées par Bourmont, et de conserver à la France la conquête d'Alger. Les institutions qu'il fonda, et l'expédition à la suite de laquelle le drapeau français flotta sur l'Atlas, ajoutèrent encore à sa gloire. Il se disposait à consolider son gouvernement par d'utiles négociations; mais un ministère pusillanime le rappela, et il rentra dans la chambre, où il siége entre M. Mauguin et le général Lamarque.

En 1831, il a été nommé maréchal de France : c'était justice. Depuis il a parlé avec énergie à la chambre. Nous l'exhortons seulement à ne plus s'occuper, dans ses proclamations, de *la légitimité* de Louis-Philippe et de *ses droits* à la couronne de France.

CLERMONT-TONNERRE (LE MARQUIS DE), 

Ancien Ministre de la Guerre.

Entré à l'École polythecnique en 1799 ; courant, avec la simple épaulette de lieutenant, confondu dans la foule plébéïenne, après la double épaulette de colonel, sur les champs de bataille de l'Allemagne, de l'Italie et de l'Espagne ; remarqué par le très-peu belliqueux roi Joseph, qui, charmé de son nom féodal, l'attache à sa personne.

Lieutenant des mousquetaires gris en 1814, replongé dans l'atmosphère des cours, il arrive sans trop d'efforts au grade de maréchal-de-camp, après avoir recueilli, en passant, la croix de Saint-Louis et celle d'officier de la Légion-d'Honneur.

A la seconde restauration, sa campagne de Gand lui vaut la dignité de pair et le commandement de la brigade des grenadiers à cheval de la garde royale.

Villèle l'appelle à la marine, en remplacement du baron Portal, et Charles X le fait lieutenant général.

Les almanachs de 1831 le mentionnent toujours comme pair de France. A ce compte, il a dû avoir repris la cocarde tricolore. Nous l'en félicitons.

CLOUET (ANNE-LOUIS-ANTOINE),

Compagnon d'armes de Bourmont.

Capitaine, fait prisonnier à Austerlitz, il ne craignit pas de se récrier contre les propos que les Russes se permettaient sur Napoléon; sa vivacité ne fit qu'accroître l'exaspération que leur causait la défaite qu'ils avaient essuyée; il fut maltraité, battu, atteint d'un coup de baïonnette qui faillit lui coûter la vie. Il rentra en France, et devint colonel, officier de la Légion-d'Honneur, etc.

Les Bourbons, à l'avènement desquels il n'adhéra pas le dernier, le firent chevalier de Saint-Louis, et l'attachèrent au maréchal Ney. Il le quitta dès qu'il le vit arborer les couleurs tricolores.

Cependant, Napoléon ayant triomphé, il vint de nouveau lui offrir ses services, et partit pour l'armée du Nord.

Mais l'astre de Napoléon pâlissant, il s'enfuit à l'ennemi la veille de la bataille de Waterloo, donna l'éveil aux Prussiens, rentra en France avec eux, prit le commandement de la légion de la Somme, fit la campagne du Trocadéro à la tête du 19e léger, devint maréchal-de-camp pour prix de ses exploits, entra au ministère de la guerre quand son ami Bourmont en obtint le portefeuille, le suivit à Alger avec la cocarde blanche, y prit comme lui la cocarde tricolore, et, ayant repris encore la cocarde blanche, ils conspirent maintenant de concert pour l'enfant du miracle. Il y a de bien braves gens en France ! ! !

COLOGNA (Abraham de), 

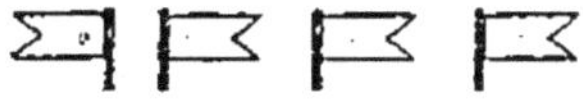

Grand Rabbin.

Auteur d'un *sonnet* et d'un *chant* en l'honneur de la reddition de la ville de Belgrade aux troupes autrichiennes ; membre du conseil des Anciens, de Milan, lors de l'entrée des troupes françaises ; membre du congrès italien au retour des Autrichiens ; président du consistoire israélite de Paris en 1812 ; décoré de l'ordre de la Couronne de fer par Napoléon ; confirmé par l'empereur d'Autriche ; naturalisé Français par Louis XVIII ; discours prononcé en commémoration de la mort de Louis XVI ; *sonnet* présenté au duc d'Angoulême, à son retour de la guerre d'Espagne ; discours prononcé pour le repos de l'âme de Louis-dix-huit. Forte tête israélite ! ! !

COMPTES (Cour des), 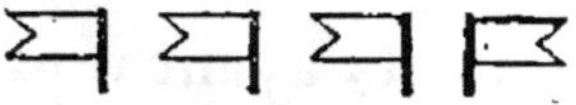
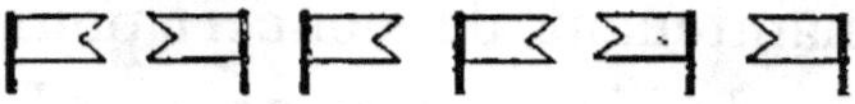

Nous appliquerons à cette cour, essentiellement girouette, les mêmes réflexions qu'à la cour de cassation. La liste de ses membres est un peu trop longue pour être insérée ici. Nous renvoyons le lecteur à tous les *almanachs impériaux*, *royaux* ou *nationaux*. Quant au style... exemples :

Magnifique adresse à Bonaparte consul pour 10 ans, consul à vie, à Napoléon empereur, pour son avènement, son mariage, la naissance de son fils, ses victoires ou revers, etc., etc., etc. (Voyez le *Moniteur.*)

Adresse au gouvernement provisoire. — « Des peuples qu'on s'efforçait de nous faire redouter comme ennemis, ne marquent leur présence que par des bienfaits. Ce sont nos alliés, nos amis. Depuis longtemps nous n'avons pas été aussi libres... De toutes parts se fait entendre le nom des Bourbons. Tous les vœux pressent leur retour... C'est un mouvement spontané, unanime, etc. » (*Ibidem.*)

Adresse à Monsieur, depuis Charles X. — « Le retour de l'auguste maison de Bourbon garantit aux Français une félicité durable. Les témoignages d'une joie sincère et pure éclatent de toutes parts.

Celle que nous ressentons n'est surpassée par aucune autre, etc. » (*Moniteur.)*

Adresse à Louis XVIII. — « Les monumens, les dépôts, les archives qui nous environnent, tout nous instruit des grandeurs de votre maison. Nous nous efforcerons de mériter la bienveillance de votre majesté, et de lui prouver notre dévoûment et notre profond respect pour sa personne sacrée. » (*Ibidem*).

Adresse à Napoléon. — « Des trahisons, aussi lâches qu'imprévues, sans abattre le courage de votre majesté, avaient paralysé toutes les ressources de son puissant génie. Une seconde fois la France fut privée du seul bras qui pouvait la sauver... Pendant onze mois qui viennent de s'écouler, elle a su apprécier la grandeur de sa perte. Les propriétés menacées, des haines profondes mal déguisées, des promesses violées, des réactions préparées ou exécutées, faiblesse dans l'intérieur, humiliation à l'extérieur, la gloire nationale voilée d'un crêpe funèbre, tel était le tableau que présentait la France. La grande âme de votre majesté s'en est émue... La nation vous appelait, elle vous a reconquis... » (*Ibidem.*)

Adresse à Louis XVIII. — « Par une délibération libre et spontanée, nous accourons vous exprimer nos sentimens d'amour, de dévoûment et de respect, heureux de pouvoir déposer aux pieds du trône de votre majesté l'hommage que nous portons à ses vertus. » (*Ibidem.)*

Adresse à Charles X. — « Pénétrés de la tristesse publique, témoins des larmes que répandent les peuples, nous venons vous supplier de donner du relâche à votre affliction fraternelle... Le bonheur de la France réclame tous vos soins; et le premier serment que nous déposons entre les mains de votre majesté, le seul serment que votre *sagesse* attend de nous, est celui d'être toujours fidèles à votre service, etc. » (*Moniteur.*)

Adresse au lieutenant-général. — « Au milieu d'une crise terrible, les regards de la France se sont arrêtés sur vous. Vous avez entendu un vœu général, et le calme renaît. Grâces en soient rendues à vos généreuses résolutions! etc. » (*Ibidem.*)

« *Adresse au roi Louis-Philippe.* — « Sire, nou savons que la flatterie ne peut avoir d'accès dans cette noble demeure. Nous consignerons seulement dans les documens que nous gardons, la mémoire du grand événement qui s'accomplit. Une effroyable tempête avait commencé ses ravages, elle menaçait le royaume; vos résolutions patriotiques l'ont soudainement apaisée, et nous devançons les acclamations de la postérité. » (*Ibidem.*)

COMTE,

Physicien, Directeur du théâtre des Jeunes Élèves.

Honoré des bontés de Napoléon, de Marie-Louise et du roi de Rome;

Honoré des bontés de la duchesse de Berry, du duc de Bordeaux et de Mademoiselle.

Pour amuser ces enfans, l'espoir de la France, il transportait son théâtre aux Tuileries, à Saint-Cloud, à Bagatelle; il chantait ou faisait chanter les Lis, Henri IV, le drapeau blanc, le sacre et le Trocadéro.

En attendant que ces aimables protecteurs reviennent, M. Comte fait jouer dans son passage Choiseul: *Noblesse et Roture*, *Napoléon à Brienne*, et surtout *le Coup d'Etat*, à-propos-vaudeville, terminé par *l'Apothéose des Martyrs de la Liberté*. M. Comte a toujours excellé dans les tours de passe-passe.

CORMENIN (LE VICOMTE DE),

Député.

Auditeur au conseil-d'Etat et chevalier de la Légion-d'Honneur, sous Napoléon; baron et officier de la Légion-d'Honneur, sous Louis XVIII; vicomte en 1826, sous Charles X; entré dans la Chambre en 1828, y critiquant sans pitié la conduite incertaine du ministère, et montrant du doigt le précipice où nous attire la contre-révolution.

Absent de Paris au moment des événemens de juillet, il donne, le 12 août, sa démission, n'ayant pas, dit-il, reçu du peuple un mandat *constituant*, et se trouvant sans pouvoir pour improviser une charte, un roi, un serment. Cependant il rentre en octobre dans la même Chambre, comme s'il ne doit pas être cette seconde fois aussi solidaire de ses opinions que la première. Réélu en 1831, il est d'accord avec lui-même; mais l'était-il en novembre 1830?

C'est encore par une boutade semblable qu'il a donné, le 22 août 1831, sa démission de maître des requêtes, en s'excluant ainsi lui-même de la commission chargée de recomposer le conseil-d'État, et dans laquelle il aurait infailliblement eu la première place.

Après avoir signalé ces petites vanités nobiliaires et ces bizarreries parlementaires, il ne nous reste plus que des éloges à donner à M. Cormenin. Ses opinions consciencieuses sur la souveraineté du peuple, sur les deux Chambres, sur le conseil-d'Etat et sur le cumul, resteront comme l'œuvre d'un profond politique et d'un excellent patriote. Puissent-elles porter leurs fruits!

COTTU,

Ex-Conseiller à la Cour royale de Paris.

Juge au tribunal de première instance sous Napoléon, il encensait le grand homme comme tous ses confrères, ce qui ne l'empêcha pas d'adhérer, ainsi qu'eux, à sa déchéance. Mais le grand homme revint, et dès-lors on l'encensa de nouveau. Puis il repartit, et l'on encensa les autres comme s'ils ne s'étaient pas éloignés.

Me Cottu, têtu comme un Breton, se prit bientôt à faire du libéralisme sous Louis XVIII; c'était alors la mode; personne ne fit attention a lui; on le laissa prêcher dans le désert.

Tout le monde voulait être député; c'était aussi la mode : Me Cottu se mit sur les rangs, fit sonner sa bourse, lança trois ou quatre brochures, et dit : Me voilà!

Les électeurs lui tournèrent le dos, n'achetèrent point ses brochures, et choisirent un autre député.

Alors il se fâcha tout rouge, déclara la guerre aux libéraux, et courut aux Tuileries. Charles X, qui avait succédé à son frère, l'accueillit comme une excellente recrue, et, à son retour de Reims, il lui donna la croix d'honneur.

Oh! pour le coup, Me Cottu fut à lui, corps et âme. Il *brochura* nuit et jour pour le monarque; il lui fit une charte qui valait cent fois celle de son frère; il l'engagea à l'essayer et à chasser ses ministres.

Charles X, qui n'était pas moins têtu que notre homme, garda sa vieille charte et son vieux ministère. Me Cottu perfectionna de plus en plus sa charte-modèle, mina le terrain sous le vieux ministère, et le fit sauter.

Mais il ne fut point au nombre des élus. Le coup était mortifiant; il dévora l'outrage, sacrifia son amour-propre, se mit de plus belle à perfectionner sa charte-*parapluie*, *parachute*, comme vous voudrez l'appeler.

Vous savez le reste. Les éditeurs responsables de Me Cottu sont au château de Ham, et lui erre, Dieu sait où, guéri, je pense, une bonne fois pour toutes, de la manie d'édifier des chartes. Un *De profundis*, s'il vous plaît!!!

COUPART,

Une des Parques dramatiques.

Sous l'empire, vous le trouvez employé au ministère de la police, bureau des théâtres, coupant sans pitié les ailes à l'esprit des pauvres auteurs, et faisant les vers suivans *pour la naissance du roi de Rome :*

Pourquoi nous dire avec humeur
Que de vers on voit un déluge ?
Ce n'est point l'esprit, c'est le cœur,
Le cœur seul qu'il faut que l'on juge.
Nos souverains montrent moins de rigueur ;
Ils savent qu'en ces jours de fêtes,
Si tous ceux dont ils sont chéris
Faisaient des vers, des chansonnettes,
Bientôt sans avoir rien appris,
Tous les Français seraient poètes.

A la première restauration, même place à la police, mêmes vers pour les vainqueurs. Il fait jouer à l'Ambigu-Comique un vaudeville ayant pour titre : *Vive la Paix.*

En France, quittant naguère
Tout état pour le fusil,
Nous disions à chaque guerre :
Le bon temps reviendra-t-il ?
Chacun, rempli d'espérance,
En revoyant les Bourbons,
S'est écrié dans la France :
Ce sont des revenans-bons.

Durant *les cent jours*, même place, mais moins de vers ; on n'avait pas le temps de les écouter.

A la seconde restauration, même place d'abord au ministère de la police, puis, celui-ci étant supprimé, au ministère de l'intérieur, et même déluge de mauvais vers. (Voir *le Caveau moderne*, ou *le Rocher de Cancale*, 1816 et 17, dixième et onzième années de la collection.)

A l'avènement de Charles X, même place, mêmes vers; un vaudeville à l'Ambigu-Comique, ayant pour titre *la Fête d'Automne,* et ce couplet :

Prince galant, sensible et généreux,
Il ne se plaît qu'à faire des heureux;
Aimable en ses discours,
D'être affable il s'honore.
Ce prince qu'on chérit, ou plutôt qu'on adore,
Fait du bien tous les jours
Et veut en faire encore,
Il en fera toujours.

Lors du sacre, nouveau vaudeville à l'Ambigu-Comique, ayant pour titre : *l'Entrée à Reims.*

Le ministère Martignac a la barbarie d'arracher ses ciseaux à M. Coupart. Il s'est réfugié à l'Académie royale, nationale et royale de musique, dont il a été secrétaire-général par *interim* avant, pendant et après les trois glorieuses journées. La nouvelle salle du Palais-Royal lui a, depuis, ouvert son modeste secrétariat. Il a promis quelque chose de neuf; on l'a cru. Attendons !!!

COUR Impériale-Royale-Impériale-Royale-Nationale-Royale de la Seine,

Bonaparte consul et Napoléon empereur avaient tout fait pour elle. Voici comment elle témoigna sa reconnaissance :

« *La cour impériale* de Paris, sentant tout le prix des efforts qui ont enfin délivré la France *d'un joug tyrannique*, pénétrée de respect et d'admiration pour des princes augustes, modèles de désintéressement et de magnanimité *(l'empereur de Russie, l'empereur d'Autriche et le roi de Prusse)*; exprimant aussi son amour pour *la noble race de rois* qui, pendant huit siècles, a fait la gloire et le bonheur de la France, et qui peut seule ramener la paix, l'ordre et la justice dans une patrie où *des vœux secrets* n'ont cessé d'invoquer le souverain légitime, arrête qu'elle adhère unanimement à la déchéance de Bonaparte et de sa famille, et que, fidèle aux lois fondamentales du royaume, elle appelle de tous ses moyens le chef de la maison de Bourbon au trône héréditaire de saint Louis. » *(Moniteur.)*

Cour royale de Paris. — « Enfin, la Providence nous restitue nos souverains légitimes; déjà nous possédons le frère de notre roi, *Monsieur;* bientôt nous verrons celui qui, pour avoir été long-temps éloigné du trône, n'en a pas moins régné sur nos cœurs. Hâtons, d'un commun accord, le moment solennel où la religion va resserrer sur le front des Bourbons la couronne des lis. Tant que se perpétuera la race du saint roi, la France sera son héritage, les Français sa famille.... Les expressions nous manquent auprès de *Monsieur*; mais quand les langues balbutient, les âmes se parlent... Que *Monsieur* daigne redire nos transports à son auguste frère! qu'il excuse le désordre où nous jette sa présence miraculeuse. »

(*Moniteur.*)

Cour royale de Paris, allant à la rencontre de Louis XVIII, à Saint-Ouen : « — Sire, naguère les magistrats célébraient le jour où Henri-le-Grand, entrant dans Paris, moins en conquérant qu'en libérateur, répondait aux vives acclamations de ses sujets, ces paroles indulgentes : Je vois bien que ce pauvre peuple a été tyrannisé. Une autre journée, non moins digne de mémoire, est celle où nous-mêmes, prêts à être victimes d'une lutte sanglante, aux barrières de la capitale devenues libres tout-à-coup devant les phalanges européennes, forts de notre repentir, nous avons élevé nos bras vers des princes, instrumens généreux de la divinité, et nous avons demandé à grands cris notre antique souverain.... Nous sommes affamés de contempler notre roi, et à ses côtés cette illustre orpheline, ange de consolation, brillant modèle de vertu, et de revoir ces princes, ornement de votre deuil sur une terre étrangère. »

(Moniteur.)

Cour royale de Paris, à l'approche de Napoléon. — « Sire, au récit de l'événement qui occupe toute la France, votre cour royale s'empresse de déposer à vos pieds le témoignage de sa profonde émotion. Il s'est trouvé un homme qui eût pu faire le bonheur de la patrie, *en aidant le roi à se rasseoir sur son trône.* Tant que cette espérance s'est laissée entrevoir, tout lui a été facile; mais, lorsqu'il a voulu faire tourner notre confiance contre nous, ses succès n'ont pu s'accroître que pour le précipiter de plus haut.... Il eût pu se retirer paisiblement, et faire oublier dans l'obscurité une scène trop fameuse; mais le ciel n'était pas satisfait, et celui qui a versé tant de sang doit une expiation plus mémorable : oui, sire, *la main de Dieu saisit le grand coupable*.. Reposez vos yeux sur des sujets prêts à vous faire un rempart de leurs corps. » *(Ibidem.)*

Cour impériale de Paris, à l'empereur : « — Sire, votre cour impériale vient déposer aux pieds de votre majesté le tribut *de son dévoûment, de son admiration et de son amour*. Héros, fondateur de l'empire, vous êtes placé au rang suprême par *le vœu national qui fait seul la légitimité des trônes* et en assure la stabilité. Ce vœu, comprimé un instant par l'étranger, retentit de toutes parts; le gouvernement de votre majesté est pour la nation entière la garantie de ses droits les plus précieux. » (*Moniteur*)

« *Cour royale* de Paris à S. M. Louis XVIII. (*Voyez la 2e adresse ci-dessus.*)

Cour royale de Paris, à S. M. Charles X : — « Sire, Louis le Désiré n'est plus ; mais sa mémoire vivra éternellement. *Son âme reçoit le prix de ses vertus*, et des bienfaits qu'elle a répandus sur la France. Dieu s'est servi de Louis pour se réconcilier avec son peuple. Louis XVIII n'a eu qu'à déployer l'étendard des lis pour anéantir l'hydre révolutionnaire près de se déchaîner contre tous les trônes. Un prince auguste, auquel vous avez transmis les vertus de Henri IV, a fixé la victoire, et le laurier, gage de la valeur, a été offert au héros par la reconnaissance... *Votre cour royale, toujours fidèle à son Dieu, le sera toujours à son roi.* Votre majesté cimentera par de nouveaux bienfait, la conquête de tous les cœurs qu'elle s'est déjà assurés par ses éminentes qualités. » (*Moniteur.*)

Cour royale de Paris, à Louis-Philippe : — « Monseigneur, dans la secousse violente qui a déchire le sein de la France, le peuple a cherché l'homme qui releverait l'édifice politique, et tous les regards se sont tournés vers V. A. R. Jeune encore, aux premiers jours de la révolution, vous avez pris part à ses trophées et retenu d'elle tout ce qui est cher à l'honneur national... Eh ! que nous sommes heureux, monseigneur, de vous voir entouré de ces nombreux rejetons, élevés au milieu des nôtres, dans nos colléges. Puissiez-vous conserver long-temps une autorité qui, loin d'être ébranlée, sera raffermie par des liens nouveaux ! etc. » *(Moniteur.)*

COUSIN (VICTOR), ⚑ ⚑ ⚑ ⚑ ⚑ ⚑ ⚑

Philosophe.

Brillantes études au lycée Charlemagne; grand prix d'honneur au concours général. Un ministre de cette époque, M. Montalivet père, essaie en vain de le décider à se lancer dans la carrière des fonctions publiques : le jeune lauréat ne se laisse point éblouir. Admis à l'école normale; nommé répétiteur de littérature grecque; promu à la chaire de philosophie; appelé à la faculté des lettres pour suppléer M. Royer-Collard; volontaire royal en 1815; suspendu de ses fonctions professorales par les Bourbons, pour avoir appelé l'homme *une force libre;* arrêté à Dresde par les agens du gouvernement prussien; traduit à Berlin; jeté dans les cachots de la sainte-alliance comme prévenu de menées démagogiques, il répond aux délégués de la commission de Mayence :

« Oui, je connais des conspirateurs, et des conspirateurs plus dangereux que tous ceux qu'on voudrait vainement m'imposer pour amis. J'ai vécu dans l'intimité avec un véritable conjuré, avec un homme mis au ban de la sainte-alliance, et que j'aime, que j'estime, et que j'aimerai et estimerai toujours, le comte de Santa-Rosa. » Six mois après, M. Cousin fut mis en liberté.

Aussitôt son arrivée en France, l'article suivant parut dans *le Drapeau Blanc*. Il fut répété, le samedi 21 mai 1825, dans *le Moniteur :*

« Les journaux ont annoncé l'arrivée à Paris de M. Cousin, arrêté et détenu pendant quelque temps en Prusse. La justification de ce jeune savant est complète, et un article semi-officiel a été inséré à cet égard dans un des journaux les plus répandus de l'Allemagne. M. Cousin a montré *autant de dignité que de mesure* dans l'ensemble de sa conduite, et il a prouvé par là *qu'il ne professe pas les doctrines des révolutionnaires*. Bien loin d'exploiter ce qui vient de lui arriver au profit d'un parti, il a soigneusement écarté tout ce qui pouvait donner lieu à enflammer les passions, et sa conduite passée et présente est un garant de sa conduite future. »

Charles X lui en témoigna sa satisfaction en couvrant du ruban de la Légion-d'Honneur la marque de ses fers.

Louis-Philippe y a ajouté la rosette d'officier de la Légion-d'Honneur.

M. Cousin avait refusé les offres de M. Montalivet père. Il a accepté celles de M. Montalivet fils. Membre de l'Académie française et du conseil royal de l'instruction publique, il a visité les écoles de la Prusse et de l'Autriche, et a trouvé à son retour une place de conseiller-d'état qui l'attendait à Paris. M. Cousin peut aspirer à tout.

COUTARD (Louis-François, comte de),

Lieutenant-Général.

Chef de bataillon en 1798; colonel du 65me de ligne en 1808; général de brigade en 1813; nommé par Louis XVIII lieutenant-général, chevalier de Saint-Louis et commandant de la Légion-d'Honneur; chargé, pendant les cent-jours, de la levée des gardes nationales dans les départemens du nord; seconde adhésion à Louis XVIII, le 16 juillet 1815; appelé en 1816 au commandement de la 6e division militaire; faisant partie du conseil de guerre chargé de juger le général Mouton-Duvernet; transféré au commandement de la 13e division militaire à Brest; protecteur déclaré des missionnaires contre les citoyens ; appelé, en remplacement du général Defrance, au commandement de la première division militaire à Paris.

Ordre du jour du 16 septembre 1824 : « Soldats ! S. M. Louis XVIII vient de terminer sa glorieuse vie. Après avoir donné des larmes à celui que Dieu vient d'appeler à lui, *donnons nos cœurs et nos bras et tout notre sang, s'il le faut, à S. M. Charles X.* » (Moniteur.)

« Le lieutenant-général Coutard *a donné* un grand repas pour célébrer *l'auguste et touchante solennité du sacre.* » (Ibidem.)

Nommé gentilhomme de la chambre du roi, grand'croix de Saint-Louis, grand'croix de la Légion-d'Honneur, etc.

« M. le comte de Coutard est parti aujourd'hui (9 juillet 1830) pour les élections de la Sarthe, après avoir été admis à l'honneur de faire sa cour au roi et aux princes. » (*Moniteur.*)

CROSNIER,

Auteur dramatique, ex-directeur de la Porte-Saint-Martin.

Plusieurs pièces de circonstance pour Louis XVIII et Charles X, entr'autres, à l'occasion du sacre, *le*

Voyage à Reims, au théâtre de la Gaîté, en société avec M. Jouslin de la Salle, pièce étincelante de la plus pure légitimité.

Depuis juillet, officier supérieur de la garde nationale tricolore ; ayant fait jouer sur son théâtre : *les Victimes cloîtrées* de Monvel, le vaudeville des *Barricades*, *Napoléon*, le mélodrame de *l'Archevêché*, *Trestaillon*, etc., sans compter deux représentations extraordinaires au bénéfice des victimes de juillet. C'est un chaud patriote.

CUVIER (Georges-Léopold-Chrétien-Frédéric-Dagobert), 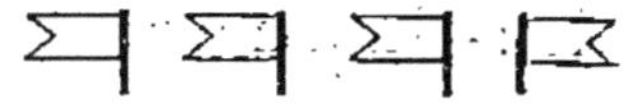
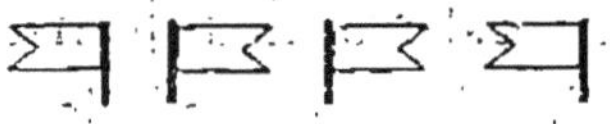

Célèbre Naturaliste.

M. Cuvier n'est pas de ces savans qui ne s'occupent que de la science, qui lui sont dévoués, et qui mettent tous leurs soins, toute leur ambition à hâter ses progrès. Non. D'un laboratoire de chimie ou d'un cabinet d'histoire naturelle il s'élance jusque dans le cabinet des souverains, et s'accommode d'un prince régnant, quel qu'il soit. S'il arrivait même des changemens de dynastie tous les quinze jours, M. Georges-Léopold-Chrétien-Frédéric-Dagobert Cuvier obtiendrait, avant la fin de chaque règne, autant de places, de titres et d'emplois qu'il a de noms.

D'abord se destinant à la théologie protestante; puis élève à l'école militaire de Stuttgard : condisciple du fameux Schiller; pourvu d'un brevet de lieutenant; précepteur des enfans d'un gentilhomme de Normandie; professeur à l'école centrale de Paris; admis à la première classe de l'Institut national; professeur suppléant d'anatomie comparée; successeur du célèbre Daubenton au Collége de France; professeur au Lycée (aujourd'hui Athénée de Paris); commissaire pour l'établissement des lycées; inspecteur-général des études; commissaire extraordinaire de l'empereur à Mayence. Enfin, grossissant de cette manière scientifiquement et politiquement, il arriva qu'au commencement de 1814 il se trouva :

1° Chevalier de l'empire, membre de la Légion-d'Honneur;

2° Chevalier de l'ordre impérial de la Réunion;

3° Conseiller titulaire de l'Université impériale;

4° Professeur d'histoire naturelle au Jardin des Plantes;

5° Maître des requêtes au conseil-d'état (14 avril 1813);

Sans parler d'une multitude de petites places subalternes qu'il occupait encore dans différentes administrations ou corporations, comme à l'Institut, à la Société de Médecine de Paris, au Collége de France, etc., etc.

Le 6 avril, il signe l'acte d'adhésion de l'Université de France, et, le second parmi ses collègues, « il se fait un devoir d'exprimer au gouvernement provisoire sa vive reconnaissance de tout ce qu'il a fait pour mettre un terme à nos malheurs. Comme eux il veut témoigner son admiration aux souverains alliés qui viennent d'acquérir une gloire unique dans l'histoire des nations. Il hâte aussi de tous ses vœux le moment où il pourra présenter au descendant de saint Louis, de François Ier et de Henri IV, l'hommage de son amour et de sa fidélité. » (*Moniteur.*)

Croyant n'en pouvoir jamais faire assez et pour les Cosaques et pour les Bourbons, il signe, en sa qualité de secrétaire perpétuel de la classe des sciences, la honteuse adhésion de l'Institut de France. (Voir l'article *Arnault.*)

Il en signe une troisième du conseil-d'état. (*Moniteur* du 11 avril.)

Quelques jours après, Monsieur, Charles X, arrive. M. Cuvier fait partie de la députation du Collége de France qui vient lui offrir l'hommage de son dévouement et de sa fidélité. (*Moniteur* du 26.)

Il se présente aussi à Louis XVIII. Tout le monde est émerveillé de son savoir; et, comme il n'a pas d'ambition, il reste comme auparavant :

1° Chevalier, membre de la Légion-d'Honneur, à laquelle décoration il adjoint le *lis*;

2° Chevalier de l'ordre de la Réunion. Comme la décoration n'a pas été fixée, il n'en porte que le ruban. Cela lui fait trois échantillons de ruban : bleu, blanc, rouge.

3° Il échange le titre de conseiller titulaire de l'Université impériale contre celui de conseiller au conseil royal de l'instruction publique. D'ailleurs, chacun sait que ce petit échange assurait toujours 12,000 francs de rente à M. Cuvier. (Ordonnance du roi du 17 février 1815.)

4° Ses places de professeur restent les mêmes.

5° M. Cuvier, qui, comme nous le disions plus haut, n'a réellement pas d'ambition, échange, sans y penser, son titre de maître des requêtes contre celui de conseiller-d'état. (4 juillet 1814.)

Le roi part, l'empereur arrive : M. Cuvier redevient ce qu'il était au commencement de 1814.

L'empereur s'en va, le roi revient. M. Cuvier est toujours le même, sauf les modifications suivantes :

1° Chevalier, titre métamorphosé bientôt en celui de baron; membre de la Légion-d'Honneur, titre métamorphosé bientôt en celui d'officier.

2° L'ordre de la Réunion est supprimé; on le remplace par la croix du Mérite militaire.

3° Au lieu de conseiller au conseil royal de l'instruction publique, il devient chancelier de ce conseil, et n'en résigne les fonctions qu'en 1823, lorsque la dignité de grand-maître de l'Université est rétablie en faveur de M. l'abbé Frayssinous.

4° et 5°. Comme à la première restauration.

Depuis ce temps-là, et sous Louis XVIII et sous Charles X, M. Cuvier a souvent été chargé de soutenir, en qualité de commissaire du roi, des projets de lois dont l'impopularité devait attirer sur les ministres l'animadversion du peuple ; et, dans plus d'une occasion, on l'a entendu nier des actes d'intolérance exercés contre ses co-religionnaires ; la médiocrité de ses discours était alors singulièrement en rapport avec ce qu'il y a d'étrange dans une pareille conduite.

« S'il est, a dit M. Cuvier dans son éloge de l'agronome Gilbert, des savans assez philosophes pour refuser les dignités et les richesses, d'autres, qui ne le sont pas moins, ont cru que ces choses ne valaient pas même la peine d'être refusées. »

Ceci révèle pourquoi M. Cuvier est baron, pourquoi il a des cordons, des pensions, et le titre de conseiller-d'état ; mais ceci ne révèle pas pourquoi le savant M. de Candolle a été révoqué de sa place de professeur de botanique à l'école de Montpellier.

Au moment où arriva le malheureux accident qui devait précipiter Charles X de son trône, M. Cuvier était baron, commandeur de la Légion-d'Honneur, barriolé d'autres ordres, conseiller-d'état, membre de l'Académie française, membre et secrétaire *perpétuel* de celle des Sciences, du conseil royal de l'instruction publique, chargé des facultés de théologie protestante, membre de la Société de médecine et de celle de vaccination, professeur d'histoire naturelle au Collége de France, d'anatomie comparée au Muséum d'histoire naturelle, etc., etc., etc.

Le 25 juillet, quatre jours seulement avant la chute de ce pauvre Charles X, on lisait dans le *Moniteur* :

« La cour royale a reçu hier le serment de M. Cuvier, conseiller-d'état, membre du conseil royal de l'instruction publique, membre de l'Académie française, et secrétaire perpétuel de l'Académie des Sciences, INVESTI, PAR LETTRES-PATENTES DE S. M., DU TITRE HÉRÉDITAIRE DE BARON. »

Le lieutenant-général était à peine au Palais-Royal, qu'on y voyait accourir M. le baron héréditaire. Il a fort heureusement sauvé toutes ses places du grand naufrage de Charles X; il a même déjà obtenu du Palais-Royal la croix d'officier de la Légion-d'Honneur pour son frère Frédéric. C'est un premier pas....

On doit, entre de nombreux ouvrages, à M. Cuvier des *Recherches anatomiques sur les reptiles regardés encore comme douteux*.

Sa main sait caresser, dans un excès de zèle,
La carcasse d'un tigre et le dos de Villèle.

Barthélemy et Méry.

D

DACIER (Bon-Joseph), 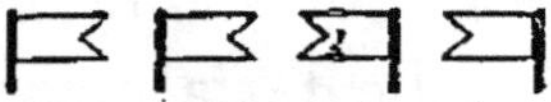

Doyen de toutes les Académies.

Destiné par ses parens à l'état ecclésiastique, et ayant pris tous les ordres mineurs; condisciple du duc d'Orléans *Egalité*, et logé près de lui au Palais-Royal ; admis à l'Académie des Inscriptions et Belles-Lettres ; secrétaire perpétuel de cette académie ; nommé, en 1784, par le comte de Provence, depuis Louis XVIII, historiographe des ordres réunis de Saint-Lazare, de Jérusalem et de Notre-Dame-du-Mont-Carmel, dont ce prince était grand-maître ; appelé, par Louis XVI, au ministère des finances, qu'il refuse ; membre de la municipalité de Paris en 1790 ; conservateur-administrateur de la Bibliothèque nationale en 1800 ; membre du Tribunat en 1802, et de la Légion-d'Honneur en 1804.

Le 5 avril 1814, il signe la délibération de l'Institut de France « qui paie *de justes transports d'admiration et de reconnaissance aux magnanimes souverains alliés*, et à cette maison royale qui, dans une longue succession de monarques, depuis Charles-le-Grand jusqu'au bon et vertueux Louis XVI, n'a offert au monde qu'un seul tyran. » Comme ses collègues, il reproche à Napoléon « *cette effrayante liste des crimes d'un extravagant despotisme.* » Il l'accuse d'avoir voulu *arrêter l'essor de la pensée, en pervertir la direction ; étouffer dans les générations futures le germe de toute idée libérale, de tout sentiment généreux, et replonger l'Europe dans la barbarie.* (Moniteur.)

Cette première restauration valut à M. Dacier la croix d'officier de la Légion-d'Honneur ; il garda ses places durant les cent jours ; à la seconde restauration, il fut nommé l'un des *assistans* ou conseillers du *Journal des Savans*, rétabli par ordonnance royale de 1816; en 1819, il fut créé chevalier de Saint-Michel; en 1823, il remplaça M. le duc de Richelieu à l'Académie française.

Rien de changé à sa position sous Charles X; rien de changé sous Louis-Philippe. Cette position, du reste, est assez douce : qu'on en juge !

Administrateur de la bibliothèque du roi,	6,000 fr.
Conservateur des manuscrits de cette bibliothèque, ...	6,000
Secrétaire *perpétuel* de l'Académie des Inscriptions, ...	6,000
Frais de bureau, ...	4,000
Membre de la classe, ...	3,000
Membre de l'Académie ayant passé 60 ans, ...	3,000
Jetons de présence, à 20 fr.; un par semaine, 52, ci.	1,040
Un apartement rue et arcade Colbert, nº 4, dans lequel il loge M. son fils, receveur principal des contributions indirectes de Paris, estimé au plus bas,	3,000
Membre des quatre commissions de la troisième classe, à 2,400 fr. par commission, ...	9,600
TOTAL. . .	41,640 f.

Avec un pareil revenu, un savant peut vivre

très-décemment. Aussi M. Dacier est-il éligible, et M. son fils électeur. *Aurea mediocritas* ! !

DAGUERRE (Louis-Jacques-Mandé), Peintre-Décorateur, chevalier de la Légion-d'Honneur, un des fondateurs du Diorama. (*Voyez* Bouton.)

DALBERG (Eméric-Joseph, duc de),

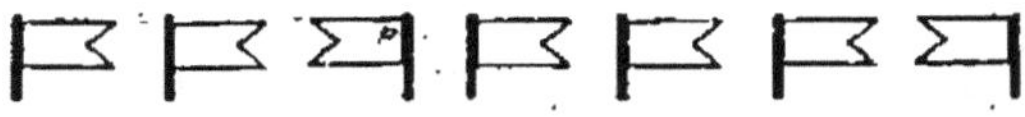

Pair de France,

Neveu du dernier électeur de Mayence; grand-duc de Francfort ; prince-primat de la confédération du Rhin ; baron de l'empire germanique, il fut destiné, par sa noble famille, aux grandeurs ecclésiastiques; mais il reçut du choc des événemens une toute autre direction.

Employé dans la chancellerie du ministre de l'empereur d'Autriche à la diète de Ratisbonne; conseiller de collége auprès du roi de Bavière ; ministre du margrave de Bade près de Napoléon ; marié par

Talleyrand à mademoiselle de Brignolles, de l'illustre famille génoise de ce nom.

L'empereur donne en présent de noces, à la nouvelle baronne Dalberg, le titre de dame du palais de l'impératrice. Il ne borne pas là ses bienfaits : M. de Dalberg est nommé ministre des finances à la cour de Bade, sans cesser de représenter cette cour à Paris. Après le traité de Vienne, il revient auprès de l'empereur, et se fait naturaliser Français. En 1810, il est créé duc et conseiller-d'état. Ces marques éclatantes de faveur étaient le prix de l'habileté avec laquelle M. de Dalberg avait conduit la négociation du mariage de l'empereur avec Marie-Louise. Une dotation de quatre millions de francs y fut ajoutée : Napoléon était généreux dans sa reconnaissance !

Passons maintenant à la reconnaissance de M. le duc. « Le vendredi 1er avril 1814, à trois heures et demie, les membres du Sénat se réunissent sous la présidence de M. de Talleyrand : Il s'agit de vous transmettre des propositions, dit le diplomate; ce seul mot suffit pour indiquer *la liberté* que chacun de vous peut apporter dans cette assemblée. Elle vous donne les moyens de laisser prendre un généreux essor aux sentimens dont l'âme de chacun de vous est remplie.... *Vous voulez tous sauver votre pays*... Sénateurs, les circonstances, quelque graves qu'elles soient, ne peuvent être au-dessus du patriotisme ferme et éclairé de tous les membres de cette assemblée....» Proposition d'établir un gouvernement provisoire : elle est accueillie; la présidence est dévolue à Talleyrand; on lui adjoint quatre collègues, parmi lesquels figure M. de Dalberg. — Déchéance de Napoléon Bonaparte.

ADRESSE aux armées françaises, — avec la signature Dalberg.

« Soldats, la France vient de briser le joug sous lequel elle gémit depuis tant d'années. Vous n'avez jamais combattu que pour la patrie; vous ne pouvez plus combattre que contre elle sous les drapeaux de l'homme qui vous conduit. Voyez tout ce que vous avez souffert de sa *tyrannie*... Les ennemis vous demandent la paix.... Ils ne veulent s'armer que contre votre oppresseur et le nôtre.... Vous ne pouvez plus appartenir à celui qui a ravagé la patrie, à un homme qui n'est pas même Français. »

(*Moniteur.*)

ARRÊTÉ, — avec la signature Dalberg.

« Tous les emblêmes, chiffres et armoiries qui ont caractérisé le gouvernement de Bonaparte, seront supprimés et effacés partout où ils peuvent exister. » (*Ibidem.*)

ADRESSE au peuple français, — avec la signature Dalberg :

« L'homme que vous aviez choisi pour chef a trompé toutes vos espérances. Sur les ruines de l'anarchie, il n'a fondé que le despotisme. Il devait, au moins par reconnaissance, devenir Français avec vous. Il ne l'a jamais été... Enfin, sa tyrannie sans exemple a cessé ; les puissances alliées sont entrées dans la capitale. Napoléon vous gouvernait comme un roi de barbares. Alexandre et ses magnanimes alliés ne parlent que le langage de l'honneur, de la justice et de l'humanité. » (*Moniteur.*)

SECONDE ADRESSE aux armées françaises, — avec la signature Dalberg.

«... Soldats,... vous ne périrez plus à cinq cents lieues de la patrie pour une cause qui n'est pas la sienne. Des princes *nés Français* ménageront votre sang, car leur sang est le vôtre. Leurs ancêtres ont gouverné vos ancêtres. *Cette race antique* a produit des rois qu'on surnommait les pères du peuple. Ces princes sont enfin au milieu de vous : *pourriez-vous concevoir quelques alarmes ?*... etc. »

(Ibidem.)

ARRÊTÉ, — avec la signature Dalberg.

« *La cocarde blanche est la cocarde française ; elle sera prise par toute l'armée.* »

(Ibidem.)

Lorsque M. de Talleyrand se rendit au congrès de Vienne, le duc de Dalberg l'y accompagna en qualité de ministre plénipotentiaire, et signa à ce titre la proscription politique de Napoléon, consacrée par les actes du fameux congrès, des 7 et 13 mars 1815.

Il fut au nombre des douze individus frappés du bannissement et de séquestration de biens par ce décret impérial, seul acte de vengeance de Napoléon, durant les cent jours.

A la seconde restauration, réintégré dans ses biens et honneurs, il fut en outre créé pair de France, ministre-d'état et grand cordon de la Légion-d'Honneur. En juillet 1815, il obtint de grandes lettres de naturalisation, entérinées avec pompe dans les deux Chambres; puis il fut nommé à l'ambassade de Turin.

Devenu subitement libéral, il fit de vains efforts pour engager le roi de Sardaigne à donner une charte à ses peuples; et, lors des révolutions d'Espagne et de Naples, il proposa de placer la France à la tête d'une alliance de la famille des Bourbons, ayant pour but la consolidation des principes constitutionnels.

Il a figuré dans une marche processionnelle du Saint-Esprit, au sacre de Charles X, entre MM. de Bellune et de Talleyrand, à côté de M. de Tarente.

(Moniteur.)

M. de Dalberg est *un des amis* de la nouvelle cour du Palais-Royal.

DARRIULE (JEAN, BARON),

Commandant la place de Paris.

Officier dans l'infanterie légère, sous la république; colonel dans la garde impériale, sous Napoléon; nommé général de brigade, baron, chevalier et officier de la Légion-d'Honneur par ce grand homme; adhésion à Louis XVIII, qui le nomme chevalier de Saint-Louis, et lui confie le commandement des Hautes-Pyrénées; désigné par Napoléon, à son retour, pour diriger l'instruction de la garde nationale de Paris; nommé, à la seconde restauration, inspecteur d'infanterie; mis en disponibilité par Charles X, qui le fait commandant de la Légion-d'Honneur; promu par Louis-Philippe au grade de grand-officier de la Légion-d'Honneur, et au commandement de la première subdivision de la première division militaire et de la place de Paris. Parmi ses nombreux capitaines-adjudans de place, on remarque M. le chevalier Thoinnet du Grand-Bain, et M. de la Boussardière de Beaurepos.

DARTOIS DE BOURNONVILLE (Armand),

Vaudevilliste.

Ex-garde-du-corps; chevalier de la Légion-d'Honneur; auteur fécond d'un grand nombre de tiers, quarts ou demi-quarts de vaudevilles; rédacteur, de concert avec M. Théaulon, d'une grande affiche intitulée *Voici le Roi,* placardée au moment de la seconde rentrée de Louis XVIII; rédacteur, avec le même, de deux journaux, *l'Apollon* et *le Nain rose,* que le malin public s'avisa d'appeler le *Niais couleur de rose;* collaborateur de plusieurs autres feuilles royalistes; un des premiers acteurs de l'inauguration du buste de Charles X dans le foyer du théâtre des Variétés; auteur de charmans couplets chantés à cette occasion (*Moniteur* du 15 novembre 1824); auteur de délicieuses pièces en l'honneur des Bourbons, telles que *le Roi et la Ligue*, à l'Opéra-Comique, et *les Dames Châtelaines,* au Vaudeville; directeur des Variétés à la révolution de juillet, et laissant jouer à ce théâtre des pièces telles que *le Moulin de Jemmapes, Napoléon à Berlin, ou la Redingotte grise; Monsieur de la Jobardière, ou la Révolution; le Jésuite retourné*, et *Voltaire chez les Capucins.*

DARU (Pierre-Antoine-Noel-Bruno),

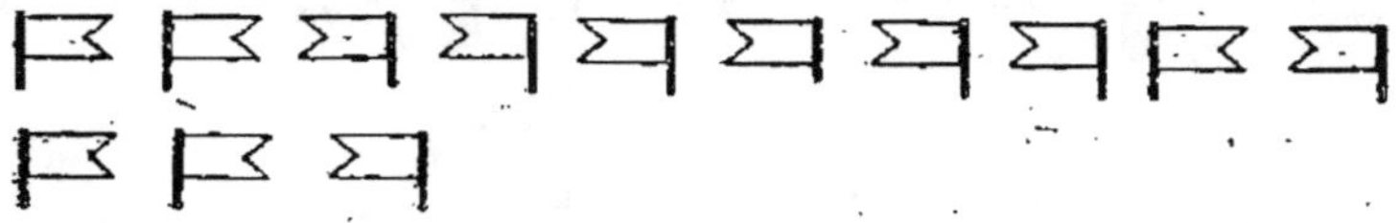

Pair de France.

Lieutenant et commissaire des guerres, depuis 1783 jusqu'en 1789; emprisonné comme suspect sous la terreur; publiant dans les cachots une *Epître à son Sans-culotte;* de rechef commissaire des guerres après le 9 thermidor; chef de division au ministère de la guerre en l'an IV; commissaire ordonnateur en chef après le 18 fructidor an V; secrétaire-général du ministère de la guerre après le 18 brumaire; inspecteur aux revues; auteur d'une *épître à l'abbé Delille,* dans laquelle il lui reproche de ne point aimer la révolution; membre du Tribunat en l'an X.

Ce fut dans cette assemblée qu'il dit :

« Les gouvernemens qui veulent être absolus cherchent à maintenir les gouvernés dans l'ignorance; les gouvernemens qui ont une plus haute idée de leur gloire, favorisent la propagation des lumières. Les hommes qui veulent être libres se pressent vers ce dépôt sacré des connaissances humaines, qui peut être l'asile de la véritable indépendance et du bonheur. »

En 1805, il fut successivement nommé conseiller-d'Etat et intendant-général de la maison militaire de l'empereur; en 1806, intendant-général du pays de Brunswick; commissaire pour l'exécution des traités de Tilsitt, de Vienne, et ministre plénipotentiaire à Berlin; membre de l'Institut à la place de Collin d'Harleville; en 1808, membre honoraire de l'Académie de Berlin; gratifié de la grande décoration de l'Aigle blanc de Pologne; en 1811, ministre secrétaire d'Etat; en 1813, ministre de l'administration de la guerre; et enfin intendant-général de l'armée, lors de la déroute de Moscou.

A la première restauration, M. Daru fut nommé chevalier de Saint-Louis, conseiller honoraire et intendant-général de l'armée.

Pendant les cent jours, il souscrivit pour une somme considérable destinée à l'armement des fédérés parisiens, fut rappelé au conseil-d'Etat, et signa la célèbre déclaration du 25 mars, qui déclare que la souveraineté réside dans le peuple.

Aux nombreuses décorations que M. Daru tenait de la munificence de l'empereur, et parmi lesquelles on remarquait le Grand-Aigle de la Légion-d'Honneur et le grand cordon bleu de ciel de l'ordre de la Réunion, M. le comte de l'empire joignit, le 24 août 1814, celle de l'ordre royal et militaire de Saint-Louis : cette dernière fut la seule qui disparut le 20 mars 1815.

A la seconde restauration, sa terre de Meulan fut séquestrée par Blucher; mais la Prusse se hâta de révoquer l'ordre de ce barbare, et l'empereur Alexandre honora personnellement M. Daru d'une estime profonde. Il fut appelé à la Chambre des Pairs le 5 mars 1819, vota en 1823 contre la guerre d'Espagne, applaudit aux généreux efforts des patriotes de ce pays, et fut chargé de débrouiller le chaos des marchés Ouvrard. Napoléon répétait souvent à Sainte-Hélène : « C'est un homme qui joint au travail du bœuf le courage du lion. »

DAUNOU (Pierre-Claude-François), ...

Député.

Elève chez les Oratoriens de Boulogne, il était grand-vicaire de l'évêque constitutionnel du Pas-de-Calais, quand il fut appelé à la Convention par les assemblées primaires. Il rédigea les deux constitutions de l'an III et de l'an VIII, et fut un des fondateurs de l'Institut national. On le vit ensuite successivement président du conseil des Cinq-Cents, administrateur de la bibliothèque du Panthéon, organisateur de la république romaine, de nouveau président des Cinq-Cents.

Ce fut alors qu'il répondit à une députation de l'Institut : « Le temps n'est plus où le royalisme nous menaçait de reconstruire les écoles de la superstition et de l'esclavage. Puissent désormais celles de la philosophie et de la république remplir de plus en plus les vœux que vous formez pour elles ! C'est l'instruction qui rend libres les peuples qui sont opprimés ; mais c'est encore elle qui doit rendre justes, forts et heureux, ceux qui sont libres... Il n'y a point de philosophie sans patriotisme, et de génie sans une âme républicaine. »

Au 18 brumaire, il quitta l'assemblée violemment dissoute, entra au Tribunat, en fut nommé président, parla contre les préfets, contre les tribunaux spéciaux, fut compris dans la première élimination ; refusa la place de conseiller-d'Etat, l'emploi de censeur, et ne voulut tenir de Napoléon que la croix d'Honneur que son stoïcisme n'eût peut-être pas dû lui laisser accepter.

Destitué brutalement de sa place d'archiviste par M. de Vaublanc, M. Daunou y a été réintégré depuis juillet ; mais il a donné sa démission de professeur d'histoire et de morale à la Sorbonne, pour ne point cumuler. Depuis 1818, il a dirigé le *Journal des Savans*.

La révolution n'a point changé M. Daunou ; il continue l'opposition commencée il y a treize ans sous les Bourbons, et soutenue avec courage de 1818 à 1823, de 1828 à 1831.

« Je ne vous aime point, disait Bonaparte, après

le 18 brumaire, à M. Daunou; je n'aime personne. — Moi, j'aime ma patrie, » répondit M. Daunou.

Et pendant plus de quarante années, il l'a prouvé. Aussi avons-nous eu grand tort de l'enregistrer dans notre dictionnaire. L'effacerons-nous? non. Qu'il y figure comme un phénomène !

DAVID (PIERRE-JEAN),

Célèbre Statuaire.

La restauration lui doit le *Condé* du de la Concorde, le roi *René* pour la ville d'Aix en Provence, le monument de *Bonchamp* pour la Vendée, un bas-relief représentant les exploits du vainqueur du *Trocadéro*, pour l'arc-de-triomphe du Carrousel.

Ce dernier ouvrage a été brisé par le peuple, en février dernier.

Sous Charles X, il obtient la croix de la Légion-d'Honneur, un fauteuil à l'Institut, et une chaise à l'Ecole des Beaux-Arts.

Combattant des trois journées.

Expose au Luxembourg, au bénéfice de ses frères d'armes, un grand médaillon, portrait de Rouget de l'Isle, *auteur de la Marseillaise* (nº 267).

Excellent patriote, ami de Lafayette.

DECAEN (CHARLES-MATHIEU-ISIDORE, COMTE), 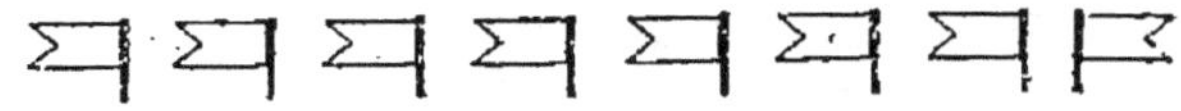 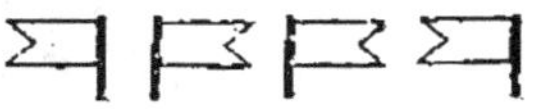

Général.

Adjudant sous-officier en 93; puis capitaine; adjudant-général; chef de bataillon; général de brigade; décoré d'un sabre d'honneur; nommé général de division en 1800; inspecteur des troupes en 1802; grand'officier de la Légion-d'Honneur; capitaine-général des établissemens français dans l'Inde; comte de l'empire; grand-croix de l'ordre de la Réunion.

Les Anglais étaient à Bordeaux; il est envoyé à Libourne pour y organiser le corps d'observation de laGironde; mais bientôt on lit ce qui suit dans le *Moniteur*.

« Bordeaux 30 avril 1814. M. le général en chef Decaen, accompagné de son état-major, s'étant rendu sur la limite de son département, a présenté à S. A. R. monseigneur le duc d'Angoulême, l'hommage de son respect et celui d'une fidélité sans réserve à S. M. Louis XVIII. »

Le roi le nomme gouverneur de la onzième division militaire, grand'croix de la Légion-d'Honneur, et chevalier de l'ordre royal et militaire de Saint-

Louis. Aussi, en mars 1815, le *Moniteur* publie-t-il les deux pièces suivantes :

« Bordeaux, 12 mars. — Quoi ! l'expression de la reconnaissance publique pour Louis le Désiré, les sentimens d'amour, si bien prononcés, pour l'auguste famille des Bourbons, par les grands corps de l'Etat, les magistrats, les fonctionnaires, l'armée et l'immensité des citoyens, n'auront pu assurer notre tranquillité ! Un homme qui avait trahi les plus chers intérêts de la France, qui l'a livrée sans défense aux étrangers, qui a abdiqué volontairement une couronne qu'il n'avait pas su conserver en faisant périr pour sa cause un million de braves soldats, trahit aujourd'hui ses sermens, et vient, à la tête d'une poignée d'insensés, violer notre territoire et nous apporter tous les fléaux d'une guerre civile ! Soldats, c'est à vous qu'est réservé la gloire de sauver la patrie dont Louis XVIII s'est montré le père. Je n'ai pas besoin de vous rappeler que vous avez juré fidélité au roi. » Signé, le lieutenant-général *Decaen*.

« Bordeaux, 12 mars, — Sire, nous n'avons pas appris sans la plus vive indignation, qu'un point du territoire français a été violé. En garde contre toute insinuation perfide, nous ne voyons qu'un ennemi cruel dans celui qui, trahissant la foi d'un traité librement consenti par lui-même, vient apporter la guerre civile au sein de la France, que sa folle ambition avait conduite au bord du précipice, et que votre sagesse a sauvée. Fidèle à nos sermens, à 'honneur, nous éprouvons plus que jamais le besoin de nous rapprocher de votre personne sacrée, et de toute votre auguste famille; nous jurons de nouveau de mourir pour vous défendre. Si la voix de la patrie dont vous êtes l'idole et le soutien, nous appelle aux armes, les militaires de votre onzième division sauront prouver, sous la bannière des lis, qu'ils sont dignes de combattre pour les successeurs du grand Henri! *Vive le roi! vivent les Bourbons!* » En tête est la signature du lieutenant-général *Decaen*.

Cependant Napoléon, que les proclamations n'intimident pas, arrive à Paris; Clausel est sur les bords de la Gironde; Decaen signe la lettre des autorités de Bordeaux, relativement aux égards dus à la duchesse d'Angoulême. Napoléon, abjurant toute rancune, lui confie le commandement de la 10me division militaire; et bientôt le *cruel Moniteur* publie la pièce suivante :

« Toulouse, 5 juin. L'empereur ne pouvait m'accorder une plus haute marque de sa confiance, qu'en daignant me conférer ce commandement. S. M. a dû compter sur mon dévoûment sans bornes et ma fidélité inviolable, dès le moment que sa cause est redevenue celle de la France. L'honneur nous faisait un devoir de servir le gouvernement *éphémère* qui vient de faire sur notre malheureux pays l'essai de son *incapacité*; mais puisque ses chefs, aussi faibles qu'impolitiques, n'ont pas osé lutter un instant contre le prince de notre choix, puisqu'ils nous ont lâchement abandonnés pour appeler contre la France les baïonnettes de l'étranger, et verser sur nous tous les fléaux de la guerre, nous ne leur devons plus que *haine et proscription.* Qu'ils tremblent, s'ils osent reparaître sur notre territoire! Nos signes de ralliement sont les aigles du grand Napoléon, planant sur les couleurs nationales. » Signé le lieutenant-général *Decaen.*

Après Waterloo, n'ayant pu opérer sa jonction avec l'armée de la Loire, il envoya son adhésion au gouvernement de Louis XVIII, et se rendit à Paris. Il y subit une détention de quinze mois, et fut mis en liberté par ordonnance royale, la veille même du jour où il devait paraître devant un conseil de guerre. Il figura parmi les lieutenans-généraux en disponibilité, sous les règnes de Louis XVIII et de Charles X. Il a été remis en activité depuis Louis-Philippe, et chargé de présider la commission instituée pour examiner les titres des anciens officiers qui demandent à reprendre du service.

DECAZES (Elie), 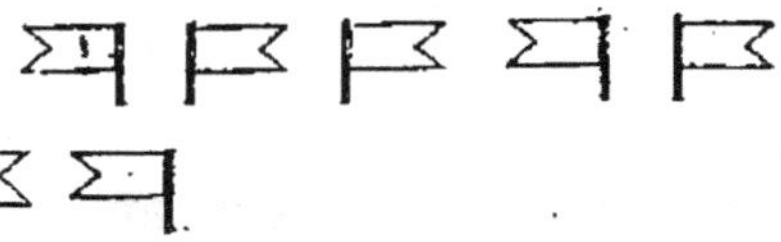

Pair de France.

Un de ses aïeux, Raymond Decazes, fut, dit-il, anobli en 1595 par Henri IV. C'est possible. Ce qu'il y a de certain, c'est que la famille Decazes était, depuis long-temps, retombée dans les rangs d'une honorable bourgeoisie de province, lorsque Elie s'anoblit de nouveau.

Elève au collége de Vendôme, avocat à Libourne, employé au ministère de la justice à Paris, il épousa, en 1805, une des filles de M. le comte Muraire, premier président de la cour de cassation, et devint juge au tribunal de la Seine, conseiller à la cour d'appel, conseiller du cabinet de Louis Bonaparte, roi de Hollande, secrétaire des commandemens de Madame mère de l'empereur, etc., etc.

Les Bourbons arrivent : le conseil-général de son département le met à la tête d'une députation envoyée à Louis XVIII, et cette mission lui vaut la croix de la Légion-d'Honneur. A la nouvelle du débarquement de Napoléon, il commande une compagnie de gardes royaux et la réunit le 20 mars à la Bibliothèque pour lui lire les adieux du roi. On se sépare aux cris de *Vivent les Bourbons !*

Il ne quitte point immédiatement Paris ; il assiste, le 25 mars, à l'installation du nouveau président de la cour impériale. Entendant quelqu'un établir la supériorité de l'empereur par la rapidité de sa marche : « Eh ! depuis quand, s'écrie-t-il, la légitimité est-elle le prix de la course ! » M. Decazes a donc le premier invoqué ce funeste principe de la légitimité qui a depuis exercé un si grand empire sur les idées et sur les partis politiques.

Le même jour il fut exilé, avec défense de se tenir à moins de quarante lieues de Paris ; il se retira à Libourne, où il travailla activement à réunir les partisans de la restauration pour opérer un soulèvement. Tout-à-coup se répand le bruit du désastre de Waterloo. M. Decazes accourt à Paris et s'installe préfet de police au nom du roi, non encore arrivé. Le premier acte de son pouvoir est de fermer les deux Chambres. Il est ensuite appelé au conseil-d'état.

Cependant les alliés se plaignent du langage des journaux français, et Decazes s'oublie au point de faire insérer ces lignes dans le *Journal Général* du 13 juillet : « Son excellence le gouverneur de Paris (le baron Mufling) se plaint de ce que les journaux s'occupent toujours des armées alliées. Il demande qu'il soit enjoint aux journalistes de n'en parler ni en bien, ni en mal ; il demande en outre que cette injonction soit faite aujourd'hui même. Je m'empresse, en conséquence, de vous faire connaître les intentions de S. Exc., et vous recommande de vous y conformer sans réserve. »

Vers le commencement d'août, Labédoyère et Ney furent arrêtés. Le préfet s'empressa de les interroger et de les remettre à la justice.

Au mois de septembre, il fut élu député de la Seine, et nommé ministre de la police générale; puis il fut créé comte; et bientôt le roi l'honora particulièrement du titre de *mon fils*. A la Chambre, il demande, pour le ministère, le droit de détenir et d'exiler les individus *présumés* ennemis du roi; il veut qu'on suspende la liberté individuelle; mais ses ennemis l'accusent d'avoir laissé s'enfuir Lavalette, et d'organiser dans les journaux un système de diffamation contre les principes religieux et monarchiques. Il y répond par la fatale loi d'amnistie, poursuit de prétendus conspirateurs patriotes à Paris, à Grenoble, à Lyon, et épargne les conspirateurs royalistes *du bord de l'eau*. Mais, débordé par ceux qu'il favorise, il est obligé de dissoudre la Chambre et d'en appeler à la modération; il refuse pourtant encore la liberté aux journaux, et déclare qu'il veut royaliser la nation et nationaliser le royalisme.

Le 11 août 1818, M. Decazes, qui avait perdu sa première femme, épouse Mlle de Saint-Aulaire, petite-fille, par sa mère, du dernier prince régnant de Nassau-Sarrebruck, alliance qui lui fait obtenir du roi de Danemarck le titre de duc et le duché de Glukesbourg; il était déjà pair de France.

Il avait gratifié la France d'une meilleure loi d'élections ; il s'opposa aux changemens qu'y voulaient faire quelques pairs, rafraîchit cette Chambre, et forma un nouveau ministère, dans lequel figura le brave Gouvion-Saint-Cyr. Supprimant le portefeuille de la police, il se réserva celui de l'intérieur, et brisa bientôt le joug odieux de la censure. Mais de nouveaux cris s'élevèrent contre la loi d'élections : alors M. Decazes, changeant tout-à-coup d'avis, ne mit plus d'obstacles aux modifications demandées. Trois de ses collègues ne voulurent point participer à cette œuvre ; ils se retirèrent. Dans le nombre était Gouvion-Saint-Cyr.

Decazes, resté ministre de l'intérieur et président du conseil, allait procéder à la refonte du système électoral, lorsque le duc de Berry fut immolé par Louvel. Les journaux royalistes et quelques députés accusent le ministre de cette mort harcelé; sans relâche, il donne sa démission, et le roi le fait duc, membre de son conseil privé, et ambassadeur à Londres.

Ainsi succomba l'auteur de ce funeste système de *bascule* qui a causé tant de maux à la France, et que quelques fous songent encore à ressusciter. Louis XVIII, le poursuivant de ses bienfaits, lui envoya à Londres le grand cordon de l'ordre du Saint-Esprit, mais craignant de devenir suspect au nouveau ministère, il demanda et obtint son rappel. Depuis cette époque, sous Louis XVIII, Charles X et Louis-Philippe, il ne tient *ostensiblement* aux affaires que par la qualité de pair de France. Il vote habituellement avec l'opposition constitutionnelle. Le jeune duc son fils a été présenté sur les fonts baptismaux par Louis XVIII et par Madame, duchesse d'Angoulême.

A la marche processionnelle du sacre de Charles X, il a figuré en queue de la ligne gauche, derrière le duc de Tarente, et à côté du prince de Talleyrand.

On l'accuse de diriger les fils des ministères de la révolution, et d'avoir de fréquentes relations avec le Palais-Royal. Il serait même, dit-on, déjà ministre, si l'on ne redoutait l'opinion. C'est possible !

DELAFOREST (PIHAN),

Officier supérieur de la Garde nationale.

« *Voyage de S. A. R. Madame, duchesse de Berry au berceau d'Henri IV*, par A. Pihan Delaforest, auteur du *Voyage du Roi* (Charles X) *à Saint-Omer.* » (*Moniteur* du 4 juillet 1830.)

Le surlendemain, hommage à S. M. le roi de Naples, alors à Paris.

Après la révolution de juillet, officier supérieur de la garde nationale parisienne.

Étant de garde au Palais-Royal, il présente au roi (Louis-Philippe) des vers de sa composition.

(*Moniteur.*)

DELAVIGNE (Jean-François Casimir), ⚑ ⚑ ⚑

Poete.

Dithyrambe sur la naissance du roi de Rome, 1811 :

Que la cité de Mars à ma voix se console ;
Un nouveau Jupiter, garant de mes décrets,
Va présider au Capitole.
O monts du Latium, inclinez vos sommets !
Napoléon va rendre à l'antique Ausonie
Ses lauriers, sa splendeur, son trône, son génie.
Rome ! tes destins vont changer.
. . . .
Quel est le dieu que le tonnerre
En grondant annonce à la terre ?
C'est le *fils du plus grand des rois*.
. . . .
Enfant chéri du ciel, attendu par la terre,
Promis à la postérité,
Puisses-tu, sous les yeux de ton auguste père,
Croître pour l'immortalité !
Et vous, peuples heureux de ces heureux rivages,
O vous, dont sa naissance a comblé tous les vœux,
Goûtez un bonheur sans nuages
Qui doit s'étendre un jour à nos derniers neveux.
Bannissez la crainte importune ;
Par un vent favorable en son cours entraîné,
Le vaisseau de l'Etat, de gloire environné,
Porte César et sa fortune.

Discours de réception à l'Académie française, 1825:

« Les lettres réclament l'appui d'une liberté sage... La première pensée du monarque (Charles X) fut pour elle; nous la verrons, *à l'ombre de cette puissance auguste*, ouvrir une plus noble carrière aux travaux de l'imagination. Affranchie de ses entraves, puisse-t-elle répondre à ce bienfait du petit-fils de Louis XIV par quelques-uns de ces immortels ouvrages, non moins glorieux au génie qui les enfante, qu'au prince assez grand pour en jouir et les protéger! Avec les acclamations du peuple, qu'elle lui porte les hommages des arts, les vœux reconnaissans des lettres! Au milieu des fêtes d'un nouveau règne, il a voulu l'associer aux pompes de sa puissance, pour mêler un éclat durable à tant de magnificences passagères. Ah! qu'elle soit l'ornement solide de son trône! qu'elle en soit à jamais la décoration vivante, comme dans ces solennités où, sacrée avec lui, elle s'est mise, devant Dieu et devant les hommes, sous la garde de ses sermens! »

Décoré de la Légion-d'Honneur par la restauration.

Un des premiers il chante la révolution :

Peuple Français, peuple de braves,
La liberté t'ouvre ses bras;
On nous disait : soyez esclaves!
Nous avons dit soyons soldats! etc.

Les trois couleurs sont revenues,
Et la colonne, avec fierté,
Fait briller à travers les nues
L'arc-en-ciel de la liberté, etc.

Soldat du drapeau tricolore,
D'Orléans, toi qui l'a porté,
Ton sang se mêlerait encore
A celui qu'il nous a coûté, etc.

Allez, volez, tombez dans la Seine écumante,
D'un pouvoir parricide emblêmes abolis!
Allez, chiffres brisés, allez, pourpre fumante,
Allez, drapeaux déchus que le meurtre a salis!

Ah! qu'on respire avec délices,
Et qu'il est enivrant l'air de la liberté!
Comment regarder sans fierté
Ces murs couverts de cicatrices,
Ces drapeaux qu'à l'exil redemandaient nos pleurs, etc.

DELESSERT (Benjamin, le Baron), 
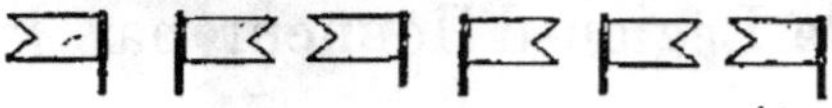

Banquier.

Officier d'artillerie au commencement de la révolution; il établit sous l'empire une fabrique de sucre de betteraves; reçoit de Napoléon la croix de la Légion-d'Honneur; nommé, en 1813, au commandement de la 3e légion de la garde nationale parisienne :

« Sire, disait-il à l'empereur, nous sommes prêts à former un rempart de nos corps autour de ce trône où le libre choix de la nation a placé V. M. et votre dynastie, à la durée de laquelle sont attachés la gloire, le salut et le repos de la France. »

« Monseigneur, disait-il à Talleyrand, le sénat et le gouvernement provisoire viennent de couronner leur généreuse entreprise, en proclamant ce prince dont l'antique race fut, pendant huit cents ans, l'honneur de notre pays. »

Louis XVIII le fit officier de la Légion-d'Honneur; il n'en signa pas moins la déclaration patriotique des chefs de légions et majors de la garde nationale, et fut destitué à la seconde rentrée des Bourbons.

M. Delessert, membre du conseil de surveillance près la caisse d'amortissement, membre du conseil municipal de Paris, membre du conseil des hospices, membre de l'académie des Sciences, membre de diverses commissions, membre de différens conseils d'administration, etc., etc., siége au centre de la Chambre depuis quinze ans, et depuis quinze ans il attend la pairie.

Voué au parti de la résistance, il s'est opposé violemment à toutes les améliorations discutées. Partisan intéressé de l'aristocratie financière, il a constamment combattu ce qu'il appelle l'aristocratie de l'intelligence, et ne conçoit pas qu'on suppose à des gens instruits la capacité nécessaire pour élire des conseillers municipaux.

Il a servi avec le même dévoûment la république, Napoléon, Louis XVIII, Charles X et Louis-Philippe.

DELESTRE - POIRSON (CHARLES - GASPARD), 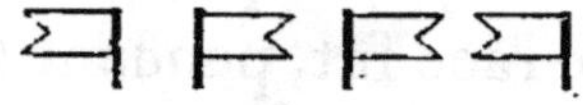

Directeur du Gymnase Dramatique.

Ode sur le Mariage de l'Empereur; 1810 in-8°.

Nommé directeur du Gymnase - Dramatique en 1820.

Obtient pour son spectacle le titre de théâtre de *Madame*, 1822.

Célèbre, en 1824, malgré le deuil de Louis XVIII, la fête de Charles X, et les vertus de la duchesse de Berry, sa protectrice :

Au roi que révère la France
Nous voulions, fidèles Français,
Guidés par la reconnaissance,

Présenter nos premiers bouquets.
Un motif sacré nous arrête;
Il nous faut, soumis au destin,
Garder nos fleurs et notre fête
Pour l'an prochain.

Et nous dont la reconnaissance,
Les vœux, le respect et l'amour,
Pour Caroline, en sa présence,
Devaient éclater en ce jour,
Lorsque sa bonté qu'on admire
Désarme pour nous le destin,
Ah! faut-il ne pouvoir rien dire
Que l'an prochain?

La reconnaissance pour Caroline était ardente, alors que, volant de plaisirs en plaisirs, elle traînait jusqu'à Dieppe M. Poirson et sa troupe.

Mais, quand le règne des plaisirs fut passé; quand la blonde duchesse fut partie pour la terre d'exil, M. Poirson se hâta d'effacer son nom du frontispice de son théâtre; le Gymnase reprit son ancienne dénomination, et le drapeau tricolore flotta sur ce dôme qui avait si souvent abrité l'héritier des lis.

On y joue maintenant *le Collége de......*, *Souvenirs de Suisse en 1794*, et autres pièces en l'honneur du Palais-Royal.

DELRIEU (E.-J.-Baptiste),

Auteur Dramatique.

Ancien professeur de rhétorique à Versailles; auteur d'*Artaxerce* et de quelques autres pièces de théâtre, dont il paraît très-enorgueilli. *Artaxerce* lui valut, de Napoléon, une pension de 2,000 fr.

M. Delrieu se fit connaître, en 1793, par les fameux couplets qu'il composa en l'honneur de *la Montagne*. En 1797, il fit jouer *le Pont de Lodi*, fait historique en un acte, mêlé d'ariettes. Dans la première pièce, il était plus que républicain; dans la seconde, il se montrait passionné pour la gloire militaire. Voici deux strophes d'une *Ode sur la Naissance du Roi de Rome*, dans laquelle il professe d'autres sentimens :

Connais le digne fils que le destin te donne;
La splendeur de ton nom, le poids de ta couronne
Ne l'étonneront pas.
Rejeton d'nne tige en grands hommes féconde,
Ton fils fera ta gloire et le bonheur du monde
En marchant sur tes pas.

Je veux que, pour fixer le bonheur sur la terre,

Aux combats, aux conseils, retrouvant dans son père
Son guide et son mentor,
Ton fils ait, comme toi, la sagesse d'Ulysse,
La valeur de César, de Minos la justice,
Et l'âge de Nestor.

Chef de bureau dans l'administration des douanes impériales, où il gagna le ruban bleu de ciel de l'ordre impérial de la Reunion; chef de bureau dans l'administration des douanes royales du royaume, où il gagna la décoration du Lis; chef de bureau de l'administration des douanes redevenues impériales, puis royales, où il ne gagna rien et perdit son ruban de la Réunion, qui fut supprimé.

Il touche toujours ses 2,000 francs annuels d'*Artaxerce*. C'est un peu cher.

DELVINCOURT (Claude-Etienne),

Professeur à la Faculté de Droit.

Docteur agrégé près l'Ecole de Droit, avant la révolution; employé au ministère de la marine, sous le Directoire; professeur de Code civil, en 1805; doyen, en 1810, à la mort de Portiez (de l'Oise).

Il témoigna sa reconnaissance de ce bienfait en faisant placer la statue de Napoléon dans la grande salle de l'école. Il ne borna point là sa *gratitude*; et, dans la préface des *Institutes*, ouvrage qu'il publia quelque temps après, il élevait jusqu'au ciel les talens, les vertus et le génie de l'empereur.

Cependant la fortune du conquérant qui faisait les directeurs de l'Ecole de Droit eut à peine changé, que l'aigle impérial s'envola de dessus la porte de l'école, pour faire place aux fleurs de lis. M. Delvincourt fut confirmé dans ses fonctions, et nommé, de plus, censeur royal.

Il est cependant probable qu'il ne voulait pas de mal à Napoléon personnellement; car ce prince ne fut pas plus tôt de retour, que l'aigle rentra dans sa niche, et le professeur se hâta même de signer et peut-être de rédiger l'adresse suivante:

« Sire, la Faculté de Droit de Paris supplie V. M. de vouloir bien agréer l'expression des sentimens que lui a fait éprouver votre retour, et surtout la manière inattendue dont il s'est opéré. *Elle partage toute la reconnaissance des Français*... Nous ne laisserons échapper aucune occasion d'inspirer à la jeunesse qui nous est confiée l'esprit de soumission à l'autorité, de respect pour les lois, et nous aurons soin surtout de jeter dans leur cœur les semences de ces *idées libérales* qui finissent toujours par triompher de tous les obstacles qu'on voudrait en vain leur opposer. » (*Moniteur.*)

A la seconde restauration, M. Delvincourt répara la faute qu'une trop grande précipitation lui avait fait commettre, en prononçant devant les volontaires royaux de son école ce beau discours en faveur de la légitimité :

« Messieurs, *la Faculté reçoit avec reconnaissance*, et promet de conserver avec une scrupuleuse exactitude le dépôt précieux que vous lui confiez, ce drapeau, gage sacré de votre dévoûment à notre souverain légitime.... Que la génération qui s'élève renonce désormais à ces *idées de perfectionnement imaginaire* qui ont inondé la France d'un déluge de maux !... Rallions-nous, serrons-nous autour de ce trône vénérable qui, semblable à l'ancre de miséricorde, vous a déjà deux fois sauvés du naufrage; et, s'il pouvait encore exister parmi nous quelques ennemis de la royauté, que leurs clameurs impuissantes soient étouffées par ces acclamations sans cesse répétées, par ces cris chers à nos cœurs, et qui retentissent toujours si délicieusement à l'oreille de tout vrai Français : Vivent le roi ! vive les Bourbons ! » (*Moniteur.*)

Tout le monde se rappelle encore le procès suscité par M. Delvincourt à M. Bavoux, qui, en 1820, développait à ses élèves les principes de la liberté individuelle, principes consacrés et garantis par la Charte. Le professeur accusé fut solennellement absous, tandis que M. Delvincourt ne recueillit, d'un éclat scandaleux, qu'une triste et ridicule célébrité.

Il est membre du conseil royal de l'Université, professeur et doyen de la Faculté de droit, officier de la Légion-d'Honneur, et chevalier de Saint-Michel.

Lorsque les tentatives liberticides de Charles X eurent fait éclater une révolution, M. Delvincourt, se serrant, comme il l'avait promis, contre ce trône vénérable, semblable à l'ancre de miséricorde, contresigna, pour le conseiller secrétaire du conseil de l'Université, l'arrêté du 27 juillet, par lequel Me Guernon-Ranville lançait la foudre sur les étudians qui prendraient part au désordre.

Les étudians et le peuple triomphèrent, et M. Delvincourt remonta dans sa chaire ombragée du drapeau tricolore, comme si le drapeau blanc y avait toujours flotté, comme si Charles X et les siens n'avaient pas quitté les Tuilleries!

DENEUX (Louis-Charles),

Accoucheur, ayant mis au monde Henri V.

Chirurgien major du 3e bataillon des volontaires

de la Somme sous la république ; chirurgien en chef adjoint du dépôt de mendicité et de l'hopital Saint-Charles d'Amiens sous le directoire ; de l'Hôtel-Dieu de la même ville sous le consulat ; chirurgien en chef de la maison de justice de la Somme sous l'empire ; accoucheur de S. A. R. Madame, duchesse de Berry à la restauration.

C'est à lui qu'est due la gloire d'avoir conduit à bon port cet enfant du miracle sur qui reposent toutes les espérances de la légitimité.

Ce fut la source de sa fortune ; il fut successivement nommé médecin en chef adjoint de la maison d'accouchement, professeur d'accouchement à l'Ecole de Médecine, chevalier de la Légion-d'Honneur, de Saint-Michel, de Constantin des deux Siciles et du sépulcre de Jérusalem, ce qui est très-édifiant.

Depuis la révolution de juillet M. Deneux n'a plus l'honneur d'accoucher des princesses, mais, en revanche, il met au monde, dans l'établissement auquel il est attaché, de ces braves fils d'ouvriers qui broient les trônes et expédient les petits princes en Ecosse.

DENNE-BARON (Pierre-Jacques-René),

Vérificateur.

Ode à Napoléon sur ses conquêtes et sur les embellissemens de la capitale. 1810. in-4°.

Ode sur la naissance du roi de Rome. 1811. in-4°.

Le ciel nous sauve ; un roi respire :
Tout s'accomplit ; sur son empire
Cette étoile naissante a lui ;
Enfant qui ne sait point encore
Que l'univers entier l'adore,
Et que l'univers est à lui.

La nymphe Pyrène aux Français ; sur la campagne d'Espagne du duc d'Angoulême. 1823 in-8°.

Ode sur le sacre de Charles X. (*Moniteur.*)

Esprit de Salomon que fais-tu dans les cieux ?
Prends ton vol et préside à cette auguste fête.
Cette pompe est la tienne. Avec le roi des Francs
Partage, il le permet, ces honneurs éclatans.
Ton image dans lui resplendit tout entière :
C'est ta piété tendre avec ta majesté,
C'est ta magnificence unie à ta bonté,
C'est ta vertu pacifique et guerrière.
Peuple à genoux ! l'oint du seigneur
Appelle sur son front les respects de la terre.

Dieu dans ses mains met son tonnerre;
Il imprime à son cœur sa clémence et ses droits.
Gloire à Dieu! gloire aux rois!

Dithyrambe à S. A. R. monseigneur le duc d'Angoulême. 1824. in-8°.

Les Fleurs poétiques, dédiées à S. A. R. madame duchesse de Berry. 1824. in-18.

DESÈZE (ROMAIN), 

Défenseur de Louis XVI.

Avocat à Bordeaux; puis à Paris avant la révolution; enthousiaste des idées philosophiques; faisant le pèlerinage de Fernay pour aller voir Voltaire; gagnant le procès du baron de Bezenval, accusé du crime de haute trahison; gratifié pour ce fait d'une médaille d'or par le roi de Prusse (dans ce plaidoyer, M. Desèze rendait un brillant hommage aux travaux de l'Assemblée constituante); membre du conseil de la reine Marie-Antoinette; défenseur de Louis XVI, à la barre de la Convention (le défenseur reconnut la souveraineté du peuple, et établit que la royauté était un mandat donné à Louis par la constitution.)

Arrêté long-temps après la condamnation du roi,

et seulement à l'époque où le décret qui établissait des catégories de suspects rendait les proscriptions générales, il fut mis en liberté au 9 thermidor.

Après le mariage de Napoléon avec Marie-Louise, il écrivit à l'empereur pour solliciter une place dans l'administration; il réitéra sa demande sans que Napoléon jugeât à propos de l'accueillir; le généreux défenseur de Louis XVI revint à la charge, et, après avoir présenté ses titres à une place, ne fut-ce que celle de *maître des requêtes* : « Sire, dit-il, je n'ajoutera plus qu'un mot, j'ai défendu les jours de Louis XVI votre parent. » Il voulait dire que Napoléon, par son mariage, se trouvait parent de Louis XVI.

Le nom de M. Desèze se trouve placé sur une liste de souscription à un monument qu'on se proposait d'élever à Napoléon. Cette liste sort des presses de Didot, et le nom du défenseur de Louis XVI est suivi de la qualification d'*homme de loi.* (Histoire de France, de Montgaillard).

L'empereur, dans un discours foudroyant qu'il adressa, le 1er janvier 1814 au corps législatif, dit : « M. Lainé est un traître vendu et soudoyé par l'Angleterre, *par l'entremise de l'avocat Desèze*; je le sais, j'en ai la preuve. »

Enfin, l'heure des récompenses et de la faveur sonna. M. Desèze fut nommé président de la cour de Cassation, passa à Gand, lors du débarquement de Napoléon, pour n'en revenir qu'après Waterloo, reprit ses fonctions et fut nommé pair de France. Oubliant les principes de modération qu'il avait professés dans les procès de Bezenval et de Louis XVI, il vota pour l'établissement des cours prévotales, proposa l'abolition du divorce, et combattit la loi d'élection de 1817. En Mai 1816, M. Desèze *devenu M. de Sèze,* fut nommé membre de l'Académie française en remplacement de Ducis, qui remplaçait lui-même Voltaire. La restauration l'avait déjà fait comte, chevalier de Malte, grand-trésorier de l'ordre du Saint-Esprit, et commandeur des ordres du roi. On a remarqué que nos institutions nationales n'ont jamais reçu aucun hommage de lui, et qu'il a témoigné une aversion invincible pour ceux de ses collègues qui n'ont pas déserté leurs postes durant les cent-jours.

DESPINOIS (HYACINTHE-FRANÇOIS-JOSEPH, le comte), 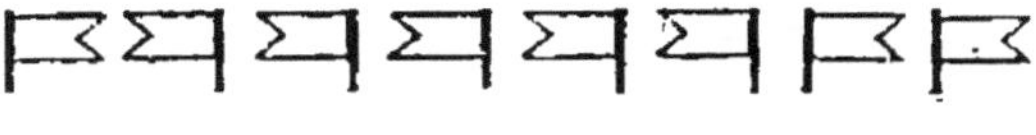

Général.

Cadet-gentilhomme dans le régiment d'infanterie de Barrois, avant la révolution; général de brigade en 93; chef d'état-major de Dugommier dans les Pyrénées Orientales; chargé de l'honorable mission d'aller présenter à la Convention vingt-six drapeaux pris sur les Espagnols. Le discours qu'il prononça dans cette occasion, le 13 brumaire an III, exprimait aux représentans de la nation le vœu de voir les trophées des vainqueurs suspendus aux voûtes triomphales du temple de la liberté. Le président lui donna l'accolade fraternelle et l'invita aux honneurs de la séance. Douze jours après, il vint prononcer à la barre l'éloge du général Labarre; plus tard il annonça la mort du général Dugommier, et proposa qu'un monument lui fût élevé : cette motion fut accueillie.

Gouverneur de Milan et de la Lombardie autrichienne sous Bonaparte, il y étouffe les germes d'une insurrection dangereuse, et reçoit à la tranchée de Milan le brevet de général de division.

Il devient, sous le gouvernement consulaire, commandant de Perpignan, d'Alexandrie et de la 27e division militaire qu'il purge des brigands qui l'infestaient.

Membre de la Légion-d'Honneur en 1803, commandeur en 1804, il remet, en 1813, aux Autrichiens la place et la citadelle d'Alexandrie qu'il était chargé de défendre. Créé, en récompense, chevalier de Saint-Louis et pourvu du commandement de la ville et de la citadelle de Strasbourg, il cesse ses fonctions au retour de Napoléon, et ne les reprend qu'à la seconde rentrée de Louis XVIII. Investi alors du commandement de la 1re division militaire (Paris), il surveille les militaires qui affluent dans cette capitale avec une rigueur telle qu'il en devient le geôlier et l'ennemi. Le titre de comte et legrand cordon de Saint-Louis sont bientôt la récompense de son zèle.

Le licenciement de la chambre introuvable fut le signal de sa mise en non-activité. Mais une ordonnance de 1821 le nomma commandant de la 20e division militaire à la résidence de Périgueux, et une autre ordonnance l'appela au commandement de la 12e division, à Nantes.

Il s'y trouvait au moment de la révolution de juillet; et lui, qui dans le temps avait étouffé l'insurrection de la Lombardie, lui, qui avait purgé le Piémont des brigands qui l'infestaient, ne rougit pas, pour soutenir un pouvoir que la nation renversait, de fomenter une insurrection nouvelle, et de se mêler à des brigands qui infestaient sa propre patrie.

Mieux inspiré, il a rompu des nœuds indignes d'un général qui s'assit au sein de la Convention, et vit oublié dans un quartier retiré de la capitale.

DIDOT (Firmin), 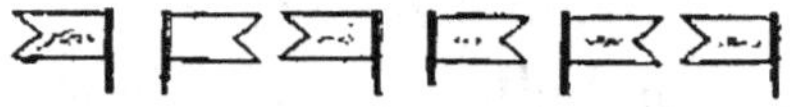

Typographe, Littérateur et Député.

La célébrité des Didot comme typographes, les progrès immenses qu'a fait faire à l'imprimerie l'invention, ou du moins le perfectionnement des stéréotypes, voilà sans doute de beaux titres à l'estime de tous les Français. Sont-ce des titres à la députation? On lira notre réponse plus bas.

Comme officier de la garde nationale, M. Firmin Didot signa, le 26 janvier 1814, la fameuse adresse à l'empereur, dans laquelle on lui prédisait si bien que « l'union indissoluble de la nation et du souverain ferait cesser les passagères infidélités de la victoire, et que, pressés autour de son trône et du berceau de son fils, les Français seraient triomphans. »

(*Moniteur.*)

Louis XVIII, qui savait par expérience le contraire, créa M. Firmin imprimeur du roi, lui donna la croix d'honneur, et ajouta une médaille d'or à son effigie, toutes celles qu'il possédait déjà à l'effigie de Napoléon, S. M. l'empereur Alexandre honora lui-même de sa présence la typographie de Firmin Didot, et visita avec un soin particulier les différens ateliers de cet établissement. (*Moniteur du 24 mai 1814.*)

Napoléon, à son retour, revit le moderne Elzévir comme une vieille connaissance, et lui fit accueil comme au jour du départ.

Puis Louis XVIII revint, et médailles d'or plurent de plus belle sur M. Firmin; il fut président d'un des colléges de Paris en 1817 et 1818, candidat à l'académie française en 1819, auteur malencontreux d'une *Inès de Castro* en 1823.

Charles X monta sur le trône : encore des médailles d'or à une troisième effigie! Puis l'honneur d'être porté à la députation en 1827. Dans les deux sessions de 1828 et 1829, il fit quelques observations relativement à la loi sur la presse périodique, et se montra partisan du jury, même pour l'accusation. Enfin, dans la discussion de la loi des comptes, il présenta l'historique de l'imprimerie royale, et demanda la suppression de ses priviléges.

Son nom figura sur la liste de la protestation du 27 juillet, qui cependant n'a jamais été signée d'aucun de nos représentans. Il fut aussi du nombre de ces députés qui se proclamèrent les sauveurs de la France, et qui s'emparèrent d'une révolution qu'ils n'avaient pas faite.

Après avoir reconnu l'illégalité du privilége des imprimeurs, il demanda que les nouveaux titulaires fussent astreints à un cautionnement au profit des privilégiés, et il rejeta la loi tout entière, parce que sa proposition ne passa pas. Il se tut ensuite, se contentant de voter avec les centres pour le cens électoral à 240 fr., et le cens d'éligibilité à 750. Poursuivi sans cesse par le fantôme de 93, il traite de terroristes tous ceux qui ne trouvent pas, comme lui, que tout va pour le mieux dans ce meilleur des gouvermens possibles. (Notes de la société, *Aide-toi, le ciel t'aidera.*)

DRAPARNAUD (X.-V.)

Versificateur.

Ode à Napoléon-le-Grand, sur la naissance du roi de Rome.

Rome! tes conquérans, tes monarques célèbres
Renaissent de leur cendre et vivent dans ton sein;
Mais de tous les héros quand tu vois le plus juste
Réunir la bonté d'Auguste
A la fierté de mille exploits,
Un fils, sa plus parfaite image,
Digne de posséder son immense héritage,
Ranime dans lui seul tout l'éclat de tes rois.
Déjà sous l'ombre paternelle
L'espoir d'une race nouvelle
S'élève plein de majesté;
Il triomphera des orages,
Et ses vastes rameaux, étendus sur les âges,
Couvriront le repos de la postérité.
Mais vous qui du malheur faites l'expériance,
Princes, qu'un faux espoir put long-temps éblouir,
N'outragez plus le ciel par votre défiance;
Le ciel s'est déclaré, c'est à vous d'obéir.

(*Hommages poétiques*. Paris, chez Prud'homme.)

Les Chants Consolateurs, ode à la duchesse de Berry sur la naissance du duc de Bordeaux. 1820, in-8°.

Ode sur le triomphe de la royauté, à l'occasion de la délivrance du roi d'Espagne par l'armée française, aux ordres du duc d'Angoulême.

Hommage funèbre à S. M. Charles X, ode sur la fin de Louis XVIII. 1824, in-8o.

Ode au Peuple français sur les malheurs de l'anarchie et de l'ambition, pour l'avénement de Charles X. 1824, in-8o.

La Clémence de David, tragédie en trois actes avec des chœurs, représentée sur le théâtre Français et dans les principales villes de France, à l'occasion du sacre de Charles X. 1825, in-8o.

M. Draparnaud a été pensionnaire de Louis XVIII et de Charles X.

Il est pensionnaire de Louis-Philippe.

Adorateur de la légitimité, il porte la cocarde tricolore à son chapeau, et figure parmi les officiers de la garde nationale parisienne.

DUBOIS (J.-B.)

Vaudevilliste.

Attaché à l'administration du théâtre des Troubadours en 1800; co-entrepreneur du théâtre de la

Porte Saint-Martin en 1804 et 1805; directeur de ce spectacle en 1806, administrateur du théâtre de la Gaîté de 1808 à 1821; régisseur général de l'Académie Royale de musique en 1822; bibliothécaire de S. A. R. monseigneur le duc de Bourbon en 1826; chevalier de la Légion-d'Honneur à l'avénement de Charles X.

Il a fêté largement la circonstance, et on lui doit :

Les Lauriers-Roses, ou *le Tribut du Village*, pour le mariage de l'empereur. 1810, in-8o.

La Ruche Céleste, ou *le Secret de l'Hymen*, pièce en un acte, pour la naissance du roi de Rome. 1811, in-8o.

Le Bouquet des Poissardes, ou *la Fête de Saint-Louis*. 1815.

La Pensée d'un bon Roi, au théâtre Français. 1816.

La révolution l'a trouvé et le laisse bibliothécaire au palais Bourbon, no 120.

Il a composé une pièce intitulée : *M. Girouette*. Les bons auteurs se peignent dans leurs écrits.

DUBOURG (Frédéric)

Général.

Elève de la marine, au commencement de la révolution, il n'en adopta pas les principes et se rangea sous les drapeaux vendéens.

Blessé et fait prisonnier, il allait être fusillé, lorsqu'une femme lui fournit les moyens d'arriver jusqu'au général Bernadotte qui commandait l'armée républicaine de l'Ouest. Bernadotte lui rendit la liberté et l'attacha à son état-major.

Quand ce général fut appelé sur les marches du trône de Suède, le jeune comte Dubourg le suivit à Stockolm, et servit quelque temps cette nouvelle puissance.

Mais Napoléon ayant rappelé tous les officiers qui avaient accompagné Bernadotte, Dubourg servit en qualité de colonel dans l'état-major du prince de Neufchâtel, et fut nommé, en 1812, chef d'état-major d'une division polonaise.

En décembre de la même année, sa troupe fut entièrement détruite, et lui, blessé, fait prisonnier, fut conduit à Saint-Pétersbourg.

Quand Moreau vint se mettre à la tête des troupes alliées, il proposa à M. Dubourg de le suivre ; celui-ci accepta, à condition d'y paraître avec la cocarde blanche. Cette demande ayant été refusée, il ne voulut point des faveurs que lui offrait l'empereur Alexandre.

Le comte Dubourg rentra en France à la restauration, et fut nommé chef d'état-major au ministère de la guerre. Il suivit Louis XVIII à Gand, et rendit, pendant cette retraite, les plus grands services à la cause royale. Il rédigea avec M. de Châteaubriand plusieurs numéros du *Journal politique de Gand*.

A sa seconde rentrée, Louis XVIII le nomma commissaire et commandant en Artois ; il s'empara par ruse ou par force de plusieurs villes, particulièrement d'Arras ; et parvint à soustraire cette province aux corps francs et aux fédérés de Paris, ainsi qu'à la protection onéreuse des alliés.

LA PLUS NOIRE INGRATITUDE FUT LA RÉCOMPENSE DE SES SERVICES.

Dans les mémorables journées de juillet, LE SEUL GÉNÉRAL QUI PARUT A LA TÊTE DES COLONNES POPULAIRES FUT LE GÉNÉRAL DUBOURG.

Après la victoire, montrant au lieutenant-général la place de Grève couverte d'hommes armés et de canons, tachée de sang et gardée par des barricades, il lui dit : *Monseigneur, vous connaissez nos besoins et nos droits ; si vous les oubliez, nous vous les rappellerons.*

En août 1831 le général Dubourg était dans les fers. MÊME INGRATITUDE QUE SOUS LA RESTAURATION !!!!

DUDON (N. BARON),

Ancien Liquidateur.

Auditeur au conseil d'Etat sous le gouvernement impérial, et l'un de ses agens les plus exaltés. Chargé, durant la campagne de Prusse, de porter à l'empereur le travail du conseil d'Etat et des ministres, il se laissa escamoter son portefeuille en chemin, ce qui le rendit l'objet de la raillerie de l'état-major et de la cour. Il remplit ensuite diverses missions dans les provinces conquises, et notamment en Espagne, où il n'oublia pas, dit-on, ses intérêts. A son retour il fut créé maître des requêtes, procureur-général du conseil du sceau des titres, et obtint des parchemins de baron.

Pendant la première restauration et durant les cent jours, M. Dudon, abandonné à ses propres forces, resta inaperçu.

Après la seconde restauration, le gouvernement le replaça dans la carrière des honneurs et de la fortune, et il y figura avec toute son impuissante prétention à l'éclat; conseiller d'Etat en service ordinaire, il fut l'un des commissaires chargés de liquider les créances des étrangers envers la France. L'opinion publique est fixée sur la manière dont il remplit cette mission de confiance; aussi, dans la séance de la Chambre des Députés, du 28 février 1822, lorsqu'à propos des troubles produits par la mission des Petits-Pères, il eut signalé un groupe de jeunes gens qui s'étaient avancés vers la Banque, dans le dessein, suivant lui, de la piller, un membre l'interrompit en lui disant: « Servez-vous du mot propre; dites pour la *liquider.* »

Commissaire du gouvernement ou député, défendant les ministres ou les attaquant, il a toujours été l'adversaire du peuple et de la liberté; enfin, il ne manquait plus à sa réputation que de figurer parmi les hommes auxquels Charles X confiait, en juillet 1830, l'exécution de ses infâmes ordonnances. On suppose qu'il s'en occupe aujourd'hui, et qu'il regarde leur ajournement comme une calamité pour la France.

DUMAS (LE COMTE MATHIEU),

Général.

Fils d'un trésorier des finances, ce qui lui valut des lettres de noblesse ; sous-lieutenant dans le régiment de Médoc en 1768 ; aide-de-camp du général Rochambeau, dans les Etats-Unis ; chef d'état-major à Saint-Domingue ; chargé d'une mission à Constantinople et sur la mer Noire ; chevalier de Saint-Louis en 1787.

Aide-de-camp du maréchal de Broglie en 1789 ; puis aide-de-camp du général Lafayette ; maréchal-de-camp ; membre de l'assemblée législative ; défenseur des émigrés ; nommé par le comité de Salut public, directeur du dépôt des plans de campagne au ministère de la guerre ; appelé au conseil des Anciens ; prononçant, au sujet de la paix de Léoben, un discours remarquable, et offrant une couronne de chêne aux généraux Bonaparte et Berthier ; émigré sous le directoire ; rappelé en France en 1800 ; nommé conseiller d'Etat en 1801 ; proposant la création de la Légion-d'Honneur ; fait grand-officier de l'ordre et général de division.

Attaché à Joseph-Napoléon; ministre de la guerre à Naples; grand-maréchal du palais; grand dignitaire de l'ordre des Deux Siciles.

Rentré au service de France; décoré de la grand-croix de l'ordre militaire de Maximilien-Joseph de Bavière; intendant-général de l'armée de Russie; fait prisonnier à Leipsick.

Conseiller d'état sous Louis XVIII; commandeur de l'ordre de Saint-Louis; directeur-général de la liquidation des armées; grand-croix de la Légion-d'Honneur; membre de la commission chargée de vérifier les titres des anciens officiers.

Directeur-général des gardes nationales de France au retour de Napoléon; ayant repris ses anciens titres et d'autres encore.

Nommé par Louis XVIII, à la seconde restauration, membre de la commission de défense du royaume; conseiller d'Etat; président du comité de la guerre; président du collége électoral de la Vienne; commissaire chargé de la défense de plusieurs projets de lois; élu député par un des arrondissemens de Paris, en 1828.

Au mois d'août 1830, M. Mathieu Dumas fut nommé inspecteur-général des gardes nationales de France, et en remplit les fonctions, malgré son grand âge, jusqu'au moment où la destitution du général Lafayette le força de quitter un poste où, d'ailleurs, la haine du *juste milieu* ne l'aurait pas laissé.

DUPATY (Emmanuel),

Versificateur.

Matelot à bord des vaisseaux de la république française ; aspirant ; ingénieur hydrographe ; ingénieur militaire ; emprisonné en 1802 pour sa pièce de *Picaros et Diégo,* dans laquelle le gouvernement crut reconnaître des allusions malignes contre ses agens et ses principaux personnages ; membre de la Légion-d'Honneur et de la Réunion ; chevalier d'empire, etc, etc.

Les Heures, quadrille allégorique en action, exécuté au palais des Tuileries, devant LL. MM. II. par sa majesté la reine des Deux Siciles, (Madame Murat.)

Je reconnais mon songe et ressaisis ma lyre !...
Mais un effroi mortel en suspend les concerts :
Il faut Homère, au moins, pour bien chanter Achille ;
Et je n'ose poursuivre en pensant que Virgile
Tremblait devant César en lui lisant ses vers.

La Fête de Meudon, hommage à LL. MM. II. à l'occasion de leur hymen. (Voyez *Berton*)

Le Triomphe du mois de Mars ou *le Berceau d'Achille*, opéra-ballet, tableau allégorique à l'occasion de la naissance de S. M. le roi de Rome.

Soleil, tu n'as rien vu de plus grand que sa gloire.
Soleil, ainsi que toi, par ses bienfaits nombreux,
Aussi bien qu'à la terre il appartient aux cieux !!!

Dythrambe maçonnique composé à la même occasion.

Les Chérubins, au bruit des célestes concerts,
Descendent l'arche sainte, et de son tabernacle
La voix du saint des saints rend ce nouvel oracle :
« Jeune fils d'un héros, sur le globe, avec toi,
Se relèvent *le sceptre, et l'autel, et la foi.*
Les destins sont remplis; le sceau de l'alliance
Dont *l'enfant Dieu*, jadis, a donné l'espérance,
C'est le règne de *l'enfant roi.* »
L'univers à genoux entend la voix des anges,
Et par le don céleste affermi dans la foi,
Au milieu d'un concert de vœux et de louanges,
Demande à *l'enfant Dieu* de bénir *l'enfant roi.*
Près d'un berceau paisible accordons notre lyre !
Que le feu poétique anime notre voix !
Et prouvons, par l'ardeur d'un noble et saint délire,
Que notre premier culte est l'amour des grands rois.

Bayard à Mézières, opéra en un acte, avec, Chazet, en l'honneur de Napoléon, *chevalier toujours sans peur et souvent sans reproche*, représenté à Feydeau en février 1814.

Lorsque vers la même époque, Napoléon eut laissé à la garde nationale de Paris le soin de défendre sa femme et son fils, M. Dupaty, qui était officier dans ce corps, reprit sa lyre, et nous eûmes :

Gardons-la bien, ronde chantée le 13 mars 1814 à l'académie impériale de musique.

« La ronde de M. Dupaty : *Gardons-la bien*, a été chantée sur plusieurs théâtres de la capitale, et vivement applaudie ; plusieurs couplets ont été redemandés. » (*Moniteur du 14 mars 1814.*)

Gardons-nous bien ! que ce cri nous rallie !
Toi dont l'honneur est le suprême bien,
Vois les fureurs d'une horde ennemie,
Et de son joug si tu crains l'infamie,
Garde-toi bien !
Garde-le bien, *l'enfant dont la puissance*
A nos enfans doit servir de soutien !
Repose en paix, *noble espoir de la France*,
Et nous, amis, dans l'ombre et le silence,
Gardons-le bien !

M. Dupaty eut beau garder *le noble enfant*, la horde ennemie pénétra dans la capitale, et nous fit subir l'infamie de son joug. Alors, pour se consoler, il fit les vers suivans en l'honneur de la duchesse d'Angoulême :

En mille endroits divers sur ce sol glorieux
Nos reines ont laissé des roses immortelles,
Nos princes des lauriers fameux !
Les arts en lettres d'or ont gravé sur leur tige :
Bouvines, Marignan, Arque, Ivry, Fontenoy !
Chacune de ces fleurs, par un brillant prestige,
Retrace un fait illustre, ou rappelle un bon roi.
Voilà de quelles fleurs la cité de Lutèce
A formé son bouquet pour l'auguste princesse,

Bouquet vraiment royal, qui, par le souvenir,
Rassemble en un faisceau plusieurs siècles de gloire,
Rappelle qu'à sa race appartient la victoire,
Et qu'avec nous la France à ses pieds vient s'offrir.

(Ici M. le chevalier Dupaty, qui tient à ce que ses vers soient exécutés à la lettre, faisait présenter à S. A. R., par les dames nommées par la ville, une corbeille remplie de lauriers, d'oliviers, de lis et de roses, idées vraiment fraîches et politiques.) *(Fête à l'Hôtel-de-Ville, jour de la Saint-Louis* 1814.)

Voici maintenant deux couplets des *troubadours voyageurs*, digne pendant du *Gardons-nous bien:*

Soupirant la nuit, le jour,
De son roi pleurant l'absence,
Il chantait, le troubadour,
Pour refrein de sa romance :
Vivre loin de ses amours,
N'est-ce pas mourir tous les jours ?

Vive Henri quatre!
J'ons forcé le château!
Du diable à quatre,
Quoiqu' l'air n' soit pas nouveau,
Il a tant de charmes,
Que nos princes chéris
N'ont pas pris d'aut's armes
Pour s'faire ouvrir Paris.

Sans compter les canons russes et les lances cosaques... Mais M. le chevalier Dupaty n'y regarde pas de si près. Qu'on se figure la joie de ces vieux et honnêtes émigrés qui, dans le pavillon Marsan, se voyaient tout d'un coup métamorphosés en *trouba-dours voyageurs !* Ce plaisir-là vaut bien quelques exagérations.

Cependant M. Dupaty ne tarda point à se brouiller avec ces messieurs, et, suivant l'usage, il se lança dès lors en pleine opposition, stygmatisa *les délateurs*, travailla dans *la Minerve*, *l'Abeille*, *l'Opinion*, *le Miroir*, *etc.*, *etc.*

Il se reposait de ses longues fatigues, quand la révolution de juillet éclata. A peine la victoire populaire fut-elle décidée, qu'on vit accourir M. Dupaty, réclamant à grand cris sa compagnie de garde nationale. Il l'a obtenue enfin, puis il s'est rappelé que le nouveau roi Louis-Philippe logeait dans son arrondissement, et il lui a envoyé un billet de garde en vers. Le roi a offert un de ses fils à sa place; M. Dupaty l'a accepté, et, remontant sa lyre, il a chanté en vers doucereux son espièglerie de cour. Nous regrettons que l'espace nous manque pour insérer ce dernier chef-d'œuvre. M. Dupaty nous excusera.

DUPIN (André-Marie-Jean-Jacques),

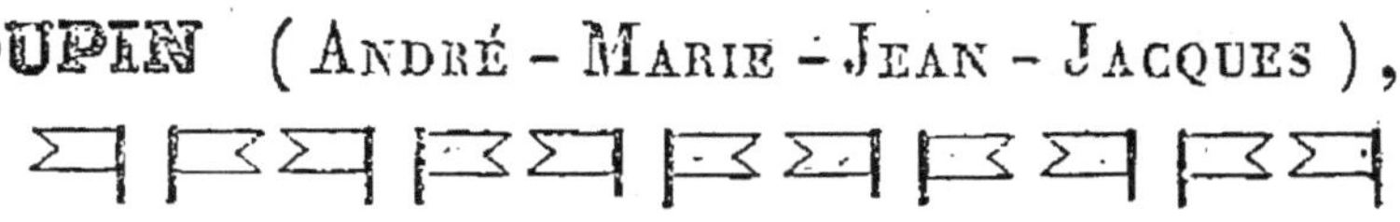

Célèbre Avocat.

S'il faut en croire les *Biographies*, M. Dupin n'avait encore que dix ans lorsqu'en 1793 il vit son père arrêté par l'armée révolutionnaire et conduit en prison. Sa mère, qui, comme Cornélie, devait plus tard s'énorgueillir de ses enfans, et prendre le titre pompeux de mère des trois Dupin, apprit elle-même à lire à ses deux aînés. Si les *Biographies* disent vrai, le grand Dupin n'était pas précoce.

Admis au barreau de la capitale, il concourut, en 1810, pour une chaire de professeur qu'il n'obtint pas, *bien qu'il la méritât*. En 1812, Merlin voulut se l'attacher comme avocat général à la Cour de Cassation ; mais la recommandation de M. de Fontanes lui fit préférer *un homme qui ne le valait pas*. Un an après, le grand-juge, ministre de la justice, Reignier, le désigna comme adjoint à la commission chargée de débrouiller le chaos des lois impériales.

La première restauration valut la sous-préfecture de Clamecy à son père ; le retour de Napoléon lui ouvrit à lui-même la Chambre des représentans.

Félix Lepelletier proposait d'élever une statue à Napoléon sur les bords du golfe Jouan, avec cette inscription : *au Sauveur de la patrie!* « Quoi! s'écria Dupin, le poison de la flatterie chercherait déjà à se glisser dans cette enceinte? »

Le 22 juin, il demanda que l'abdication de Napoléon fût acceptée *au nom du peuple français*. « Nos Constitutions, ajouta-t-il, doivent être refondues et réunies dans un seul cadre. Ce n'est qu'en terminant ce travail que nous pourrons être certains de ne point recevoir la loi, et de faire nos conditions quand il s'agira d'appeler au trône celui qui doit y monter. En effet, s'il y avait unanimité telle, que les deux Chambres, les villes, les campagnes, toute la nation enfin, appelât le même homme, certes la volonté publique serait la vôtre ; mais, cette volonté, il faut la consulter pour la connaître. » (*Moniteur.*)

Le 23 juin, il repousse Napoléon II. « Qu'avons-nous à opposer, dit-il, aux efforts des ennemis? La nation. C'est au nom de la nation qu'on se battra, qu'on négociera ; c'est d'elle qu'on doit attendre le choix du souverain ; c'est elle qui précède tout gouvernement et qui lui survit.... UNE VOIX : Que ne proposez-vous la république?.... Une vive agitation se manifeste. » (*Moniteur.*)

Séance du 5 juillet. M. Dupin demande à parler. Un grand nombre de membres s'y opposent. « Si personne, dit-il, ne peut combattre le projet, ce n'est point une *déclaration des droits des Français* que fait l'Assemblée, c'est une *déclaration de violence*..... UNE VOIX : Les Anglais arrivent..... M. DUPIN : Ils seraient là que je demanderais encore à émettre mon opinion et que je la prononcerais. » (*Moniteur.*)

Après la seconde restauration, il fut appelé par *ordonnance royale*, à la présidence du collége électoral de château Chinon, et désigné en vain comme candidat par deux arrondissemens de la Nièvre. De retour à Paris, il reprit l'exercice de sa profession et défendit successivement le maréchal

Ney ; la veuve du maréchal Brune, outragée par le libelliste Martinville ; les trois Anglais qui avaient favorisé l'évasion de Lavalette ; les lieutenans généraux Alix, Rovigo, Gilly, Caulaincourt, le général Poret de Morvan, l'adjudant-commandant Boyer, MM. Fiévée, Bavoux, Mérilhou, de Pradt, Jorry (deux fois), Forbin-Janson, Marinet contre Wellington, Madier de Montjau, etc., etc. Dans le procès du chevalier Desgraviers contre Louis XVIII, il fit observer à l'avocat de son royal adversaire que le décret de la Convention, dont il demandait l'application, prononçait le bannissement à perpétuité contre les Bourbons. Il n'en fallut pas davantage pour faire reculer d'horreur les défenseurs de la liste civile.

M. Dupin et les biographes prétendent qu'en 1819 il refusa la place de sous-secrétaire d'État au département de la justice, avec le titre de maître des requêtes au conseil d'État. C'est possible.

Un an après, il entre dans le conseil du duc d'Orléans (le roi actuel), avec mission d'enseigner à son fils aîné, aujourd'hui duc d'Orléans, les notions élémentaires de la science du droit.

Il a défendu Béranger une fois, et a refusé de le défendre une autre ; il a défendu plusieurs fois *le Constitutionnel ;* il a défendu *le Miroir* et *le Censeur ;* il a défendu son confrère Isambert, accusé d'avoir soutenu le principe de la résistance légale aux actes arbitraires de l'autorité ; il a été le guide de Montlosier, dans sa dénonciation aux Cours royales contre la société de Jésus, et il a tenu les cordons du dais de Saint-Acheul. Enfin, la maréchale Brune et les rédacteurs du *Miroir* ont parlé de son désintéressement ; on a frappé même une médaille pour le célébrer, et pourtant un écrit rédigé par des patriotes non moins désintéressés, contient ces deux phrases : « Sans chercher à rabaisser la réputation d'habile avocat qu'il s'acquit par ses plaidoieries, nous ferons remarquer qu'il en a retiré honneur, gloire et profit, et que, sous ce rapport, il est amplement payé de ses services. La presse, qu'il a défendue, ne s'est pas montrée ingrate, et les 20,000 abonnés du *Constitutionnel* n'ont pas oublié les nombreux éloges que cette feuille prodiguait à son défenseur. » (Notes et jugemens de la société *Aide-toi, le ciel t'aidera.*

De 1815 à 1827, Me Dupin, souvent porté comme candidat de l'opposition, échoua dans ses candidatures. Il prétend avoir refusé l'appui de l'administration en 1824. Nous le croyons : M. Dupin n'est pas fait pour être ministériel, à moins qu'il ne soit ministre. Aussi, trouvons-nous peu étonnant qu'en écrivant *à M. de Damas, au château des Tuileries*, à propos de son élection de Mamers, il ait déclaré qu'il ne serait jamais un député *complaisant,* tout en ajoutant qu'il serait un député *fidèle*, et en demandant *à M. le Dauphin*, de voir sans déplaisir sa nomination.

En 1828, il siégea au centre gauche de la chambre, et attaqua surtout le ministre de la justice, qu'il semblait regarder comme le détenteur de son bien. Dans la discussion de la presse périodique, il se sépara de la gauche, et vota pour les gros cautionnemens.

En 1829, il se rapprocha du ministère, et se sépara tout-à-fait de la gauche, dans deux questions importantes : sur la proposition itérative de Labbey de Pompières de mettre Villèle en accusation, et sur la priorité à accorder à la loi départementale sur la loi communale. Il refusa toute espèce de droit aux hommes qui travaillent sans posséder : « Si ces gens-là, dit-il, venaient réclamer une part dans les élections et dans le vote de l'impôt, ce ne serait pas leur faire injure que de leur dire : Allez travailler pour nourrir vos enfans. »

Cette adhésion aux doctrines du ministère allait être récompensée par la place de procureur-général, lorsqu'une indiscrétion de M. Agier fit ajourner ce projet.

En 1830, il signa l'adresse des 221. Il s'agissait de renverser un ministère qui retardait son entrée au pouvoir; mais il ne supposait pas que cet acte entraînerait les princes, auxquels il voulait rester *fidèle*, dans des tentatives qui précipiteraient leur chute. Ce fut sans doute un sentiment de regret qui troubla son esprit le jour de la promulgation des fameuses ordonnances, lorsqu'il répondit aux journalistes, qui lui demandaient jusqu'où pouvait aller légalement la résistance : « Vous me parlez là de choses que je ne dois pas prévoir ; on m'a demandé mon cabinet pour une consultation de jurisconsulte, et non pour une consultation politique que je ne puis ni ne dois vous donner. »

Me Dupin ne se considérait pas comme député le 26 juillet; tout en protestant de l'illégalité des ordonnances, il voulait s'y soumettre; il n'assista pas aux premières réunions des députés, ne signa pas plus que ses autres collègues la protestation imprimée dans les journaux, prit un bain le 28, rentra, non sans peine, chez lui, parce qu'on commençait à se battre dans le quartier, rédigea une protestation insignifiante qui arriva trop tard, et fit deux voyages à Neuilly pour engager le duc d'Orléans à accepter la lieutenance-générale, qui ne lui était encore offerte par personne.

Il a cependant eu la rare impudence de dire à la tribune, le 31 août, devant la population qui avait renversé la royauté bourbonnienne : « Il faut reconnaître deux classes de sauveurs : ceux qui ont repoussé la force par la force, leur conduite fut héroïque; et ceux qui veillaient à la sûreté de l'état dans le calme et dans la réflexion; ceux-là, la postérité et les contemporains leur rendent cette justice, que leur conduite fut héroïque aussi. »

Après tant de couardise et d'orgueil, on le voit, rapporteur de la commission chargée d'amender la Charte, ne trouver rien de mieux à faire qu'un replâtrage incomplet de l'ancienne Charte octroyée, insister pour l'hérédité des pairs et l'inamovibilité des magistrats; n'obtenant pour lui, dans la curée des emplois, que les places de ministre sans portefeuille et de procureur-général à la cour de cassation, vanter à la tribune le sacrifice qu'il a fait au prince, en abandonnant une profession qu'il aimait, et déclarer hautement qu'il ne peut faire obtenir de places, quand tous les emplois administratifs et judiciaires du département de la Nièvre sont donnés sur sa seule recommandation.

Nous n'en finirions pas, si nous entreprenions d'extraire des discours de M. Dupin tout ce qu'il y a d'hostile à la liberté, d'attentatoire aux droits des citoyens. Il n'y a pas de mauvaise loi qu'il n'ait provoquée, pas de mesure désastreuse qu'il n'ait sanctionnée, pas d'amélioration qu'il n'ait repoussée de toutes ses forces. Se raidissant contre cette honorable popularité que tant d'autres recherchent, il n'a d'autre but que de faire voter une pairie héréditaire et pensionnée, d'aller s'asseoir un des premiers au Luxembourg, et de s'écrier ensuite, satisfait de lui-même : « Mes vœux sont comblés, on m'a rendu justice, *consummatum est.* » (*Ibidem.*)

DUPIN (LE BARON CHARLES) ,

Député.

Digne frère du précédent, élève de l'Ecole polytechnique, ingénieur dans la marine, secrétaire de l'Académie ionienne de Corfou; envoyé, pendant les cent-jours, à Lyon, pour y concourir à la défense de cette place; retiré, après la seconde restauration, en Auvergne, puis à Rochefort, avec les ouvriers placés sous ses ordres; voyageant en Angleterre pour étudier la situation industrielle, politique et même littéraire de cette nation rivale de la France; admis à l'Institut en 1818; fondant au Conservatoire des Arts et Métiers le cours de mécanique appliquée aux arts; faisant trois nouveaux voyages en Angleterre pour continuer la description des forces de la Grande-Bretagne; décoré du titre de chevalier de l'ordre militaire de Suède, chevalier de Saint-Louis, officier de la Légion-d'Honneur et baron; ouvrant, dans presque toutes les villes de France, des cours d'arts et métiers pour les ouvriers de toute profession; osant seul faire entendre sa voix, et donner un libre cours à sa douleur sur le cercueil profané du vénérable philantrope le duc de Larochefoucault-Liancourt; faisant ouvrir une souscription pour une médaille en l'honneur de Canning, cet homme si remarquable qui avait pris pour devise : *Liberté civile et religieuse dans l'univers*, etc., etc.

Avant que le baron Dupin fût pourvu d'une demi-douzaine de places, il passait déjà, avec raison, pour un des hommes les plus actifs et les plus infatigables de la capitale. Dans la même soirée, durant quelques heures, il honorait de sa présence cinq ou six salons éloignés les uns des autres. Dans ses courses, il recueillait une foule de documens statistiques. Après avoir fait sa révérence à tout homme en crédit, il trouvait le moyen de savoir, par exemple, combien de femmes à marier il y avait dans chaque société, la dot de chacune, et le lustre que son alliance jetterait sur celui qui l'épouserait. S'il rencontrait des hommes du pouvoir, il savait dans quelques minutes le nombre de places vacantes dans leur administration. Enfin, après avoir passé sa soirée à recueillir des faits pour la statistique, il ne rentrait jamais chez lui sans être allé dans les bureaux de trois ou quatre journaux recommander à l'attention des peuples et des gouvernemens l'opuscule d'un jeune savant digne d'occuper les plus hauts emplois.

Déjà M. le baron était un courtisan fort assidu de la haute aristocratie du faubourg Saint-Germain ; il ne dissimulait nullement son admiration pour le héros du midi, pour le vainqueur du Trocadéro ; il s'était même placé, corps et âme, sous le haut patronage du noble prince de Polignac.

En juillet 1827, M. Charles Dupin publia son fameux ouvrage des *Forces productives et commerciales de la France*, dans lequel nos départemens se trouvent diversement teintés par l'académicien. Dans la préface, page 5, l'auteur, énumérant tous les grands hommes dont le midi peut se glorifier, après avoir nommé Massillon, Fénélon, d'Aguesseau, Barnave et Mirabeau, indique, comme par progression, MM. de Villèle et Peyronnet !!! Page 7, il dit de la Chambre des pairs de Charles X : « Cette chambre héréditaire où la sagesse avec l'expérience est acquise à tant d'hommes d'Etat. »

Passons aux travaux législatifs qu'il a entrepris et achevés depuis juillet 1830; parlons de son étonnant rapport sur la garde nationale, dépouillé des élémens démocratiques qu'on y avait laissés par mégarde, l'organisation par bataillon supprimée, l'élection des officiers supérieurs transportée au pouvoir, et la démission du général Lafayette nécessitée par d'astucieuses manœuvres.

Rappellerons-nous ses discours et ses votes dans la discussion sur les lois électorale et communale, sur la proposition relative au cumul, sur la conservation des juges de Charles X; l'argent du peuple livré à des ministres impopulaires, l'encouragement donné à notre honteux système de relations extérieures; l'art. 7 de la Charte, énonçant que la religion catholique est celle de la majorité des Français?

M. le baron vient d'être réélu député par le dixième arrondissement de Paris. Il avait pour concurrent le patriote Berville. Voilà donc M. le baron député, membre de l'Institut, chef de bataillon du génie maritime, professeur, traducteur, bureaucrate, titulaire de cinq à six places que sa haute capacité lui permet de remplir, ou dont il touche mathématiquement les honoraires, sauf à en remplir ensuite les fonctions comme il plaira au bon Dieu.

DUPIN (Philippe-Simon),

dit Dupin jeune.

Frère des deux précédens, a suivi la même carrière que son père et son frère aîné, et a débuté au barreau de Paris sous les auspices de ce dernier. Il y a obtenu de brillans succès dans la défense de Rosa Marcen, épouse du prétendu comte de Sainte-Hélène; dans celle du *Constitutionnel*, prévenu d'attaque contre les missionnaires; et de plusieurs autres écrits incriminés; enfin à la chambre des pairs, dans la cause du capitaine Dequevauvillers, accusé de conspiration.

Se trouvant à Compiègne en 1826, au moment où Charles X venait d'y arriver, il sollicita et obtint une audience de sa majesté.

Il a salué avec enthousiasme l'aurore de la révolution de 1830, et, sans la présence à la Chambre de ses deux aînés, il est plus que probable qu'il eût voté avec les patriotes.

DUPLESSIS DE GRÉNÉDAN (N.),

Ex-Député.

Conseiller au parlement de Rennes avant la révolution.

Révolutionnaire exalté en 93.

Napoléoniste furibond au commencement de 1814.

« Cohorte urbaine de Vannes, 16 février 1814. A S. M. l'empereur et roi. — Sire, vous connaissez les sentimens des Bretons. C'est pour eux un besoin de les reporter au pied du trône. *Amour et dévouement*, voilà leur cœur ; daignez en agréer l'hommage. —Votre majesté appelle aux armes : soudain la France se lève ; un seul cri se fait entendre : *la patrie et l'honneur*. Déjà nos enfans se pressent sous vos étendards. Guidez-les, sire, dans les champs de l'honneur ; marchez à leur tête ; frappez un ennemi téméraire, follement enivré de quelques succès sans gloire.

La France attend tout de son héros. Le Dieu des armées secondera son bras libérateur. — Sire, les Bretons vous sont fidèles. Quelle que soit leur place, ils seront tous dignes de vous. Délivrez, sire, notre belle patrie; repoussez un ennemi dévastateur; rentrez ensuite au séjour des rois; venez recevoir nos bénédictions; ornez votre trône des bienfaits de la paix : que l'olivier consolateur ajoute un nouvel éclat aux vertus de votre auguste épouse! qu'il ombrage le berceau de *cet illustre enfant, objet de nos sollicitudes et de notre amour.* »

« Signé DUPLESSIS DE GRÉNÉDAN, capitaine. »
(*Moniteur* du 17 février 1814, n° 48.)

Nommé à la *Chambre introuvable* par les électeurs d'Ille-et-Vilaine, il se fit remarquer par l'exaltation ultrà-contre-révolutionnaire de ses principes, et demanda que le roi fût supplié d'enjoindre à tous les procureurs-généraux du royaume, préfets et fonctionnaires publics, de rechercher, faire arrêter et traduire devant les cours prévotales, tous les individus soupçonnés d'avoir favorisé, par quelque moyen que ce fût, le retour de Napoléon. Dans son aveugle prédilection pour l'ancien régime, il osa réclamer la restauration du gibet et la solidarité de la flétrissure pour les parens des condamnés. Cette proposition, malgré les dispositions bien connues de la majorité, n'eut pas de suite.

L'ordonnance de septembre le rendit à sa première obscurité, d'où il fut retiré de nouveau en 1820. Il remplit cette seconde mission législative avec la même ferveur ultrà-bourbonienne. Au mois de janvier 1822, il attaqua violemment la liberté de la presse, se plaignit de l'impunité qu'obtenaient les écrits les plus scandaleux, notamment ceux dirigés contre le roi-martyr, et finit, comme M. de Marcellus, par une touchante homélie en faveur des institutions religieuses.

Réélu en 1824, il prononça, dans la discussion sur la loi des indemnités, un discours plein d'invectives contre les acquéreurs de biens nationaux, qu'il traita de *voleurs*. « Oui, ce sont des voleurs, ajouta-t-il, et je le dirai sur les toits. » Toujours cramponné aux bancs de l'extrême droite, il a refusé de se ranger sous l'étendard du modérantisme contre-révolutionnaire déployé avec succès par Villèle.

Il a disparu de la scène politique. C'est le seul trait d'esprit de sa vie.

DUPONT (François), 

Peintre.

Henri vient annoncer son entrée dans Paris à la belle Gabrielle; Louis XIV vient chercher madame de la Vallière au couvent de Chaillot;

portraits de plusieurs personnages de la cour de Louis XVIII. (Salon de 1822.)

Délibération à la Chambre des Pairs; Discussion à la Chambre des Députés; portraits de plusieurs personnages de la cour de Charles X. (Salon de 1827.)

Hommage au roi des Français Louis-Philippe Ier. (Salon de 1831.)

Serment du Roi, le 9 août 1830. Ce tableau appartient au général Lafayette. (Exposition au profit des blessés des 27, 28 et 29 juillet 1830.)

DUPUYTREN (LE BARON GUILLAUME),

Chirugien célèbre.

Remporte à 17 ans, au concours, la place de *prosecteur* à l'école de santé de Paris, et commence l'enseignement de l'anatomie et de la physiologie à un âge où l'on est généralement encore sur les bancs du collége; nommé troisième chirurgien de l'Hôtel-Dieu en 1802; reçu docteur en chirurgie en 1803; chef des travaux anatomiques de la Faculté en 1804; chirurgien en chef adjoint de l'Hôtel-Dieu en 1808; et professeur à la Faculté de médecine en 1812. Il était déjà, en outre, membre de la Légion-d'Honneur et conseiller de l'*Université impériale.*

L'empereur de Russie, à la première restauration, le décora de l'ordre de Saint-Wladimir (*Moniteur*), et, à la seconde, il remporta, dans un concours brillant et solennel, la place de chirurgien en chef de l'Hôtel-Dieu.

Honoré de royales confiances, il fut appelé à donner ses soins au duc de Berry, assassiné dans la nuit du 13 février 1820. Devenu chirurgien de Louis XVIII, ce fut lui qui annonça aux courtisans la mort du prince auteur de la Charte *octroyée.*

La faveur dont il jouissait à la cour ne fit qu'augmenter : baron, officier de la Légion-d'Honneur, chevalier de Saint-Michel, inspecteur-général de l'Université royale, membre de l'Académie royale de Médecine, membre de l'Institut, M. Dupuytren apprécia, par-dessus tout, le titre et les fonctions de premier chirurgien de Charles X, de madame la duchesse de Berry et du duc de Bordeaux.

Présentant l'Académie de Médecine à Charles X : « Sire, lui dit-il, l'Académie royale de Médecine *bénit*, avec toute la France, les prémices de votre règne, de ce *règne de paix, de justice et de vérité,* qui formera *l'époque la plus fortunée de cette glorieuse monarchie.* » (*Moniteur.*)

La révolution de juillet n'a enlevé à M. Dupuytren que ses augustes pratiques des Tuileries. C'est beaucoup trop pour lui. En revanche, il a eu l'honneur de soigner les patriotes arrachés aux boulets royaux. Il était question de lui donner la croix de Juillet. L'a-t-il obtenue? Nous l'ignorons. Mais que dirait Charles X, dans sa retraite d'Holy-Rood?

DU ROZOIR (Charles), 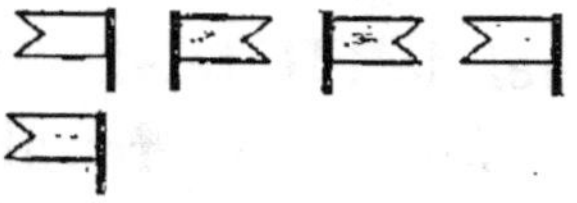

Littérateur.

Impérialiste fervent, secrétaire de M. Lacretelle, et rédacteur de la *Gazette de France* en 1811; provocateur du mouvement royaliste qui éclata le 31 mars 1814; honoré par l'empereur Alexandre de paroles de paix et de bienveillance, qu'il publie dans sa feuille; arrêté le 1er avril par des agens du gouvernement impérial; délivré par les sollicitations de MM. Lacretelle et Michaud aîné; rédacteur actif, en 1815, du *Journal Général de France*, où il insère les délibérations des deux Chambres; inscrit parmi les volontaires royaux, et suivant la maison du roi jusqu'à Beauvais; de retour à Paris, pendant les cent jours, consignant sur les registres de la préfecture son vote négatif contre l'acte additionnel; ridiculisant, dans sa feuille, la Chambre des Pairs de Napoléon, et s'égayant sur le compte du roi Joseph, de Cambacérès et de quelques ministres; publiant enfin, sans être inquiété, un livre intitulé : *le Dauphin, fils de Louis XV, père de Louis XVI et de*

Louis XVIII, ou Vie privée des Bourbons, depuis 1725 jusqu'en 1789; in-8°.

Le 7 juillet, il insère dans le *Journal Général*, comme grenadier de la garde nationale, une lettre où il invite ses camarades à se jeter dans les bras de Louis-le-Désiré. Cet article lui attire les attaques du *Nain Jaune*.

A l'apparition de la Chambre introuvable, il fut porté comme candidat pour une place vacante de secrétaire-rédacteur, et réunit le plus de suffrages après celui qui fut élu.

A cette époque, il se prononça contre les principes de la majorité, surtout à l'occasion du rapport de M. de Corbière sur la loi d'amnistie. La fureur des membres du côté droit fut extrême : plusieurs demandèrent qu'il fût exclu des séances ; quelques-uns proposèrent de l'exiler de Paris, et M. Chifflet écrivit même à M. Lainé, président de l'assemblée, pour que l'audacieux rédacteur fût mis en prison. Les pairs des cent jours étaient moins irascibles que ses anciens amis.

Il a travaillé depuis au *Messager des Chambres*, au *Journal des Maires*, à *l'Etoile*, à la *Gazette de France* et au *Moniteur*. Nommé, sous M. Decazes, examinateur des livres près la direction de la librairie, il conserva cette place jusqu'en 1819, époque de sa suppression. Il fut alors nommé professeur d'histoire au collége de Louis-le-Grand par M. Royerr Collard, et suppléant de M. Lacretelle, professeu d'histoire à la Faculté des lettres de Paris.

A l'avènement de Charles X, il publia un ouvrage intitulé : *Louis XVIII à ses derniers momens, precédé des exemples édifians de la mort des princes de la maison de Bourbon*; et le *Moniteur*, rédigé par M. du Rozoir, l'annonça en ces mots : « Les circonstances et les sentimens bien connus de M. du Rozoir ne peuvent que donner un véritable intérêt à cette production. »

Le 19 novembre 1824, le même *Moniteur*, rédigé par M. du Rozoir, annonça que l'auteur avait été admis à l'honneur de présenter son livre au nouveau roi Charles X.

Mais l'ouvrage déplut aux ministres, parce qu'on s'y élevait contre la censure établie dans les derniers jours de Louis XVIII, et qu'on y faisait l'éloge de M. de Châteaubriand. Le conseil de l'instruction publique refusa de l'adopter. La société des bons livres, moins scrupuleuse, réimprima pour son compte *les Exemples édifians*.

En juillet 1830, M. du Rozoir a été un des premiers gardes nationaux qui se soient montrés avec la cocarde tricolore. Fondateur, ou du moins membre très-actif de plusieurs sociétés populaires, on a tout lieu d'espérer qu'il aura fait passer dans sa chaire les sentimens de pur patriotisme qu'il professe dans les tribunes où il se montre avec tant d'avantage.

DUVIQUET (Pierre), 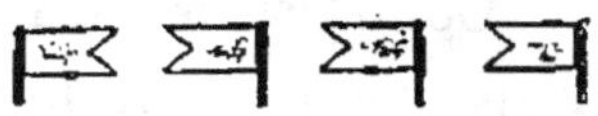

Rédacteur du *Journal des Débats.*

Compatriote des Dupin; aspirant à la prêtrise en 1787; docteur agrégé à l'Université de Paris en 1788; maître de quartier au collége Louis-le-Grand en 1789; avocat en 1790; membre du directoire du département de la Nièvre, et substitut du procureur-général en 1791; secrétaire-général de *la commission temporaire* instituée à Lyon par Collot-d'Herbois, après le siége de cette malheureuse ville; adjudant-général et accusateur militaire à Grenoble; secrétaire-général des ministères de la police et de la justice; membre du conseil des Cinq-Cents. Il demanda, dans cette assemblée, la mise en jugement de M. de Choiseul et des autres naufragés de Calais. En Tauride aussi, la coutume punissait les hommes du crime des élémens.

Il insista pour que l'on contraignît les marchands à ouvrir les boutiques les dimanches, rappelant à cette occasion que sous l'ancien régime on tenait ouvertes, ce jour-là, *celles du Palais-Royal, repaire des vices et de la prostitution.* Ceux qui l'habitent, ajoutait-il, sont-ils plus religieux que leurs prédécesseurs?

Commissaire du gouvernement au 18 brumaire, puisprocureur impérial près le tribunal de Clamecy, avocat à la cour de Cassation, professeur au lycée Napoléon, enfin, depuis les premiers mois de 1814, rédacteur du *Journal des Débats*, en remplacement de Geoffroy.

« Que manquait-il aux Français pour être libres? Un roi légitime, vertueux, prudent, ami de ses sujets, protecteur de leurs propriétés et de leurs personnes. Ce roi, après vingt-cinq années de troubles et de divisions, nous est enfin rendu. Sa vue excite en nous ces émotions vraies que la conscience de notre sécurité et de notre bonheur ne nous permet pas de renfermer en nous-mêmes. Nous le louons, nous le bénissons tout haut. Malgré mon éloignement pour les citations faciles, je ne puis m'empêcher de transcrire ce qui suit :

> Grand par tout ce que l'on admire,
> Mais plus encor, j'ose le dire,
> Par cette héroïque bonté
> Et par cet abord plein de grâce
> Qui des premiers âges retrace
> L'adorable simplicité. »

(*Journal des Débats* du 2 décembre 1814. Feuilleton.)

« Des extrémités du Kamchatka aux rives du Tage et du Douro, des bords de l'Ohio aux contrées les plus méridionales du Nouveau-Monde, l'ambiion d'un seul homme avait allumé le feu de la guerre; les générations, attaquées dans leur source, menaçaient tout l'univers d'une dépopulation générale; le sang et les larmes inondaient les quatre parties du monde; et, pour ne parler que de ce qui nous intéresse le plus, notre belle France, malheureuse par vingt années de victoires, était couverte d'étrangers qui ne respiraient que vengeance, et qui attendaient avec impatience le signal de la destruction et du ravage. » (*Journal des Débats* du 12 janvier 1815.)

« Cependant, à la troisième scène, l'empereur a paru au milieu des acclamations et des applaudissemens unanimes de l'assemblée. Les acteurs, sans attendre que le public exprimât son vœu, se sont retirés, et ont recommencé la pièce. Il est peu d'ouvrages qui, dans les conjonctures graves où nous nous trouvons, donnent lieu à des allusions plus naturelles et à des applications plus faciles; aussi toutes celles qui se sont présentées ont-elles été saisies. Je me contenterai de citer les plus remarquables. Andromaque détourne Hector d'aller combattre Achille :

HECTOR.

Je ne suis point à moi, je suis à la patrie.

ANDROMAQUE.

Mais ton Astyanax a des droits à la vie.

HECTOR.

Il en aura peut-être à l'immortalité,
S'il imite son père. »

(*Journal des Débats*, feuilleton, avril 1815.)

Quelques jours après, M. Duviquet signe l'acte additionnel.

Louis XVIII revient : M. Duviquet fait des articles en faveur de Louis XVIII ; il en fait pour Monsieur, pour le duc et la duchesse d'Angoulême, pour le duc et la duchesse de Berry, pour Henri V et sa sœur.

Louis XVIII meurt, M. Duviquet fait des articles en faveur de Charles X.

Charles X est renversé du trône, M. Duviquet fait des articles pour le lieutenant-général, puis pour Louis-Philippe, pour la reine, pour leur nombreuse famille.

Nous ne comprenons pas dans cette nomenclature les innombrables ministres de la restauration pour ou contre qui M. Duviquet a tourné. C'est le doyen du feuilleton et le patriarche des girouettes.

EMPIS (Adolphe), 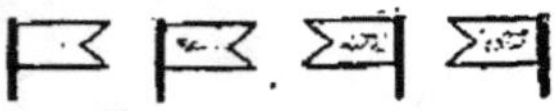

Auteur dramatique.

Secrétaire des bibliothèques du roi Louis XVIII ;

Vérificateur du service des gouvernemens des maisons royales, sous Charles X ;

Chef de la première division du ministère de la maison du roi, sous le même ;

Auteur, avec son collègue M. Mennechet, de *Vendôme en Espagne*, pièce à allusions royalistes;

Décoré de l'ordre royal de la Légion-d'Honneur.

Nommé, le 1er août 1830, par arrêté de M. le baron Louis, un des commissaires généraux chargés de l'administration de la liste civile.

Secrétaire-général de l'ancienne intendance-générale, en 1831.

ETIENNE (Charles-Guillaume), 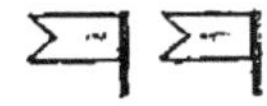

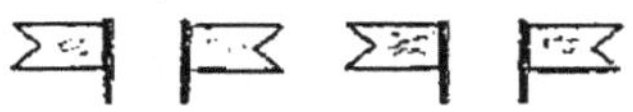

Homme de lettres.

Journaliste; auteur dramatique; secrétaire de M. le duc de Bassano, ministre des relations extérieures de Napoléon; chargé de la police générale des journaux, office dont il s'acquitte à la satisfaction du maître.

Dès 1806, il avait fait représenter *le Nouveau Réveil d'Épiménide*, pièce remplie d'allusions flatteuses pour l'empereur; en 1810, il fit insérer dans le *Moniteur* une pièce de vers non moins louangeuse, intitulée *le Choix d'Alcide*. Bientôt il fut reçu à l'Institut (*Littérature*); et son discours de réception épuise toutes les formules de l'adulation pour le héros du jour.

Parmi les pièces qui furent jouées à la naissance du roi de Rome, on remarqua *la Fête du Village*, divertissement en un acte, représenté au théâtre de l'Opéra-Comique : les paroles étaient de M. Etienne. Le public fit répéter presque tous les couplets du vaudeville et de la ronde qui termine cette jolie pièce, particulièrement les suivans :

Ah ! bientôt son illustre père
Sera son guide et son appui.
Déjà des peuples de la terre
Tous les yeux sont fixés sur lui.
Jamais pour un fils de la France
Fut-il un avenir plus beau?
L'amour, la gloire et l'espérance
Veillent autour de son berceau.

Les peuples portent leurs hommages
Au jeune héritier des Césars.
Déjà, comme les anciens Mages,
Les rois viennent de toutes parts;
Ils désirent de sa naissance
Contempler l'auguste tableau,
Et c'est l'étoile de la France
Qui les guide vers son berceau.

L'Oriflamme, grand opéra, représenté à l'Académie impériale de musique, dans le but d'appeler la France aux armes contre l'invasion étrangère.

A la première restauration, M. Etienne perdit toutes ses places.

Le retour de Napoléon les lui rendit ; il fut, de

plus, nommé chevalier de la Légion-d'Honneur, et eut, comme président de l'Institut, le bonheur de complimenter Napoléon sur son retour de l'île d'Elbe : « Sire, lui dit-il, les sciences que vous cultivez, les lettres que vous encouragiez, les arts que vous protégiez, ont été en deuil depuis votre départ. Une dynastie, abandonnée par le peuple français il y a plus de vingt ans, s'est éloignée devant le monarque que le vœu du peuple français avait appelé au trône par la toute-puissance de ses suffrages treize fois réitérés. » (*Moniteur.*)

M. Etienne prétend que *ce discours n'est pas d'un courtisan.* (Biographie Jay, Jouy, Arnault, etc.) Qui dira le contraire?

Exclu de l'Académie, à la seconde restauration, par ordonnance contre-signée Vaublanc, M. Etienne se jeta dans l'opposition ; il fut l'un des collaborateurs de *la Minerve*, où l'on remarqua ses *Lettres sur Paris*, et l'un des rédacteurs du *Constitutionnel*, dont il a, à diverses époques, puissamment influencé la rédaction.

Député de la Meuse en 1821, il alla s'asseoir à gauche, et saisit toutes les occasions de repousser les mesures attentatoires à la liberté et à l'honneur de la France, proposées par les divers ministères qui se succédèrent jusqu'en 1823.

Réélu en 1827, il coopéra de tout son pouvoir à cette fusion des partis qui soutint le ministère Martignac, et abâtardit les lois votées dans les sessions de 1828 et 1829. Il tonna contre *les hommes qu'im-*

portune le spectacle de l'affermissement du trône (de Charles X), *ces hommes qui expriment de fausses alarmes pour en causer de réelles, qui ne savent se venger de l'union, qui les désespère, qu'en rêvant le trouble et qu'en prophétisant le désordre; de ces amis ingrats de la royauté* (de Charles X) *qui ne savent que lui rendre en inquiétudes ce qu'elle ne se lasse pas de leur prodiguer en bienfaits.*

M. Etienne était un des membres de la commission de l'adresse, en 1826. Il passe pour avoir été le rédacteur de cette pièce obséquieuse, qui commença la session de 1829, et préluda à l'acte des 221. Enfin, il fut réélu membre de l'Académie Française en avril 1829, renonçant ainsi à faire valoir le principe qui devait, non l'y *renommer*, mais l'y *réintégrer*.

Arrivé à Meaux le mercredi 28 juillet 1830, dans la soirée, il y resta jusqu'au vendredi 30, à quatre heures de l'après-midi. Les instances de plusieurs citoyens ne purent le déterminer à se rendre à son poste. En vain lui conseilla-t-on d'aller seulement jusqu'à Bondy, pour être plus à portée de prendre part aux travaux de ses collègues, dont il connaissait les premières réunions; il fallut l'arrivée de deux jeunes gens, annonçant l'heureuse issue de la lutte du jeudi et la retraite des troupes de Charles X, pour le décider, le vendredi matin, à partir pour Paris. Il avait eu soin de mettre dans son portefeuille la cocarde tricolore que lui avait donné un de ces jeunes gens.

Arrivé à Paris, il ne perdit pas de temps : il figure, dans le *Moniteur* du 1er août, comme signataire de l'adresse au peuple. Le 17 janvier 1831, il propose et fait adopter l'ordre du jour sur la pétition d'un habitant de Mons, qui demande la réunion de la Belgique à la France. Dans la session actuelle, il a rédigé l'adresse, plus sonore que populaire, que vient d'adopter une *inconcevable* majorité. Membre du conseil-général du département de la Meuse, il a siégé à la deuxième section de gauche, entre MM. Anisson-Duperron et Mathieu Dumas, et voté souvent avec les centres. Son fils a été nommé conseiller référendaire à la cour des Comptes. Lui-même a été *renommé* chevalier de la Légion-d'Honneur, abandonnant ainsi de rechef, pour la croix, le principe qu'il avait abjuré pour le fauteuil académique. Ses parens, ses amis ont été pourvus par ses soins, surtout dans la Meuse, où la plupart des nominations actuelles lui sont dues.

Comme en 1829, sous Charles X, il tonne, en 1831, sous Louis-Philippe, *contre ces hommes qu'importune le spectacle de l'affermissement du trône, et qui expriment de fausses alarmes pour en causer de réelles.*

Depuis long-temps il est désigné comme pair en expectative. (Notes de la société *Aide-toi, le ciel t'aidera.*)

EXCELMANS (Remi-Joseph-Isidore),

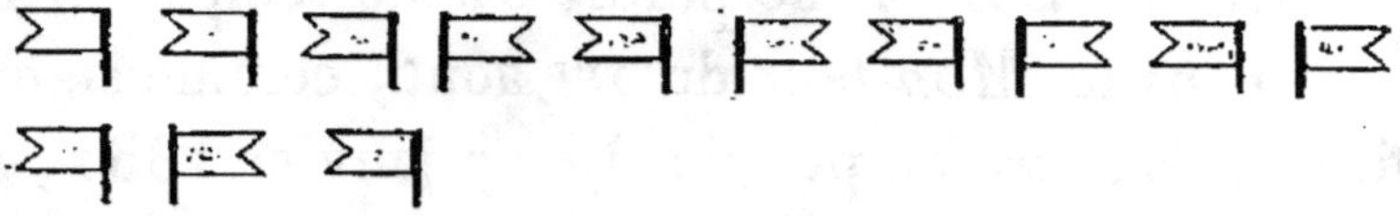

Général.

Aide-de-camp des généraux Eblé, Broussier et Murat, depuis 1798 jusqu'en 1805; chargé de présenter à l'empereur les nombreux drapeaux pris à l'ennemi : « Je sais qu'on ne peut être plus brave que vous, lui dit Napoléon, » et il le fit officier de la Légion-d'Honneur. Nommé colonel du premier régiment de chasseurs, général de brigade, emmené prisonnier en Angleterre, rentré en France en 1811, prenant du service à Naples, auprès de Joachim Murat, qui le fait son grand-écuyer; le quittant pour servir de nouveau sa patrie; général de division pendant la guerre de Russie; comte d'empire, grand-officier de la Légion-d'Honneur.

Employé dans son grade après la première révolution, nommé chevalier de Saint-Louis, on intercepta une correspondance qu'il entretenait avec le roi Murat; l'ordre fut donné de l'arrêter, et il se livra lui-même. Mais bientôt il s'évada de la maison où il était détenu par la gendarmerie, prenant toutefois l'engagement par écrit de se constituer prisonnier aussitôt qu'il serait cité légalement devant un tribunal compétent pour le juger : il remplit sa promesse, et, le 14 janvier 1815, il se rendit volontairement à Lille, où le conseil de guerre devait s'assembler, écrivant au comte d'Erlon, président, *qu'il était trop assuré de la pureté de ses intentions pour en craindre les suites sous un prince dont il admira toujours la justice.*

«Extrait du rapport fait au roi par le ministre de la guerre, le 29 décembre dernier :

« Les faits dont M. le général Excelmans s'est rendu coupable sont infiniment graves. 1°. Il a entretenu une correspondance avec l'ennemi, pendant qu'il était employé en qualité d'inspecteur-général des troupes de cavalerie de la première division militaire; 2° il a commis un acte d'espionnage, en écrivant à Joachim que des milliers de braves officiers, instruits à son école, seraient accourus à sa voix, si les choses n'eussent pas pris une tournure aussi favorable pour lui; 3° il a écrit des choses offensantes pour la personne et la puissance de V. M.; 4° il a désobéi aux ordres que le ministre de la guerre lui a donnés de la part de V. M.; 5° enfin, il a violé le serment qu'il a prêté, en recevant l'ordre royal et militaire de Saint-Louis.

» Sur le troisième chef d'accusation, le général Excelmans a répondu que *le profond respect qu'il avait pour la personne du roi était une garantie suffisante qu'il n'avait rien écrit d'offensant pour elle.*

» Le 23 janvier, le conseil de guerre acquitta

M. le lieutenant-général Excelmans à l'unanimité. Acquitté et libre, il profita des premiers momens de sa liberté *pour se présenter au pied du trône, pour remercier sa majesté de lui avoir fait rendre justice, et pour lui jurer* UNE FIDÉLITÉ A TOUTE ÉPREUVE. » (*Journal des Débats* du 28 janvier 1815.)

Deux mois après, il se joint aux officiers à demi-solde, qui revenaient de Saint-Denis, pour *aller jurer à l'empereur* UNE FIDÉLITÉ A TOUTE ÉPREUVE. (*Journal de l'Empire* du 23 et du 26 mars.)

Nommé d'abord commandant en chef du deuxième corps de cavalerie, il fut appelé, le 2 juin, à la Chambre des Pairs. Retiré à Clermont-Ferrand, après la désastreuse journée de Waterloo, il envoie sa soumission au roi, qui venait de rentrer à Paris. Mais Louis XVIII, qui était rancuneux, comprit Excelmans dans l'ordonnance du 24 juillet 1815, et l'exila de sa patrie.

Il y rentra plus tard, quand les mesures prises contre les 38 individus exilés de France sans jugement eurent été adoucies.

Lieutenant-général en disponibilité au commencement de 1826, il fut remis en activité par la haute protection de l'excellente duchesse d'Angoulême, qui bientôt, ainsi que son illustre époux, honora la famille Excelmans de toute sa bienveillance. Il était auprès de ces princes adorés, quand la révolution de juillet éclata.

La victoire s'étant déclarée pour le peuple, le

lieutenant-général Excelmans est venu offrir ses services au gouvernement sorti des barricades. Louis-Philippe non-seulement l'a fait maintenir sur les cadres d'activité de l'armée, mais encore il a obtenu pour lui une des quinze grand'croix de la Légion-d'Honneur qui ont été distribuées depuis juillet. Il fait bon d'avoir des amis partout.

F

FABVIER (Charles-Nicolas),

Général.

Elève de l'Ecole Polytechnique, officier dans le premier régiment d'artillerie, en 1804; décoré de la Légion-d'Honneur; adressé par l'empereur au sultan Sélim pour l'aider à défendre sa capitale contre les Anglais; se rendant en Perse pour y fonder un arsenal; décoré par le schah de l'ordre du Soleil; volontaire à l'armée polonaise sous Poniatowski; capitaine dans la garde impériale; aide-de-camp de Raguse; officier de la Légion-d'Honneur, colonel d'état-major, baron de l'empire; *signant, en 1814, la malheureuse capitulation de Paris, au nom du maréchal Marmont.*

Il adhéra à la première restauration, en reçut la croix de Saint-Louis, et, lors du retour de Napoléon de l'île d'Elbe, il fit partie, comme volontaire, des corps de partisans qui se levèrent pour défendre la frontière envahie par l'ennemi.

Réintégré dans son grade de colonel à la seconde restauration, commandant de la Légion-d'Honneur, il accompagna Raguse à Lyon, en qualité de chef d'état-major. On connaît les massacres judiciaires de cette patriotique cité. Raguse, à son retour à Paris, fut cruellement attaqué pour avoir arrêté le mal. Fabvier entreprit sa défense; Canuel, qui se trouvait maltraité dans sa brochure, l'assigna devant le tribunal de première instance, qui mit les parties hors de cause. Il en appela alors en cour royale, et, là, Fabvier fut condamné, puis mis en réforme, et, quelque temps après, en disponibilité.

Il se livrait au commerce, lorsqu'il fut arrêté, avec plusieurs anciens officiers, comme prévenu d'avoir pris part aux troubles d'août 1820, mais bientôt remis en liberté, faute de charges. Témoin dans cette même affaire, il dit au procureur-général Peyronnet, depuis ministre : « Si j'étais appelé, avec des troupes sous mes ordres, pour dissiper un attroupement, j'emploierais tous les moyens possibles pour dissoudre les groupes, la douceur, la persuasion, la menace, et même la force de mes bras; mais, après avoir épuisé toutes ces voies, s'il fallait faire feu sur le peuple, je briserais mon épée, et donnerais ma démission. »

Accusé de nouveau, en 1822, d'avoir tenté de favoriser l'évasion des quatre jeunes sous-officiers de La Rochelle, il fut acquitté, passa à Londres, de là en Espagne, où, réunissant quelques Français sous le drapeau tricolore, il essaya, mais en vain, d'arrêter, sur les bords de la Bidassoa, le drapeau blanc du duc d'Angoulême. Il courut alors offrir son épée à la Grèce, devint général des Hellènes, et remporta à leur tête plusieurs victoires mémorables. Rentré en France, il a, depuis la révolution de juillet, été promu au grade de maréchal-de-camp, et investi du commandement de la place de Paris et du département de la Seine, qu'il a remis au général Darriule. Il préside la commission des récompenses nationales.

FAVARD DE LANGLADE (Guillaume-Jean),

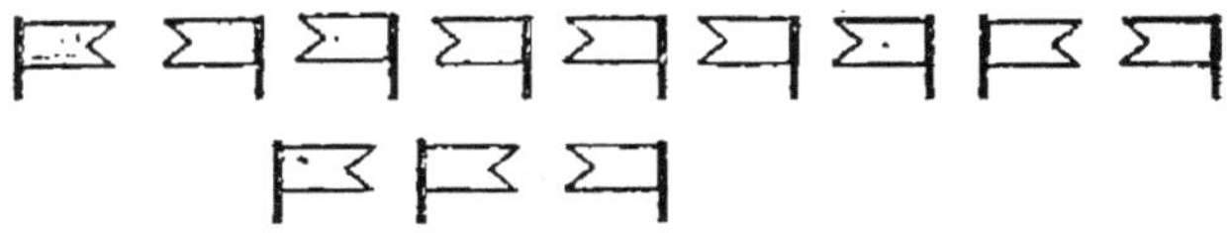

Baron héréditaire.

Avocat au parlement de Paris avant la révolution; commissaire national près le tribunal d'Issoire, en 92; membre du conseil des Cinq-Cents, en 95; zélé partisan de la révolution du 18 brumaire; tribun en 1800; procureur-général à Riom en 1803; chevalier de la Légion-d'Honneur en 1804. Le premier consul, mécontent du Tribunat, réduit ce corps de moitié ; M. Favard y reste, et vote l'établissement de la puissance impériale. Chargé, en 1805, d'aller à son quatier-général féliciter Napoléon sur le gain de la bataille d'Austerlitz, il exprime, à son retour à Paris, *le vœu de donner au héros un témoignage d'admiration, d'amour et de reconnaissance, immortel comme sa gloire.* Il demande, 1° « que, sur une des principales places de la capitale, il soit érigé une colonne surmontée de la statue de l'empereur, avec cette inscription : *à Napoléon-le-Grand la patrie reconnaissante.* La place recevra le nom de *Napoléon-le-Grand* ; 2° qu'il soit élevé un édifice où soient réunis les chefs-d'œuvre des arts destinés à conserver la gloire de Napoléon et des armées françaises ; que, dans ce monument, soit déposée, avec l'appareil le plus pompeux, pour y rester pendant la paix, l'épée que l'empereur portait à Austerlitz, et qu'elle en soit retirée avec la même pompe, si la guerre impose la nécessité d'en faire usage ; que, dans ce même lieu, soient distribués les grands prix que S. M. doit donner, de sa propre main, aux productions du génie et de l'industrie nationale, et que, chaque année, l'anniversaire de la naissance de Napoléon soit célébré par une fête nationale dont l'éclat soit digne *d'un monarque si cher à son peuple.* »

Napoléon, reconnaissant, le nomma successivement baron d'empire, conseiller à la cour de Cassation et maître des requêtes. Il siégea au Corps-Législatif de 1808 à 1812.

En 1814, il fit partie de la députation de la cour de Cassation qui fut admise à l'audience de Louis XVIII, à Saint-Ouen (*Moniteur* du 4 mai), et il appartint à la commission nommée par ce monarque pour examiner les demandes en restitution de biens nationaux non vendus.

Durant les cent-jours, il signa l'adresse que la cour de Cassation présenta à l'empereur, dans laquelle « elle le saluait comme le seul, véritable et légitime souverain de l'empire, *le conjurant d'oublier à jamais ces jours d'un interrègne préparé par la trahison, établi par la force étrangère, et que la nation ne put alors que subir.* » (Moniteur.)

Il fut appelé à la Chambre des Représentans par le Puy-de-Dôme, et but, *au prompt retour de Marie-Louise*, dans le banquet donné, à Paris, par les électeurs de ce département.

A la seconde restauration, il signa, avec une égale facilité, une nouvelle adresse au roi, dans laquelle « *on le conjurait d'ensevelir dans un éternel oubli ces événemens affreux qui, en l'arrachant des bras de ses sujets désolés, avaient ramené le plus audacieux despotisme*. Sa bonté, lui disait-on, avait fait revivre les plus beaux jours de Louis XII et de Henri IV. » (*Ibidem.*)

Il fut nommé membre de la commission d'épuration créé, par ordonnance de 1815 conseiller-d'état;

autorisé, par ordonnance, à transmettre à son gendre le titre personnel de baron, qu'il avait reçu de l'empereur; officier de la Légion-d'Honneur; commandeur, président de chambre à la cour de Cassation.

Il a pris part, de son vote, à toutes les lois désastreuses que la restauration nous a infligées pendant quinze ans: lois contre la liberté individuelle, contre la presse, contre les élections, lois d'indemnité, de sacrilége, il a tout voté d'enthousiasme.

Depuis juillet, il n'a pris la parole que sur la loi contre les attroupemens, et a voté pour le projet tout draconien du gouvernement. Vieille girouette qui n'est pas rouillée!

FÉRUSSAC (André-Etienne-Just-Pascal-Joseph-François-d'Adebart, baron de)

Le protégé du Dauphin.

Vélite de la garde impériale; sous-lieutenant dans le 103e régiment; aide-de-camp du général Darricaud; obligé de prendre sa retraite, par suite d'une blessure, au moment où il venait d'être nommé capitaine ; sous-préfet d'Oleron, dans les Basses-Pyrénées à l'âge de vingt-six ans.

Il accourt à Bordeaux lors de la déchéance de l'empereur, et le duc d'Angoulême le renvoie à sa sous-préfecture. Il perd cette place ; le duc d'Angoulême, pour dédommagement, lui fait obtenir le grade de chef de bataillon, l'attache à l'état-major de la garde nationale parisienne, et le décore de la croix de la Légion-d'Honneur.

Pendant les cent jours, il est nommé par Carnot à la sous-préfecture de Bazas, puis à celle de Compiègne.

Les Bourbons reviennent ; M. de Férussac est sous-chef d'état-major, ensuite chef d'état-major de la 2e division militaire, chef de bataillon, chargé de l'organisation de l'école d'état-major, professeur de géographie et de statistique militaire à cette école, chevalier de Saint-Louis, lieutenant-colonel attaché au dépôt de la guerre, chef de bureau de statistique étrangère, membre de plus de quarante sociétés ou académies françaises ou étrangères.

En 1817, il publie un ouvrage d'histoire sous la protection du duc d'Angoulême ; le 5 juillet de la même année, il est admis à placer sous les yeux de Louis XVIII les dessins originaux de son *Histoire naturelle* ; en 1822, le même Louis XVIII lui accorde un exemplaire de la *Description de l'Égypte ;* peu après, il présente à la dite majesté les premiers numéros de son *Bulletin des Sciences ;* en 1824, il présente au dauphin les statuts de la société pour la propagation des connaissances scientifiques et industrielles; en 1820, il manifeste, au nom des membres de la société anonyme du Bulletin universel, l'expression de leur gratitude pour la protection accordée à cette société par le dauphin; puis il présente à Charles X les statuts de cette société.

Après la grande révolution des barricades, il vient, dès les premiers jours d'août, offrir le titre de protecteur de la société, laissé vacant par la fuite précipitée du dauphin, au roi Louis-Philippe, à qui il adresse à cette occasion le discours le plus patriotique. *(Moniteur.)*

Élu député par l'arrondissement de Moissac, il a siégé à la 2e section de gauche, et soutenu le cautionnement des journaux.

FIÉVÉE (J.), 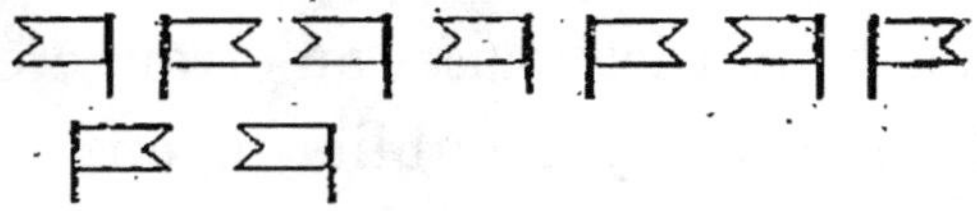

Ecrivain politique.

Compagnon d'imprimerie; rédacteur, avec Condorcet, de la *Chronique révolutionnaire de Paris*; auteur de la comédie *des Rigueurs du Cloître*, et de cette épitaphe :

Si de la liberté tu méconnais l'empire,
Si ton cœur ne s'émeut en voyant ce tombeau,
Eloigne-toi, profane : un seul mot doit suffire :
Ici repose Mirabeau.

Bientôt il renonça aux principes de la révolution, et se rangea parmi ses ennemis. Doué de toutes les qualités qui constituent l'orateur, il acquit une grande influence dans les assemblées sectionnaires qui luttèrent avec tant d'énergie contre la Convention nationale; et occupa le fauteuil dans les momens les plus orageux. Persécuté par le parti triomphant, il resta néanmoins à Paris, et continua, sous le Directoire, sa *Gazette Française*, toute en faveur des Bourbons. Proscrit de nouveau au 18 fructidor par le décret de déportation rendu contre les journalistes, il parvint à se soustraire à son exécution, vit intercepter deux lettres qu'il écrivait à des agens royalistes, fut arrêté et enfermé près d'un an au Temple.

Le premier consul lui rendit la liberté et l'envoya en Angleterre remplir une mission délicate; au retour, il devint censeur et propriétaire du *Journal de l'Empire*, obtint l'emploi de maître des requêtes et la croix de la Légion-d'Honneur, et fut envoyé en mission secrète à Hambourg; peu après son retour, il reçut sa nomination à la préfecture de la Nièvre.

Il y était depuis un an, quand les Bourbons arrivèrent; il les salua par une proclamation, dont voici quelques passages : « L'armée et le peuple n'ont qu'un vœu hautement exprimé, celui de revenir à nos rois, véritables pères qui savent ménager et le sang des français et leur fortune, jusqu'alors si cruellement prodigués...... La nation doit beaucoup à la générosité des puissances étrangères; elle s'acquittera.... Au commencement de notre révolution, nous cherchions la liberté; nous n'avions trouvé que désordre, malheur, esclavage, parce que nous voulions la liberté avec excès. Depuis, nous avons cherché la gloire, et, par de nouveaux excès, nous avons risqué notre existence politique. Aujourd'hui nous voulons du repos, et nous le cherchons sous la protection de nos rois légitimes; nous le trouverons, parce qu'avec eux reviendront les sentimens affectueux, le respect pour la religion et pour les idées morales. (*Journal des Débats*, 14 *avril* 1814.)

M. Fiévée perdit sa préfecture le 22 mars 1815. Depuis lors il n'a point rempli de fonctions publiques. Rédacteur du *Conservateur* ou des *Débats*, auteur de nombreuses brochures politiques, il a attaqué sans relâche, et avec le talent le plus souple, les différens ministères qui se sont succédés depuis la restauration; il ne paraît pas disposé à mieux traiter ceux de la révolution; et l'hérédité de la pairie et la liste civile trouvent déjà en lui un bien rude adversaire.

FITZ-JAMES (Edouard duc de),

Pair de France.

Arrière-petit-fils du duc de Berwick, fis naturel de Jacques II; descendant ainsi des Stuarts en ligne indirecte; émigré dès le commencement de la révolution; officier dans l'armée de Condé.

Sous le consulat, il sollicite et obtient sa radiation de la liste des émigrés, rentre en France et devient modeste caporal dans la 1re légion de la garde nationale de Paris, cocarde tricolore au chapeau.

Le 30 mars 1814, jour de la bataille de Paris, cette légion ayant reçu l'ordre de se porter hors barrières, M. Fitz-James sortit des rangs, monta sur une butte et s'écria : « Camarades, notre devoir est de désobéir; la sûreté des habitans de Paris est compromise si nous faisons un pas en avant; c'est une extravagance de penser que quelques milliers de bourgeois mal armés, soient capables d'arrêter ceux devant qui la plus brave armée du monde est obligée de reculer. Paris étant pris de vive force, rien ne pourra soustraire les femmes et les enfans à la fureur d'une soldatesque irritée? Désobéissons! »

Cette harangue prouva à quelques gardes nationaux, déjà convaincus, qu'il ne fallait pas combattre;

mais tous ne se rangèrent pas à d'aussi prudens avis. Un autre Fitz-James, allié à cette illustre famille comme elle l'est elle-même aux Stuarts, et dont tout Paris avait applaudi les scènes de ventriloquie, combattit aux premiers rangs des grenadiers de la garde nationale, et mourut pour sa patrie.

Le lendemain, la capitulation de Paris fut signée, et le duc de Fitz-James, réuni a quelques jeunes nobles, arbora la cocarde blanche et parcourut Paris en criant *vive le roi* ! Cet acte de dévoûment lui valut les titres d'aide-de-camp et de premier gentilhomme de MONSIEUR (Charles X). Dans les cent-jours il suivit ce prince à Gand, et revint avec lui dans les bagages de l'ennemi. Elevé par Louis XVIII à la dignité de pair, il se signala d'abord par l'acharnement avec lequel il réclama la condamnation du maréchal Ney; ce fut lui aussi qui apporta aux Tuileries, dans la nuit du 6 décembre 1815, la nouvelle de cette horrible sentence, qui fut exécutée dès le point du jour.

Nommé, quelques mois après, commandant de la garde nationale à cheval, l'ex-caporal de la garde nationale à pied ne parla pas, cette fois, de battre en retraite : « Messieurs, dit-il, au contraire, je vous en préviens, si les circonstances l'exigeaient, si les factions soulevaient encore la tête, si un usurpateur, quel qu'il fût, venait nous livrer encore à l'étranger, (et cette fois ce serait pour toujours) c'est au plus fort du danger que je vons conduirais, pour faire de mon corps un rempart à la France, à notre roi et à nos adorables princes. »

M. de Fitz-James se jeta dans l'opposition, lorsque le ministère sembla marcher dans les voies constitutionnelles; il s'opposa fortement à la loi d'élection de 1817; il s'éleva souvent avec énergie, et quelquefois avec éloquence, contre les lois d'exception qu'il avait approuvées en 1814 et qu'il approuva depuis. Mais bientôt, comme las de sa course, il réclama, l'un des premiers, la restitution des biens du clergé, et des indemnités pour l'émigration.

Tant que Villèle resta au ministère, Fitz-James vota dans le sens du pouvoir, soutenant la loi du sacrilége, la loi d'indemnité, le droit d'aînesse; ce fut bien pis encore sous le ministère Polignac: il n'est pas de lois désastreuses de cette fatale époque, qui n'aient été fortement appuyées et soutenues par lui.

Il a prêté serment au roi tricolore de juillet, et, devenu subitement *ultra-libéral*, à la façon de la *Quotidienne* et de la *Gazette*, il réclame sans relâche la liberté des cultes et de l'enseignement, et la convocation des assemblées primaires, seule ancre de salut pour la France!

FRANCONI (les),

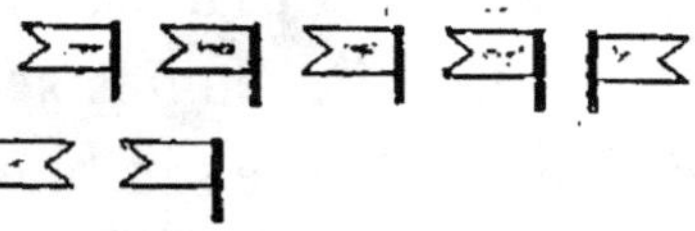

Célèbres Écuyers, fondateurs du Cirque-Olympique.

En 1793, le grand-père d'Adolphe Franconi s'élança, avec sa troupe et ses chevaux, sur *le Théâtre National*, vis-à-vis la Bibliothèque nationale, pour célébrer la *Constitution à Constantinople*, pièce d'un républicanisme tout de circonstance.

En 1796 et 1797, il exécuta des tournois et des combats républicains dans les pantomimes du théâtre de la Cité.

En 1802, il transporta son établissement à l'ancien jardin du couvent des Capucines, et y monta plusieurs pièces patriotiques, d'abord en l'honneur du premier consul, puis à la gloire de l'empereur.

En 1807, l'établissement fut transféré rue du Mont-Thabord, et les deux fils du fondateur, MM. Laurent et Henri, prirent les rênes de l'entreprise.

On y célébra le mariage de Marie-Louise, la naissance du roi de Rome, la défense du territoire contre les armées alliées, l'arrivée des Bourbons, le retour de l'empereur, la glorieuse équipée de Gand.

En 1817, nouveau trajet au faubourg du Temple : nouveaux hommages au pouvoir existant, poudre brûlée en l'honneur du conquérant du Trocadéro, le pont de Logrogno, l'entrée dans Madrid, la prise de Cadix.

En 1826, un incendie consume le Théâtre. Laurent Franconi se retire, Henri le suit bientôt; son fils Adolphe, qui, depuis son enfance, s'était illustré au Mont-Thabor et au faubourg du Temple, dans les combats de l'empire, des cent-jours et des deux restaurations, Adolphe Franconi prend la direction spéciale de l'entreprise : et un nouveau théâtre, plus beau que tous les précédens, s'ouvre, le 31 mars 1827 sur le boulevart du Temple.

Là l'histoire militaire de France a trouvé sa continuation : Adolphe a renouvelé ses prodiges en Grèce et à Alger; là l'annonce de nos triomphes d'Afrique a été pompeusement jetée au peuple, et la salle a retenti (dit le *Moniteur*), des cris de *vive le roi!* (Charles X) *vivent les Bourbons, vive notre brave armée!*

Souvent nos habiles écuyers remontaient encore dans le passé, et reproduisaient avec assez de bonheur les victoires du consulat et de l'empire; mais défense leur était faite de dérouler la cocarde et le drapeau de l'époque : il fallait s'en tenir à la couleur sans tache, ou ne rien arborer du tout. La révolution de juillet est venue fort heureusement les arracher à cette cruelle gêne. Le drapeau tricolore a reparu (dans le Cirque) à la Prise de la Bastille, au passage du mont Saint-Bernard, sur tous les camps de l'empereur. Une représentation extraordinaire a été donnée au profit des blessés, des veuves, des orphelins des trois journées, et MM. les ducs d'Orléans et de Nemours l'ont honorée de leur présence.

FRAYSSINOUS (Denis), 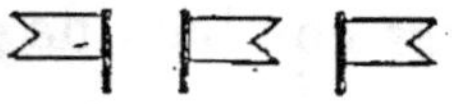
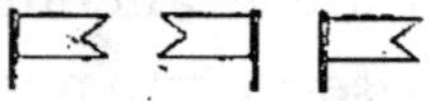

Evêque *in partibus* d'Hermopolis.

Il passa dans la retraite les temps orageux de la révolution. Lorsque le concordat eut rendu quelque influence au clergé catholique, il commença dans l'église des Carmes ses conférences sur l'évidence du christianisme. Fontanes, son ami, l'appela au conseil de l'Université, comme membre de la Faculté de Théologie. Il continua ces conférences dans l'église de Saint-Sulpice et attaqua violemment les opinions régnantes. Cependant l'orateur sacré céda à l'influence de l'époque, et rendit grâce à Dieu d'avoir suscité une main puissante pour relever ses autels. Il devint chanoine honoraire de Notre-Dame, et inspecteur général de l'Université impériale; mais ses conférences furent fermées, et il cria à la persécution.

A l'arrivée des Bourbons, il fut nommé prédicateur du roi, censeur royal (*ordonnance du roi* du 24 oc-

24

tobre 1814), inspecteur général des études. (*Ordonnance du roi* du 17 février 1815.)

Nous ne trouvons pas vestige de lui pendant les cent-jours; mais, à la seconde restauration, il recommence ses conférences politico-religieuses, devient l'apôtre le plus ardent du royalisme, et lance quelques traits peu chrétiens contre le gouvernement qui l'avait comblé de bienfaits. Aussi, faveurs de pleuvoir sur lui en plus grande abondance. Il devient membre de la commission d'instruction publique, évêque d'Hermopolis, grand-maître de l'Université, membre de l'Académie française, pair de France, comte, ministre des affaires ecclésiastiques. Il prononce, à Saint-Denis, l'oraison funèbre de Louis dix-huit, dans laquelle le mot de Charte constitutionnelle n'est pas même écrit une fois; il avoue à la Chambre des députés l'existence des jésuites, et ne se déclare pas contre cette association, dont cependant il soutient ne point faire partie.

Renversé par le ministère Martignac, il lutte contre l'abbé Feutrier, son successeur, et combat le gouvernement, en s'appuyant sur Charles X lui-même, dont il est le premier aumônier. Le ministère Polignac arrive, l'évêque d'Hermopolis n'y est point appelé, et son opposition continue. Qu'on juge en ce moment de son apogée! La vue du drapeau tricolore est un martyre continuel pour l'ancien panégyriste de Napoléon. Plaignez le pauvre homme!

G

GARDE NATIONALE DE PARIS, ⚑
⚑ ⚑ ⚑ ⚑ ⚑ ⚑ ⚑ ⚑ ⚑ ⚑
⚑ ⚑

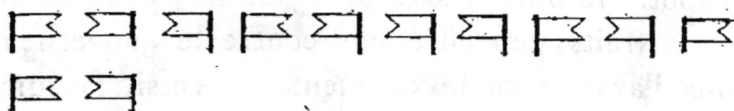

En 1791, Lafayette ayant donné sa démission de commandant général, elle lui décerne une médaille et une épée.

Dans la fameuse journée du 10 août, la garde nationale sauve la vie à Louis XVI et à sa famille.

En 1793, elle forme la haie quand on conduit l'ex-roi à l'échafaud.

Elle coopère, le 9 thermidor, à la chute de Robespierre.

En 1795, elle marche contre la Convention; elle est vaincue, et plusieurs bataillons de grenadiers et de chasseurs sont désarmés.

Le Directoire la réorganise en 1799, et Napoléon en 1805.

Mise en activité de la garde nationale de notre bonne ville de Paris, le 8 janvier 1814; l'empereur la commande en chef. (*Moniteur.*)

Les officiers de la garde nationale, présentés le 16 janvier 1814 par S. A. R. le prince vice-connétable, prêtent serment de fidélité entre les mains de

S. M. l'empereur, en présence de l'impératrice et du roi de Rome. (*Moniteur.*)

Le 26 janvier 1814, adresse des mêmes officiers à S. M. l'impératrice, en la suppliant de vouloir bien faire parvenir l'expression de leurs sentimens aux pieds de son auguste époux : (*Ibidem.*)

« Sire, fiers du dépôt auguste que vous remettez à notre foi, les habitans de toutes les classes composant la garde nationale de votre bonne ville de Paris, animés du même esprit, pénétrés des mêmes sentimens, défendront votre capitale contre les étrangers, et votre trône contre tous les efforts de tous les genres d'ennemis. Ils sont prêts à former un rempart de leurs corps autour de ce trône où le libre choix de la nation a placé V. M. et sa dynastie, à la durée de laquelle sont attachés la gloire, le salut et le repos de la France.... » (*Suivent les signatures.*)

« L'état-major, les chefs de légion et de bataillon de la garde nationale de Paris ont eu l'honneur d'être présentés à S. M. l'empereur de Russie, le 2 avril au soir. » (*Journal des Débats*, 3 avril 1814.)

Adresse de la garde nationale au gouvernement provisoire. — « Le sénat et le gouvernement provisoire viennent de couronner leur généreuse entreprise, en proclamant ce prince dont l'antique race fut, pendant huit cents ans, l'honneur de notre pays. Un peuple magnanime, que des malheurs inouïs n'ont pu abattre, va recouvrer les droits que le despotisme n'avait pu lui faire oublier. La garde nationale n'aspire qu'à donner à la France entière l'exemple du dévoûment pour ses princes et de l'amour de son pays. » (*Même journal*, 10 avril.)

« Le 10 avril, la garde nationale a arboré la cocarde blanche, en présence des souverains alliés, et au milieu de l'éclatant hommage des sentimens que leur présence inspire; elle en conservera un ineffaçable souvenir. » (*Moniteur du* 12.)

« Le 12 avril, jour de l'entrée de MONSIEUR (Charles X), la cour des Tuileries était remplie de gardes nationales. S. A. R. a parcouru les rangs s'est entretenu avec le plus grand nombre, et leur a pris la main avec affabilité. » (*Ibidem.*)

« 14 avril. S. M. l'empereur d'Autriche est attendue demain à Paris; la garde nationale est commandée pour faire partie de son cortége. » (*Ibidem.*)

« 15 avril. Entrée de l'empereur d'Autriche; haie formée par la garde nationale. MONSIEUR, l'empereur de Russie, le roi de Suède se portent à sa rencontre avec la garde nationale à cheval. » (*Ibidem.*)

« 18 avril. Après la revue de MONSIEUR, vœu unanime et spontané de rétablir la statue équestre d'Henri IV sur le Pont-Neuf; souscription ouverte. » (*Ibidem.*)

2 juin. Lettre du général Sacken au général Dessoles, commandant la garde nationale. — « M. le général, Au moment où mes fonctions de gouverneur cessent dans la ville de Paris, je ne puis pas m'empêcher de vous exprimer ma sensibilité pour les heureux rapports qui ont si intimement régné entre la garde nationale et les troupes alliées. Cette associa-

tion des braves de la France avec les braves des autres contrées de l'Europe deviendra un jour pour la postérité un objet d'admiration. » (*Moniteur.*)

« Dès que la garde nationale eut su que le général Sacken avait cessé ses fonctions le 3 juin au matin, le général en chef, l'état-major, les chefs de légions et des divers corps de la garde nationale, ont été le remercier et lui offrir, comme signe de leur reconnaissance, une épée d'or ciselée d'un beau travail, mais bien moins remarquable par le prix, que par la réciprocité des sentimens d'estime et de bienveillance avec lesquels elle a été offerte et acceptée.

« Dimanche 5, le général en chef, l'état-major, les chefs de légions et des corps de la garde nationale, ont réuni, dans un dîner de famille, les généraux des trois puissances; la gaîté la plus franche, la plus touchante cordialité, une noble et douce urbanité, animaient les convives. Les maréchaux et généraux français ont porté la santé des trois souverains; le général Holtz à bu à la garde nationale de Paris; M. le général Sacken a couronné les toasts avec la galanterie d'un brave chevalier, en buvant aux parisiennes, et la garde nationale a répondu en buvant aux dames de la Russie, de l'Autriche et de la Prusse; le général allié a voulu que la fête finît par l'air *vive Henri IV.* « (*Ibidem.*)

« Monsieur est nommé colonel-général des gardes nationales du royaume (*Ordonnance du roi* du 5 août 1814), voulant, par là, donner un témoignage éclatant de notre satisfaction particulière aux gardes nationales du royaume, et notamment de la bonne ville de Paris, ayant une entière confiance dans leur zèle et leur fidélité. » (*Moniteur.*)

Le 5 août, la garde nationale de Paris obtient, pour prix du zèle qu'elle a déployé lors de l'entrée des alliés, une marque distinctive du Lis avec un ruban blanc liseré de bleu.

On apprend le débarquement de Napoléon, et, le 16 mars 1815, Louis XVIII se rend à la Chambre des Députés. « Le cortége est précédé et suivi de détachemens de la garde nationale; elle forme aussi une partie de la haie. L'air retentit des acclamations les plus vives, témoignages d'amour qui acquièrent plus d'éclat dans les circonstances présentes. » (*Moniteur.*)

« Le même jour, les douze légions de la garde nationale de Paris et la 13e légion de la garde à cheval se sont rassemblées pour être passées en revue par le prince colonel-général. MONSIEUR a été salué par le cri unanime de *Vive le roi! vive Monsieur!* Il a parcouru toutes les lignes en recevant les témoignages les plus éclatans du zèle, du dévouement et de la fidélité de la garde nationale. Les chefs se sont ensuite réunis pour recevoir l'inscription de tous ceux qu'un premier élan a fait sortir des rangs pour composer la légion du colonel-général, et marcher avec le prince contre l'ennemi de la France et de l'Europe. » (*Ibidem.*)

« Décret du 26 mars. L'empereur commande en

chef la garde nationale de sa bonne ville de Paris. »
(*Moniteur.*)

« 2 avril, fête offerte par la garde impériale à la garde nationale, au Champ-de-Mars. Cris unanimes de *Vive l'empereur! vive l'impératrice! vive le prince impérial!* Serment de mourir pour l'empereur et la patrie. Promenade autour de la colonne avec tambours, musique et le buste de Napoléon. Maisons illuminées. Inauguration du buste au faîte de la colonne. L'empereur a paru aux fenêtres des Tuileries quand le cortége a défilé dans la cour. Les convives ont parcouru ensuite le Palais-Royal et les boulevarts, au milieu de l'allégresse générale. »
(*Ibidem.*)

« 16 avril. L'empereur passe la revue de la garde nationale de Paris, sur la place du Carrousel. Les douze légions étaient au grand complet; un ordre du jour avait déclaré que personne ne serait distrait des rangs pour motif de tenue plus ou moins régulière. S. M. a prononcé un discours énergique : « Français,
« elle dit, vous avez été forcés d'arborer des cou-
« leurs proscrites par la nation; mais les couleurs
« nationales étaient dans vos cœurs. Vous jurez de
« les prendre toujours pour signe de ralliement, et
« de défendre ce trône impérial, seule et naturelle
« garantie de vos droits. Vous jurez de ne jamais
« souffrir que des étrangers, chez lesquels nous avons
« paru plusieurs fois en maîtres, se mêlent de nos
« constitutions et de notre gouvernement. Vous ju-
« rez, enfin, de tout sacrifier à l'honneur et à l'in-

« dépendance de la France. » *Nous le jurons!* tel a été le cri unanime de toute la garde nationale. Ce discours a été fréquemment interrompu par les marques du plus vif enthousiasme. Quoique la garde nationale marchât au pas accéléré, elle a mis plus de deux heures à défiler devant l'empereur. » (*Moniteur.*)

« 18 avril. Repas offert par la garde nationale à la garde impériale, dans le Conservatoire des Arts et Métiers. Draperies tricolores, aigles, bustes de l'empereur et de l'impératrice ; orchestres, couplets, toasts ; ronde militaire de M. Etienne ; joie universelle. » (*Ibidem.*)

« 26 mai. Toutes les légions de la garde nationale offrent de travailler aux fortifications de la capitale, et de contribuer, par une souscription volontaire, aux frais de la guerre. » (*Ibidem.*)

« 8 juillet. Le roi a fait aujourd'hui son entrée dans sa capitale. S. M. était partie de Saint-Denis à deux heures. De nombreux détachemens de la garde nationale avaient été au-devant du roi prendre rang parmi les fidèles serviteurs du trône. Tous avaient pris la cocarde blanche, et faisaient retentir l'air du cri de *Vive le roi!* (*Ibidem.*)

« Même jour. S. M. a reçu avec bienveillance la déclaration de messieurs les chefs et majors de légions qui demandent à garder la cocarde tricolore. Si quelque chose avait pu l'emporter sur les hautes considérations de politique, c'eût été sans doute l'opinion d'hommes qui ont donné tant de preuves d'un patriotisme éclairé.... S. M. ordonne de reprendre la cocarde blanche comme cocarde nationale, et comme le seul signe de ralliement des Français.... Les chefs et officiers qui étaient en activité le 20 mars reprendront leurs fonctions. Les titulaires actuels conserveront leurs grades et leurs services comme adjoints et suppléans. » (*Moniteur.*)

« 10 juillet. Entrée du roi de Prusse et des empereurs d'Autriche et de Russie. La garde nationale se porte à leur rencontre. » (*Ibidem.*)

« 18 juillet. Garde nationale. *Ordre du jour contre les porteurs de violettes.* » (Ibidem.)

« Le roi affecte à la garde nationale de Paris une décoration d'argent, émaillée en blanc et bleu, portant d'un côté l'effigie de S. M., et pour exergue ces mots : *fidélité, dévouement;* de l'autre, la fleur de lis, et en exergue les dates 12 avril, 3 mai 1814, 19 mars et 8 juillet 1815, celles où MONSIEUR prononça les mots *union et oubli*, où Louis XVIII apporta sa déclaration de Saint-Ouen ; le départ et le retour de ce monarque. Il a été arrêté que ce corps ferait seul le service du château le jour anniversaire de l'entrée du roi. » (Ordonnance du 5 février 1816.)

« 18 septembre 1824. Garde nationale présentée au roi (Charles X), son ancien colonel. L'émotion de S. M. était extrême. Les larmes et les sanglots entrecoupaient ses paroles. « Dites à MM. les officiers, répéta-t-il, qu'il m'est impossible de leur parler aujourd'hui. J'aurai plus de force lors de la revue que je passerai bientôt. » Le plus profond silence annonçait assez ce que chacun éprouvait. On voyait Charles X, on sentait battre son cœur d'amour, et l'on pleurait avec lui. — Présentation à LL. AA. RR. le dauphin, la dauphine et Madame, duchesse de Berry. » (*Moniteur.*)

« 30 septembre. Revue au Champ-de-Mars. Le roi a parlé à tous les colonels. Cris de *vive le roi!* Enthousiasme général. » (*Ibidem.*)

« Le 12 avril de chaque année, la garde nationale fera seule le service du château : anniversaire de l'arrivée de Charles X, alors MONSIEUR. » (Ordre du jour du 19 octobre 1824.)

« Médaille frappée au nom de la garde nationale, à l'occasion de l'avènement de Charles X, présentée au roi par le maréchal Oudinot. » (*Moniteur.*)

29 avril 1827, revue de la garde nationale; cris nombreux de *vive le roi!* quelques cris de *vive la Charte! vive la liberté de la presse!* Au retour, des pelotons crient : *A bas Villèle! à bas Peyronnet!* Néanmoins le maréchal Oudinot fait un ordre du jour pour témoigner à la garde nationale la satisfaction du roi, et S. M. l'approuve. Mais, à deux heures du matin, il apprend que cette garde est licenciée. Tous ses postes ont été brusquement relevés aux Tuileries et dans tous les quartiers de Paris. L'ordonnance de licenciement est en tête du *Monitenr,* tandis que tous les autres journaux, ceux même du ministère, sont pleins de ses éloges.

Quelques vieux habits de la garde nationale reparaissent dans les journées de juillet. Ils dirigent, sur plus d'un point, les masses populaires. Dès le 29, Lafayette, instalé à l'Hôtel-de-Ville, proclame la réorganisation du corps, et se met à sa tête. Une loi la régularise, ou plutôt la désorganise. Cette loi n'est pas encore votée, que Lafayette est forcé de donner sa démission. Peu de gardes nationaux parisiens protestent contre l'ingratitude à laquelle leur chef est en butte. Les protestations sont plus nombreuses en province.

Le comte de Lobau est nommé commandant de la garde nationale parisienne, avec une indemnité annuelle de 50,000 francs, et cependant il est riche!

Le général Lafayette, qui ne l'est pas, et qui avait le titre de commandant général des gardes nationales de France, n'avait point voulu de traitement.

GAUTIER (Jean-Elie) ⚐ ⚐ ⚐ ⚐ ⚐ ⚐ ⚐

Député.

Simple cavalier dans un régiment de volontaires royaux, au 12 mars 1814, alors que Bordeaux se livrait aux Anglais, il commanda, en 1815, un corps de ces mêmes volontaires, se disposa à soutenir le duc d'Angoulême dans le Midi, et fit partie du conseil du commissaire du roi dans le département de la Gironde.

A la seconde restauration, il devint commandant de la garde nationale à cheval, chevalier et officier de la Légion-d'Honneur, membre du tribunal et de la chambre de commerce, du conseil municipal et du conseil-général du département.

Arrivé à la Chambre en 1823, il s'assit d'abord sur les bancs ministériels, vota long-temps avec les centres, puis, tout-à-coup, à propos de *la loi de justice et d'amour*, rompit avec Peyronnet, son ami intime et son chef de file politique.

Entré dans les rangs du libéralisme, qui, du reste, était assez larges et assez bienveillans pour toutes les défections, M. Gautier n'a pas mieux compris les principes récens qu'il a embrassés, que ceux qu'il quittait en 1827. Depuis juillet, il est revenu à ses vieilles doctrines, et s'est remis à attaquer la presse, qu'il défendait si bien sous M. de Peyronnet. Il espère obtenir un fauteuil à la Chambre des Pairs, comme fils d'un protestant millionnaire qui fut colonel de la garde nationale bordelaise sous la Constituante. Eh! pourquoi pas?

GENOUDE (ANTOINE-GENOU depuis EUGÈNE DE), 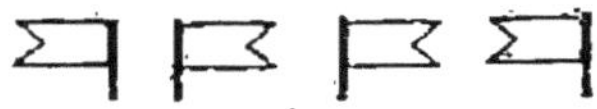

Gazetier.

Fils d'un honnête limonadier de Grenoble ; professeur de sixième au lycée Bonaparte, puis secrétaire du sénateur Lenoir-Laroche, avant la restauration. A l'époque du second retour de Louis Dix-Huit, il sert puissamment l'armée Austro-Sarde, dans l'invasion du Dauphiné, par le zèle qu'il met à faciliter la correspondance des alliés et des émigrés avec les royalistes de l'Isère ; attaché au prince de Polignac ; livré au parti prêtre, pour qui il fait des livres et des journaux ; pourvu de lettres de noblesse, décoré de la Légion-d'Honneur, des croix de Saint-Maurice, de Saint-Lazare, et de plusieurs ordres ultramontains. Il prend le nom de *Genoud*, qu'il échange bientôt contre celui de *de Genou*, et puis contre celui de *de Genoude* ; se fait agréer par le ministère Villèle comme rédacteur en chef de *l'Étoile* ; réunit cette feuille à la *Gazette* ; devient conseiller-d'Etat ; se fait adjuger l'imprimerie du patriote Constant-Chantpie ; jouit de la plus grande faveur sous le ministère Polignac, et voit avec amertume son patron Charles X renversé du trône.

M. de Genoude a cependant pris son parti ; grâce à une conversion complète, sa *Gazette* est devenue un journal républicain, demandant les assemblées primaires et toutes les libertés possibles.

GÉRARD (François),

Peintre célèbre.

Nommé, en 1811, professeur à l'école spéciale des Beaux-Arts, et, l'année suivante, membre de l'Institut. Il avait produit, avant la restauration, son vaste tableau de la *Bataille d'Austerlitz* ;

Un portrait en pied de *S. M. l'impératrice et reine* ;

Un portrait de *S. M. le roi de Rome*.

(Exposés au *Musée Napoléon*, le 1er novembre 1812, sous les nos 412 et 413 de la Notice.)

Vient ensuite un portrait en pied de *S. M. Louis XVIII*.

(Exposé au *Musée Royal* des Arts, le 1er novembre 1814, sous le no 425 de la Notice.)

Les princes alliés remplissaient son atelier ; l'empereur de Russie, le roi de Prusse, l'empereur d'Autriche, déposaient leur étiquette à la porte de l'artiste, et venaient humblement lui demander leurs portraits.

Il peignit, pour les Bourbons, l'*Entrée de Henri IV à Paris; Louis XIV* et *Philippe V*, plusieurs portraits de *Charles X*, et le grand tableau du *Sacre* de ce roi *bien-aimé*.

Il devint baron, officier de la Légion-d'Honneur, chevalier de Saint-Michel et *peintre du roi*.

Depuis la révolution de juillet, il a exposé, au profit des blessés des trois glorieuses journées, son beau tableau de la *Bataille d'Austerlitz* et le *Tombeau de Sainte-Hélène*.

GÉRARD (LE COMTE ÉTIENNE-MAURICE)

Maréchal et Député.

Il a gagné tous ses grades sur les champs de bataille, excepté le dernier. Parti comme volontaire en 1791; combattant à Fleurus; capitaine au passage de la Roër; protégeant le drapeau tricolore qui flotte sur l'hôtel de l'ambassadeur Bernadotte, à Vienne; colonel; commandant de la Légion-d'Honneur, à Austerlitz; général de brigade, chef d'état-major de Bernadotte; général de division, faisant des prodiges dans la campagne de Russie; nommé par Napoléon baron, comte, grand-officier de la Légion-d'Honneur, et, par Louis XVIII, grand-cordon de la même Légion (le 29 juillet 1814), chevalier de l'ordre royal et militaire de Saint-Louis, et inspecteur-général d'infanterie.

Il remplissait cette dernière mission, quand Napoléon revint de l'île d'Elbe. Il fut créé pair de France, le 4 juin 1815, et se couvrit de gloire à Waterloo. Quoique grièvement blessé, il voulut partager le sort de l'armée, et se fit transporter au-delà de la Loire. Ce fut lui qui, avec les généraux Haxo et Valmy, porta aux Bourbons *la soumission entière et absolue de cette armée.* (*Moniteur* du 14 juillet.) Les ministres de la guerre et de la police le prièrent de voyager quelque temps hors du royaume. Il obéit. Rentré en France dès l'année 1817, il se retira dans sa terre de Villers-Creil, département de l'Oise.

Nommé membre de la Chambre des Députés, en 1822, 1823, 1827 et 1830, il s'était d'abord rangé parmi les défenseurs de nos libertés nationales; mais, depuis juillet, le juste milieu l'a pris à sa remorque, et il paraît avoir renoncé pour toujours à cette spontanéité, à cette indépendance de caractère qui lui ont si bien réussi à la guerre.

Il n'est pas une seule des mille victimes de la légitimité pour qui la révolution de juillet ait eu des réparations aussi promptes. Sur le rocher de Sainte-Hélène, Napoléon l'avait désigné comme un de ses futures maréchaux. La quasi-légitimité s'est hâté d'accomplir le vœu testamentaire du grand homme.

Qu'avait-il donc fait dans les trois journées? Comme MM. Mouton et Sébastiani, il fut durement taxé d'inaction, le 28, par les patriotes, et il ne consentit à prendre le commandement de la garnison, le 29, que quand le peuple eut triomphé, et que des régimens se furent rendus.

Du 1er août au mois d'octobre, il a été ministre de la guerre. Sa main a paru faible. Il s'appuyait sur M. Gentil-Saint-Alphonse, qui ne voyait pas comme lui. A l'exemple de Dupont de l'Eure, il faut dire cependant qu'il n'accepta point les 25 mille francs de premier établissement, et qu'il ne voulut pas cumuler les traitemens de maréchal et de ministre.

Pair de Napoléon, M. Gérard aspire à la pairie de Louis-Philippe; il est si bien avec le roi!... et lui, si ferme contre la mitraille et les boulets, se montre si sensible à une poignée de main, à un coup-d'œil, à un mot! Va donc pour la pairie!!!

GRAU DE SAINT-VINCENT, 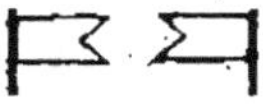

Huissier de Charles X, décoré de Juillet.

Huissier de la chambre de Charles X. (*Almanach royal de* 1826, page 57.)

Parmi les douze dames désignées par le roi (*Moniteur* du 20 mai 1825.) pour accompagner LL. AA. RR. madame la dauphine et Madame, duchesse de Berry, pendant les fêtes de l'Hôtel-de-Ville, le 8 juin, figure madame Grau de St-Vincent.

Après les événemens de juillet, vous trouverez l'huissier de Charles X métamorphosé en officier supérieur de la garde nationale parisienne, avec cocarde tricolore au chapeau, décoré de l'ordre de la Légion-d'Honneur et de la croix de juillet.

Il a rempli les fonctions de commissaire du gouvernement (de Louis-Philippe) près la commission des récompenses nationales. Pauvre peuple !... un huissier de Charles X ! ! !

GROS (ANTOINE-JEAN), 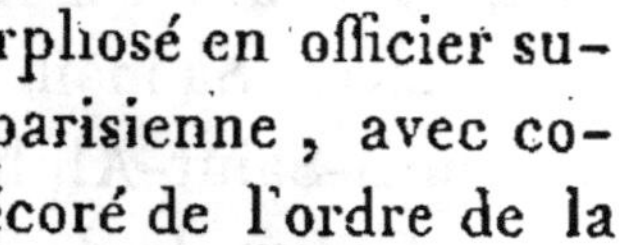

Peintre célèbre.

Officier dans l'armée d'Italie, il esquisse le portrait de Bonaparte à Arcole. Chargé, en 1802, de peindre le premier consul à cheval pour la ville de Milan; achevant, en 1804, son magnifique tableau des *Pestiférés de Jaffa*; peignant ensuite la *Bataille d'Aboukir*, le *Combat de Nazareth*, celui d'*El-Arisch ; l'Empereur visitant le champ de bataille d'Eylau*. Ce dernier tableau valut au peintre la croix de la Légion-d'Honneur.

La restauration lui doit *le Départ du roi dans la nuit du* 20 *mars* 1815 ; *madame la duchesse d'Angoulême s'embarquant à Pouillac, près de Bordeaux, le* 1er *avril* 1815, et surtout la magnifique *Coupole* monarchique et religieuse de *Sainte-Geneviève*.

Le 24 novembre 1824, Charles X alla la visiter : « Monsieur, dit-il au peintre, il y a plus que du talent dans tout cela ; il y a du génie. En entrant ici, je vous ai dit : MONSIEUR GROS ; mais je vous prie de trouver bon qu'au moment de vous quitter, je vous dise : MONSIEUR LE BARON GROS. J'ai donné ordre à mon garde-des-sceaux de vous en expédier le titre. Il est impossible d'être plus satisfait que je ne le suis de ce magnifique ouvrage. C'est un monument que vous avez élevé à la France. » (*Moniteur.*)

M. le baron reçut, dit-on, en outre, 100,000 fr. Il est officier de la Légion-d'Honneur, chevalier de Saint-Michel, membre de l'Académie des Beaux-Arts, et professeur à l'école royale de Peinture et de Sculpture. On le dit fort riche ; mais, soit économie, soit sobriété, il jouit peu de sa fortune.

Depuis la révolution, il a exposé au Musée du Luxembourg : *la Peste de Jaffa*, *le Champ de bataille d'Eylau*, et *la Bataille d'Aboukir*, au profit des blessés des *trois glorieuses journées de juillet*.

GUIZOT (François), 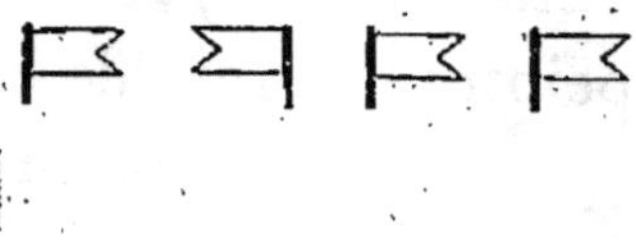

Ex-Ministre.

Secrétaire intime de l'abbé Montesquiou, agent secret de Louis XVIII sous l'empire; puis, à la restauration, secrétaire-général de cet abbé, devenu ministre de l'intérieur; rédacteur de divers projets ministériels sur la liberté de la presse, la censure, l'imprimerie et la librairie.

Les fameuses ordonnances de Charles X, du 25 juillet 1830, portent :

« Art. 1er. La liberté de la presse périodique est suspendue.

« Art. 2. Les dispositions des art. 1, 2 et 9 du titre 1er de la loi du 21 octocbre 1814 sont remises en vigueur. »

Or, les art. 1, 2 et 9 de cette loi du 21 octobre 1814, invoquée par Charles X parjure, sont ainsi conçus :

« Art. 1er. Tout écrit de plus de vingt feuilles d'impression pourra être publié librement et sans examen ni censure préalable.

« Art. 2. Il en sera de même, quel que soit le nombre de feuilles, 1° des écrits en langues mortes ou étrangères; 2° des mandemens, lettres pastorales, catéchismes et livres de prières; 3° des mémoires d'avocats ou d'avoués.

« ART. 9. Les journaux et écrits périodiques ne pourront paraître qu'avec l'autorisation du roi. »

Cette loi est suivie d'une ordonnance du roi du 24 octobre, qui doit en assurer l'exécution. (*Moniteur* n° 298, année 1814.) Cette ordonnance nomme CENSEUR ROYAL M. GUIZOT, secrétaire-général du ministère de l'intérieur.

Ainsi M. Guizot a été, dès 1814, l'exécuteur d'une ordonnance qui mettait à exécution une loi contre la liberté de la presse, loi sur laquelle Charles X s'est appuyé pour foudroyer la presse en 1830, et M. Guizot a été ministre de la révolution qui a renversé Charles X!!! mais n'anticipons pas.

Quand Napoléon revint, M. Guizot, resté à Paris, fut employé comme chef de division au ministère de l'intérieur, sous Carnot. Le 14 mai 1815, on lisait dans le *Moniteur* : « Le ministre de l'intérieur vient de faire quelques changemens dans ses bureaux; mais il est si faux que le refus de voter pour l'acte additionnel ait influé en rien sur cette mesure, que des employés qui ont signé *oui*, notamment M. Guizot, n'en ont pas moins reçu leur démission, tandis que d'autres employés, à qui leur conscience n'a point dicté un vote aussi empressé que celui de M. Guizot, n'en sont pas moins conservés. On connaît l'esprit de tolérance qui a toujours dirigé M. Carnot. »

M. Guizot avait été compris dans cette épuration comme partisan secret des Bourbons. Ce fut alors qu'il regretta amèrement d'avoir signé l'acte additionnel. Voulant effacer ce témoignage de servilité, il se fit présenter le registre qui avait reçu les adhésions, et versa une écritoire sur sa signature. Nous défions M. Guizot de nous donner un démenti. (Notes de la société *Aide-toi.*)

Quoi qu'il en soit, M. Guizot, jugeant dès le 20 mai, comme il l'avoue lui-même, que la fortune était contre Napoléon, courut à Gand stipuler, dit-il, au nom de ses amis, Royer-Collard et autres, en faveur des libertés de la France, ou plutôt porter aux Bourbons exilés des dépêches qu'on ne pouvait confier à la poste.

Revenu en France dans les bagages de l'ennemi, il obtint le secrétariat-général du ministère de la justice, devint maître des requêtes en service extraordinaire, et passa ensuite au comité du contentieux en service ordinaire. Les protestans du Midi ne trouvèrent alors dans le secrétaire-général de la justice ni l'attachement d'un compatriote, ni les sentimens d'un co-religionnaire.

Lancé, en 1817, dans la coterie des doctrinaires, il devint l'âme du ministère Decazes, et dut à l'amitié de ce favori le titre de conseiller d'État, des lettres de noblesse, la croix d'honneur et les fonctions de directeur-général de l'administration municipale et départementale.

Le duc de Berri ayant été assassiné par Louvel,

M. Decazes tomba, et M. Guizot fut entraîné dans sa chute. Rendu à la profession des lettres, il adressa des leçons sévères au pouvoir qui lui avait retiré ses faveurs. Nommé professeur au Collége de France, son libéralisme fit suspendre ses cours. C'est ce qu'il voulait. Il reprit avec éclat possession de sa chaire en 1828, et ses leçons attirèrent une foule considérable. On avait oublié l'homme de Gand, on ne voyait que l'historien persécuté, l'écrivain politique, le membre de la Société *Aide-toi, le ciel t'aidera*. Les électeurs de Lizieux l'appelèrent à la Chambre, et il vota l'adresse des 221.

Dans les trois jours qu'a-t-il fait? le 28 une protestation lâche, où il parlait de son dévoûment à Charles X et à son auguste dynastie; le 30, une proclamation pour la lieutenance, que ses collègues adoptèrent, après avoir rejeté celles de MM. Bérard et Benjamin-Constant, parce que la rédaction de M. Guizot était plus faible, plus décolorée.

Devenu ministre par la victoire du peuple, M. Guizot l'a été trois mois pour l'éternelle honte et le malheur de la France. (*Ibidem.*) Employez donc des doctrinaires !

H

HAUSSEZ (LE BARON LEMERCHER D'),

Ex-Ministre.

Chef de Chouans dès l'âge de 18 ans; impliqué dans la conspiration de Georges Cadoudal, en 1804; mis en surveillance par le gouvernement impérial; faisant ensuite sa paix avec lui; en recevant le titre de baron et de maire de Neufchâtel, en Normandie.

Les chances de la guerre tournant contre le vainqueur de l'Europe, le brave napoléonien se rappelle qu'il fut Chouan, et il proclame dans sa commune le retour de nos princes légitimes.

Au mois de mars 1815, il est présenté au roi, qu'il assure du dévouement de ses administrés; ce qui n'empêche pas l'usurpateur de revenir aux Tuileries.

A la seconde restauration, nommé président du collége électoral de de la Seine-Inférieure, puis député à la *Chambre introuvable*; mais, malgré son royalisme pur, voué *à tout jamais* au ministère, quel qu'il soit.

Cette tactique lui réussit : ils devient successivement préfet du Gard, des Landes, du Gard encore, de l'Isère et de la Gironde. Jovial dans le Gard et les Landes, terrible dans l'Isère, quasi libéral dans la Gironde, il suit, dans son administration, la nuance de ses patrons Decazes, Villèle et Martignac, et fait, suivant le besoin du service, de la fusion, de l'orage ou du sentiment.

Polignac s'approche du pouvoir : d'Haussez devient jésuite, fréquente Lorette, maison de campagne des pères de Bordeaux, et se lie intimement avec le père Varlet, supérieur de la Congrégation de cette ville. Cette tactique le porte au mininistère de la marine, où il se montre un des plus violens instigateurs des coups d'État. Son ardeur devance celle de la duchesse d'Angoulême ; il veut que Charles X monte à cheval, et lui déclare que la monarchie est perdue s'il diffère d'un jour. « Suspendez toutes les libertés de ce peuple turbulent, lui répète-t-il sans cesse, ou je ne puis répondre de rien. »

Charles X suivit son conseil, et il fut renversé du trône. Le peuple, vainqueur, entra aux Tuileries, et d'Haussez, honteux d'avoir si mal réussi, franchit en toute hâte la frontière. Condamné par contumace, il erre sur les confins de la France régénérée, nouant de petites intrigues et rêvant, en faveur de l'enfant du miracle, une contre-révolution qui ne s'opérera pas.

HEDÉ (J.-M.)

Boulanger de la nation, du premier consul, de S. M. l'empereur et roi, de S. M. Louis XVIII, roi de France et de Navarre, de S. M. l'empereur et roi, de S. M. Louis XVIII, roi de France et de Navarre, de S. M. Charles X, roi de France et de Navarre.........

Nous avons dit, dans notre préface, que nous désirions qu'une girouette vraiment patriote pût choisir de préférence pour sa maison des artistes vraiment girouettes. Nous avons promis des hommes de toutes les professions : nous tenons parole. Voici un boulanger, un boulanger admirable, qui a pétri pour le Directoire, pétri pour le consulat, pétri pour l'empire, pétri pour la première restauration, pétri de nouveau pour Napoléon, pétri pour Louis XVIII, pétri pour Charles X, et qui ne désespère pas de pétrir pour Louis-Philippe. Ce phénix des boulangers demeure rue Notre-Dame-des-Victoires. Son enseigne, sa carriole de cour ont souvent été repeintes. C'est, du reste, l'histoire de bien des enseignes de Paris. Un jour, on y pourra commenter nos annales. Un siècle fera tomber la première couche de couleur, et montrera les fleurs de lis; un second siècle fera tomber une autre couleur et laissera voir l'aigle impérial; quelque temps après, on reverra les fleurs de lys; puis l'aigle et enfin le bonnet de la liberté. Bien des grands seigneurs, dont les noms figurent dans ce livre, ne voudraient pas certainement qu'on tentât une pareille expérience sur les panneaux de leurs voitures.

HUGO (Victor, le baron),

Poète.

Page de Joseph-Napoléon, roi d'Espagne en 1812;

Chantre de la légitimité bourbonnienne sous la restauration.

La Vendée, ode à M. le vicomte de Châteaubriand :

Déplorable Vendée, a-t-on séché tes larmes?
Marches-tu, ceinte de tes armes,
Au premier rang de nos guerriers?
Si l'honneur, si la foi n'est pas un vain fantôme,
Montre-moi *quels palais ont remplacé le chaume*
De tes rustiques chevaliers.
Il ne sera donné qu'à bien peu de nos frères
De revoir, après tant de guerres,
La place où furent leurs foyers.
Alors, ornant son toit de ses armes oisives,
Chacun d'eux attendra que *Dieu rende à nos rives*
Les lis qu'il préfère aux lauriers.

LES VIERGES DE VERDUN, ode :

Frédéric sur Verdun dirigeait ses guerriers :
Verdun, premier rempart de la France opprimée,
D'un roi libérateur crut saluer l'armée.
En vain tonnaient d'horribles lois;
Verdun se revêtit de sa robe de fête,
Et, *libre de ses fers, vint offrir sa conquête,*
Au monarque vengeur des rois.

QUIBERON, ode :

On massacra long-temps la tribu sans défense.
A leur mort assistait la France,
Jouet des bourreaux triomphans.
C'étaient là les vertus d'un sénat qu'on nous vante!

LOUIS XVII, ode :

Fuis *la terre insensée où l'on brise la croix,*
Où jusque dans la mort descend *le régicide*,
Ou le meurtre, d'horreurs avides,
Fouille dans les tombeaux pour y chercher des rois.

LE RÉTABLISSEMENT DE LA STATUE DE HENRI IV, ode :

O Français! louez Dieu; vous voyez un roi juste,
Un Français de plus parmi vous.

LA MORT DU DUC DE BERRY, ode :

Porte au ciel tes clameurs, ô peuple désolé!
Tu l'as trop peu connu; c'est à sa dernière heure
Que le héros s'est révélé.
Mais toi, que diras-tu, chère et noble Vendée?

LA NAISSANCE DU DUC DE BORDEAUX, ode :

Salut à la flamme nouvelle
Qui ranime l'ancien flambeau!
Honneur à ta première aurore,
O jeune lis qui viens d'éclore,
Tendre fleur qui sors d'un tombeau!
Sors de ta douleur, ô Vendée!
Un roi naît pour la France, *un soldat naît pour toi.*

LE BAPTÊME DU DUC DE BORDEAUX, ode :

Par un autre berceau le ciel nous sauve encore,
....
Il nous donne l'un de ses anges,
Comme aux antiques jours il nous donna son fils.

LA MORT DE BUONAPARTE, ode :

Un homme alors choisi par la main qui foudroie,
Des aveugles fléaux ressaisissant la proie,
Parut comme un *fléau vivant.*
On jetta ce captif suprême
Sur un rocher, débris lui-même
De quelque ancien monde englouti.
Là se refroidissant comme un torrent de lave,
Gardé par ses vaincus, chassé de l'univers,
Ce reste d'un tyran..................
Mourut......

LA GUERRE D'ESPAGNE, ode :

O que la royauté, peuples, est douce et belle!
....
Des pas d'un conquérant l'Espagne encore fumante,

Pleurait, prostituée à notre liberté,
Entre les bras sanglans de l'effroyable amante
Sa royale virginité.
Des Français sont venus..................
Ils ont appris à l'anarchie
Ce que pèse le fer gaulois.

LES FUNÉRAILLES DE LOUIS XVIII, ode :

Que nul bruit de long-temps n'éveille
Ce sépulcre silencieux !
Hélas ! *le démon régicide,*
Qui du sang des Bourbons avide
Paya de meurtres leurs bienfaits,
A comblé d'assez de victimes
Ces murs dépeuplés par des crimes,
Et repeuplés par des forfaits.

LE SACRE DE CHARLES DIX, ode :

O Dieu! garde à jamais ce roi qu'un peuple adore!
Romps de ses ennemis les flèches et les dards,
Qu'ils viennent du couchant, qu'ils viennent de l'aurore
Sur des coursiers ou sur des chars !

La restauration, reconnaissante de tant de chants, suspendit la croix d'honneur à la boutonnière de M. Victor Hugo.

Le jeune poète fut admis à l'honneur de présenter son ode sur le sacre à Charles X *le bien-aimé*, qui l'accueillit avec cette grâce qui le caractérise.

(*Moniteur.*)

« M. le vicomte Sosthène de Larochefoucault, chargé du département des beaux-arts, vient d'informer le jeune pèote Victor Hugo, que S. M., voulant témoigner la satisfaction que lui avait causée la lecture de cette ode, avait ordonné qu'elle fût réimprimée avec tout le luxe typographique, par les presses de l'imprimerie royale. » (*Moniteur*)

Cependant Dieu n'exauça pas les vœux de M. Victor Hugo; il ne garda point à jamais ce roi qu'un peuple adorait, il ne rompit ni les flèches ni les dards de ses ennemis, qui vinrent du couchant et de l'aurore, non sur des coursiers, ni sur des chars, mais à pied, à travers des barricades, avec les fusils qu'ils avaient arrachés aux Suisses du *bien-aimé*. On sait le reste.

Chantre de la révolution de 1830. Ecoutez! Nouvelle ode à la Colonne.

Chambre des Députés, du 2 octobre 1830: — Rapport sur une pétition qui demande la translation en France des cendres de Napoléon. — Ordre du jour!

Oh! qui t'eût dit alors....................
Qu'un jour à cet affront il te faudrait descendre
Que *trois cents avocats* oseraient à ta cendre
Chicaner ce tombeau!
Mais non, *la liberté sait aujourd'hui sa force:*
Un trône est sous sa main comme un gui sur l'écorce,
Quand les races de rois manquent au droit juré:
Dors, nous t'irons chercher.................
Car notre œil s'est mouillé de ton destin fatal;
Et *sous les trois couleurs* comme sous l'oriflamme,
Nous ne nous pendons pas à cette corde infâme
Qui t'arrache à ton piédestal.

Et son ami, son ancien protecteur, M. Sosthène de la Rochefoucault s'y est, dit-on, pendu.

En juillet 1831, Louis-Philippe consacre le Panthéon aux victimes des trois journées. Le ministre d'Argout, *le hérault de l'indispensable légitimité, le grand brûleur de drapeaux tricolores*, (*voir son nom*), fait célébrer ces illustres mânes, par qui? *par le chantre de la Vendée, de Quiberon, du duc de Bordeaux et de Charles X*, par M. Victor Hugo! Assez! assez!

I

ISABEY (J.), 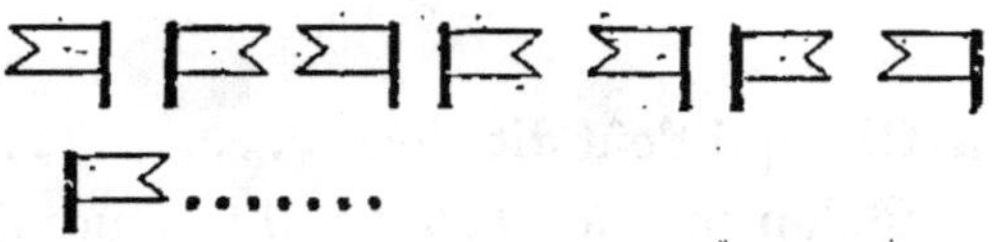.......

Peintre Célèbre.

Camarade de Bonaparte avant son élévation; sujet soumis aussitôt après; membre de la Légion-d'Honneur; dessinateur du cabinet et des cérémonies sous le gouvernement impérial; chargé des dessins du couronnement; ayant fait, à plusieurs reprises, les portraits de *Napoléon, des deux impératrices et du roi de Rome.*

« Il a eu l'honneur de faire, au château des Tuileries, le portrait *du roi*, qui a bien voulu lui donner séance. » (*Journal des Débats*, 29 mai 1814.)

Nommé *peintre du cabinet du roi* (15 *juin* 1814).

Il accompagne l'impératrice Marie-Louise dans la capitale de l'Autriche, et profite de cette circonstance pour faire *une séance du congrès de Vienne*, dont les personnages sont d'une ressemblance frappante.

De retour à Paris le jour même où Napoléon y faisait sa rentrée, il est admis à lui présenter ses hommages et à lui offrir le portrait du *prince impérial Napoléon-François*, qu'il avait fait pendant son séjour à Vienne.

Le roi revient; Isabey est nommé peintre du roi, dessinateur, ordonnateur des fêtes et spectacles de la cour. On lui doit les portraits de presque tous les souverains de l'Europe, *la Revue du premier Consul*, et le *Château de Chambord.*

En 1817, parut au Musée un dessin de lui, représentant *un enfant* qui tient dans ses mains un énorme bouquet de roses. L'auteur avait jeté au milieu du bouquet quelques fleurs bleus de myosotis, ou d'oreille de souris, connues en *Allemagne* sous le nom de *vergissmeinnicht* (ne m'oubliez pas). La ressemblance de l'enfant avec le fils de Napoléon donna lieu à beaucoup de conjectures; et le *Constitutionnel*, journal qui en rendit compte d'une manière non équivoque dans son numéro du 16 juillet, fut saisi par ordre du ministre de la police.

Isabey fut nommé officier de la Légion-d'Honneur après le sacre de Charles X.

« Le 18 juillet 1830, il a été admis à l'honneur de présenter à S. M. deux dessins de son fils, Eugène Isabey, représentant *la rade de Toulon, et la presqu'île de Sidi-Ferruch* (Alger). » (*Moniteur.*)

Il n'a encore rien présenté à S. M. Louis-Philippe. Patience !

J

JAY (Antoine), 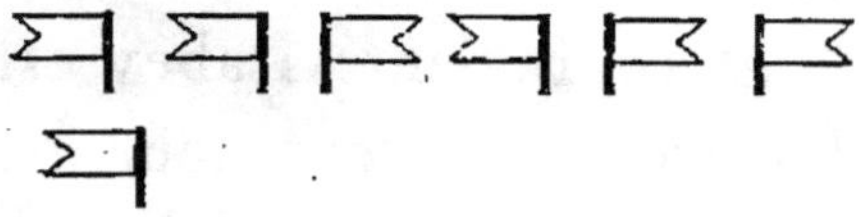

Publiciste et Député.

Avocat, fonctionnaire administratif, sous la république, dont il se montra fougueux partisan; allant respirer encore l'air de la liberté dans l'Amérique septentrionale; instituteur des enfans de Fouché de Nantes; ami et confident intime de ce ministre de la police impériale; l'un des manœuvres de la littérature de l'empire.

Vers pour le *couronnement de Napoléon.* A la Religion :

Reviens, Napoléon t'appelle :
Qui peut méconnaître ta loi?
Lorsque des héros le modèle
Abaisse son front devant toi.
Retentissez, chants d'allégresse!
Que nos transports et notre ivresse
Au monde apprennent notre choix!
Le ciel lui-même vous inspire,
Français; *le sceptre de l'empire*
Appartient au vainqueur des rois.

(*Almanach des Muses*, 1806, p. 1.)

L'*Almanach des Muses* de 1807, p. 41, contient des stances, aussi poétiques, émanées du génie de l'ami de Fouché, sur la *campagne de* 1807.

Dans les *Hommages poétiques*, t. II, p. 256 M. Jay a publié une ode sur la *naissance du roi de Rome*.

O toi, protectrice des mères!
Toi, vierge sainte, ô reine du chrétien,
Sur ce berceau, l'espoir de tous les pères,
Daigne veiller; cet enfant est le tien!
Avec ton fils, auguste ressemblance,
Dieu l'a donné dans sa munificence.
Je l'aperçois planant sur l'univers,
Puis des héros méritant l'héritage
Sans nul effort, sans orgueil, sans partage,
Gouverner la terre et les mers.

M. Jay devint, pendant la première restauration, un des principaux collaborateurs du *Journal de Paris*. En 1815, Napoléon quittant l'île d'Elbe, M. Jay écrivit :

« Après vingt-cinq ans de troubles et de *malheurs inouïs*, la France respire enfin sous un gouvernement libéral et *paternel*... Quel mauvais génie vient troubler tant de félicité? Quel peut être l'espoir de cet *étranger banni*, coupable de tous les maux qui nous ont accablés depuis quinze ans, coupable surtout d'avoir attenté à la liberté publique, *et courbé la France sous le sceptre de fer du plus odieux despotisme*.

« Il nous apparaît comme *le spectre sanglant de la tyrannie*..... On lit, dit-on, sur ses drapeaux cette inconcevable devise : *La liberté, la gloire, la paix*. La liberté, il en fut l'assassin. La gloire, son ambition a ouvert la capitale à l'étranger. La paix, il n'a vécu que pour la guerre et par la guerre... Et si nous détournons les yeux de cet *insensé* pour les fixer sur le gouvernement *légitime*, que le ciel nous a donné dans sa miséricorde, quels puissans motifs de le défendre contre toutes ses attaques !

« Que l'Europe soit attentive à ce qui se passe aujourd'hui en France ! Ce sera une grande leçon pour les peuples et pour les monarques. Louis-le-Désiré sait que la nation et le roi réunis peuvent braver non-seulement les tentatives d'un *aventurier* tel que *Buonaparte* (*sic*), mais les efforts combinés de tous les ennemis extérieurs. » (*Journal de Paris*, 10 mars 1815.)

Malgré Louis-le-Désiré et M. Jay, l'*aventurier* redevint empereur. M. Jay se résigna et écrivit :

« Une désorganisation complète atteignait par degrés l'armée qui, dans quelque temps, n'aurait eu pour chefs que des compagnons de Georges et de Bois-Guy. Les réacteurs mûrissaient leurs projets et aiguisaient à loisir leurs stilets et leurs poignards.... *L'empereur a brisé le joug de plomb qui chaque jour s'appesantissait sur nous*. Qu'on pense à ce qu'il a fallu de force d'âme et de décision pour sortir d'une île de la Méditerranée, se jeter, avec douze cents hommes, à l'une des extrémités de la France, et arriver à Paris avec la rapidité de l'éclair... Il est encore le seul homme qui puisse fonder la liberté publique en France. S'il y réussit, *sa dynastie sera éternelle.* » (*Journal de Paris*, 7 avril 1815.)

En mai, M. Jay fut envoyé à la Chambre des Représentans. Il jura, sans mot dire, l'*Acte additionnel*; mais, quand il pressentit que la fortune pouvait trahir Napoléon, il fut un des premiers à s'élever contre lui; il trouva que l'*Acte additionnel* ne garantissait pas assez la liberté; il demanda que cet acte fût modifié.

Après la seconde abdication de l'empereur, un gouvernement provisoire fut institué; Fouché en était président. Quatre-vingt mille hommes campaient sous les murs de Paris; ils étaient prêts à combattre de nouveau. Fouché trompa la Chambre, et trahit la nation. Il enchaîna la valeur de ces braves, et ce fut M. Jay qui l'aida dans cette œuvre inique. Il rédigea une adresse pour dissuader les soldats de combattre, et les engager à souffrir que les troupes de la coalision entrassent dans Paris. Après avoir eu le courage de rédiger cette adresse, M. Jay eut encore celui de la présenter à l'armée.

Peu de temps après, parut *l'Histoire du cardinal de Richelieu*. La France avait alors un premier ministre de ce nom. Rédacteur du *Constitutionnel*, M. Jay est un de ceux qui, malgré les énergiques protestations de MM. Cauchois-Lemaire et Evariste Dumoulin, en a fait si long-temps un journal sans couleur et sans opinion.

Arrive la révolution de juillet. M. Jay, non-seulement ne signe pas la protestation des journalistes, mais encore il est du nombre des propriétaires du *Constitutionnel* qui venleut se soumettre aux ordonnances, qui, dès le lundi, demandent à la police de Polignac l'autorisation de publier leur journal ; qui ne veulent pas insérer la protestation si honorable pour la presse, et qui refusent de paraître le mardi et le mercredi, sous prétexte qu'ils n'ont pas d'imprimeur, qnand tout Paris sait qu'ils sont propriétaires de leur imprimerie.

Aujourd'hui, M. Jay lutte encore, de concert avec M. Etienne et d'autres, pour livrer le *Constitutionnel* aux doctrines du *juste milieu*. C'est lui et M. Etienne principalement qui ont empêché la publication, dans cette feuille, des noms des souscripteurs de l'association patriotique. Pour récompense de leurs bons offices, on leur promet la pairie.

M. Jay n'a parlé qu'une fois à la Chambre, pour attaquer ces mêmes associations patriotiques, et cequ'il appelle les écarts de la presse. On voit qu'il a plus profité des leçons de Fouché, que de celles de Washington et de Francklin. (Notes de la société *Aide-toi, le ciel t'aidera.*)

JOURDAN (Jean-Baptiste),

Maréchal de France.

Soldat dans le régiment d'Auxerrois jusqu'en 1784, négociant et capitaine de la garde nationale de Limoges jusqu'en 1791; le 29 avril 1792, commandant du deuxième bataillon des volontaires de la Haute-Vienne; en 1793, général de brigade; deux mois après, général de division; un mois après, général en chef.

Dans la séance des jacobins du 9 brumaire an II, Jourdan monte à la tribune, et dit : « Le comité de Salut public vient de m'appeler auprès de lui; nous avons pris ensemble les moyens les plus propres à accélérer *la perte des tyrans*. Soyez assurés que le fer que je porte ne servira jamais qu'*à combattre les rois et à défendre les droits du peuple.* »

Un décret de la Convention constate que *Jourdan et ses troupes ont bien mérité de la patrie!*

En 1797, le département de la Haute-Vienne le nomme député au Conseil des Cinq-Cents, dont il est élu président, puis secrétaire et de nouveau président.

Il n'approuve pas la conduite de Bonaparte au 18 brumaire, et cette désapprobation, clairement exprimée, le fait exclure du Corps-Législatif. Huit mois après, il est envoyé dans le Piémont comme ambassadeur extraordinaire; il y devient président de la Consulte, et enfin premier administrateur du pays. En 1802, il est nommé conseiller-d'État. Le collége électoral de la Haute-Vienne le présente pour le Sénat conservateur. Le premier consul le met au nombre des quatorze maréchaux qu'il crée, et lui donne le grand cordon de la Légion-d'Honneur; l'électeur de Bavière lui envoie la croix de Saint-Hubert; à Naples, il est reçu grand dignitaire de l'ordre des Deux-Siciles; en Espagne, il devient major-général de l'armée du roi Joseph. Après avoir resté un an en non-activité, l'empereur lui confie, au commencement de janvier 1814, le commandement de la 15e division militaire.

Dès le 8 avril, il écrivait à Talleyrand : « Nous avons servi *fidèlement* l'empereur tant qu'il a été *légitime souverain*. Nous servirons *avec la même fidélité* le monarque que le vœu de la nation appelle au trône. » (*Moniteur.*)

Puis vient un ordre du jour dans lequel on trouve ces mots : « Jurons obéissance et fidélité à Louis XVIII et arborons LA COCARDE BLANCHE, en signe d'adhésion à un événement qui arrête l'effusion du sang, nous donne la paix, et sauve notre patrie. » (*Ibid.*)

En conséquence, il fut confirmé dans le gouvernement de cette division militaire par Louis XVIII, et en reçut la décoration de Saint-Louis et le titre de comte.

Napoléon revient de l'île d'Elbe. Un ordre du jour du maréchal, du 10 mars 1815, déclare « qu'il est persuadé que *la tentative insensée de Buonaparte* (*sic*) aura excité parmi les troupes *la plus profonde indignation.* » Puis, dans une adresse au roi, il lui déclare que « la France, heureuse sous le *gouvernement paternel* de S. M., repousse de son sein l'homme sous *le despotisme* duquel *elle a gémi* si long-temps. « Oui, sire, ajoute-t-il, nous sommes prêts à *verser tout notre sang* pour la défense du trône et de la patrie. Daignez en agréer l'assurance; et permettez-nous d'y joindre celle de *notre fidélité inviolable* et de *notre dévoûment sans bornes.* » (*Moniteur.*)

L'empereur, sachant ce que valait cette fidélité inviolable et ce dévoûment sans bornes, nomma Jourdan pair de France, le 4 juin 1815, et l'envoya à Besançon en qualité de gouverneur de la 6e division militaire.

La commission du gouvernement, créée après le désastre de Waterloo, lui conféra le commandement en chef de l'armée du Rhin. (*Moniteur*, 26 juin)

Les événemens ne lui permirent pas de commencer cette campagne; les Bourbons revinrent, et, le 23 juillet, M. le maréchal fêta leur entrée par un grand banquet, où il invita toutes les autorités de Besançon. Lui-même, en présence du buste du roi, au bruit de l'air : *Vive Henri IV*, porta un toast au roi, à la famille royale : *Que le trône des Bourbons, entouré de l'amour des Français, soutenu par le courage et la fidélité de l'armée, soit à jamais inébranlable.* (*Ibidem.*)

Le 10 janvier 1816, il fut nommé gouverneur de la 7e division militaire à Grenoble, et reçut du roi de Sardaigne son portrait enrichi de diamans, comme un souvenir de la manière dont il avait administré le Piémont quinze ans auparavant.

Appelé à la Chambre des Pairs le 5 mars 1819, il a été appelé, par le choix du roi, à présider, l'année suivante, le collége électoral des Bouches-du-Rhône.

Lors du sacre, *notre cousin* le maréchal comte Jourdan a été le second *chevalier commandeur de nos ordres*, nommé par Charles X *le bien aimé*. (*Moniteur.*)

Le 3 août 1830, le duc d'Orléans, lieutenant-général du royaume, l'appela au ministère des affaires étrangères. Il n'y resta que jusqu'au 11, époque où il alla prendre possession de l'emploi de gouverneur de l'hôtel des Invalides. Nos vieux débris l'honorent comme un père; ils lui souhaitent seulement des serviteurs moins ennemis de ses enfans.

JOUY (Victor-Joseph, dit ETIENNE),

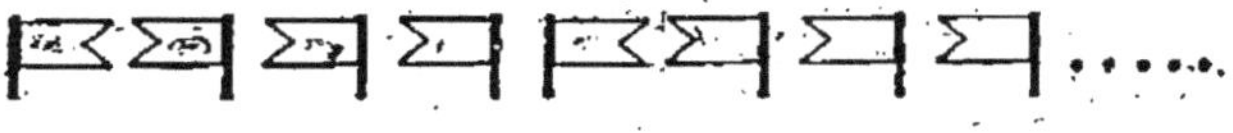

Né à Jouy, (Seine et Oise.) Membre de l'Institut.

A treize ans, sous-lieutenant dans la Guyane française, puis à la côte de Coromandel, au Bengale, à Chandernagor; de retour en France en 1790; promu au grade de capitaine dans le régiment de Colonel-Général, infanterie; nommé adjudant-général sur le champ de bataille; condamné à mort par contumace; réfugié en Suisse; reprenant du service après le 9 thermidor; chef d'état-major du général Menou; concourant, le 2 prairial, au triomphe de la Convention sur les terroristes; arrêté et destitué au 13 vendémiaire; commandant de place à Lille; arrêté et destitué de nouveau; réintégré, puis admis à la retraite.

Il s'essaie dans la carrière administrative, suit à Bruxelles le comte de Pontécoulant, qui l'établit chef des bureaux de la préfecture de la Dyle, et, lors de l'entrée de M. de Pontécoulant au Sénat, se livre exclusivement à la littérature.

Auteur des *Hermites*, dont l'aîné est celui qui vieillit le moins.

M. Jouy reçoit de l'empereur 4000 fr. de gratification pour sa *Vestale*. (*Journal de l'Empire* du 23 février 1808.)

Le Vaudeville du Caire, pièce de circonstance.

Tippo-Saëb, tragédie en 5 actes, toute de circonstance et d'opinion.

Fernand-Cortez, grand opéra en 3 actes, plein d'allusions à l'empereur.

Le roi arrive. Parmi les adhésions du 16 avril 1814, on remarque celle de l'adjudant-commandant *Jouy*. (*Moniteur.*)

M. Jouy, qui commence alors à s'appeler M. DE Jouy, fait jouer, à l'Académie royale de Musique, *Pélage, ou le Roi et la Paix*, opéra en 2 actes. Dans une lettre qu'il écrit au rédacteur du *Journal des Débats*, avant la représentation de cette pièce, il lui annonce qu'elle a été composée au milieu des premiers transports de joie causés par l'événement le plus heureux et le plus mémorable. On trouve dans cet ouvrage le couplet suivant :

> *De ce beau lis* l'éclat suprême
> Des rois semble annoncer la fleur;
> Nous y voyons un doux *emblème*
> *Et d'innocence et de candeur.*
> De Favila touchante image,
> Il peint la grâce et la beauté,
> *Et son front courbé par l'orage*
> *Se relève avec majesté.*

Aussi M. de Jouy, se relevant avec majesté, reçut-il l'assentiment du roi à sa nomination à l'Institut, en remplacement du chevalier de Parny.

L'empereur revient. M. Jouy, et non plus de

Jouy, ancien collaborateur de la *Gazette de France*, reloue son esprit à cette feuille, et passe avec elle un bail de six ans. Premier article :

« Les Bourbons pouvaient se croire affermis, sinon sur le trône de Henri IV, du moins sur celui de Louis XV; et la nation, péniblement désabusée du rêve de sa grandeur, se résignait avec effort au repos violent dont sa situation lui faisait la loi.... L'armée, ensevelie dans ses cantonnemens, oubliait la victoire, et recevait avec une dédaigneuse indifférence les favoris ministériels que l'on substituait à ses anciens chefs ; les prêtres ne cachaient plus le but et le motif de leurs espérances. La cour, sans femme, sans grâce et sans éclat, s'amusait à rétablir les barrières de l'étiquette, et les ministres, incapables de grandes choses, s'occupaient de petites intrigues. Tel était l'état des esprits, lorsqu'un bruit sourd et lointain terrifia la cour, étonna Paris, et fit tressaillir l'armée.... C'était Napoléon.... Il entreprend de ressaisir le sceptre échappé de ses mains, et ce projet, le plus audacieux qu'un homme ait jamais conçu, il l'exécute à la tête de six cents braves qu'il associe à son immortalité. » (Feuilleton de la *Gazette de France* du 8 avril 1814.)

Aussi M. Jouy, et non plus de Jouy, fut-il nommé par l'empereur commissaire impérial près le théâtre Feydeau, en remplacement de son aimable collègue M. Vincent Campenon.

A la seconde restauration, M. de Jouy, et non plus

Jouy, rompt à tout jamais avec ceux pour qui il a fait *Pélage*.

Sa tragédie de *Bélisaire* est défendue par la censure, comme renfermant des allusions à l'empereur.

Sylla obtient un succès de vogue, à cause de ces mêmes allusions et du talent admirable de Talma.

Depuis la révolution de juillet, M. Jouy, et non plus de Jouy, sollicite en vain du gouvernement issu des barricades la juste récompense des services qu'il a rendus à la famille d'Orléans. Madame Adelaïde n'oublie pas qu'elle lui doit la liberté et la vie, et pourtant M. Jouy, qui a perdu sa fortune, sollicite encore....

K

KERATRY (Marguerite-Hilarion),

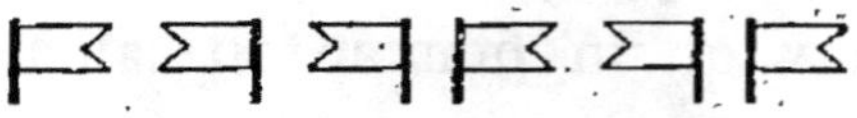

Député.

Issu d'une famille noble : son père fut choisi pour présider la noblesse aux Etats de Bretagne. La position sociale et les droits héréditaires du jeune Keratry l'appelaient au parlement de cette province. Il étudia le droit à Rennes, et eut pour camarade le général Moreau.

En 1789, il adressa à l'Assemblée Constituante une pétition en faveur du partage égal dans les familles nobles.

Détenu plusieurs fois sous la république, il a exercé, à diverses reprises, des fonctions municipales dans la commune où sont situées ses propriétés.

Appelé à la Chambre en 1818, il fut d'abord *doctrinaire*, il le redevint en 1830, et il l'est plus que jamais en 1831, apparemment parce que la révolution de juillet l'a doté d'une place de conseiller-d'état, et que la reconnaissance n'est pas une vertu dominante chez les philosophes.

En 1819, il avait été assez sage pour se séparer de la *doctrine*. Désertant le *canapé*, il était venu s'asseoir près des plus fermes soutiens des libertés nationales. Il fit des romans semi-dramatiques, semi-doctoraux ; il écrivit des articles pour le *Courrier français*. Ses deux procès en 1827, pour une attaque contre M. de Villèle, ont fait beaucoup de bruit. M. Kératry s'en est bien tiré pour sa personne et sa bourse, puisqu'il a évité la prison et l'amende.

La vie politique de M. Keratry change en juillet : par un singulier revirement de conscience, l'ami chaleureux de la liberté en devient l'adversaire, non pas fort dangereux, mais au moins fort mal intentionné.

Dès le 6 août, lors de la discussion de la Charte nouvelle, il vote pour le maintien de ces mots, si long-temps débattus : *la religion catholique est professée par la majorité des Français.*

Il demande avec ardeur l'abolition de la peine de mort pour délit politique, au moment où les quatre têtes qui blanchissent aujourd'hui au fort de Ham mettaient en émoi le Palais-Royal et le Luxembourg.

Le 7 novembre, il veut associer son nom au projet de loi sur les récompenses nationales, il essaie de le mutiler en substituant la Légion-d'Honneur à la décoration spéciale de juillet.

Lors de la discussion de la loi municipale, il vote pour que la nomination des maires soit laissée à la couronne, parce que, dit-il, le roi respectera la liberté. Pourquoi, dès-lors, ne pas lui laisser aussi la nomination des députés ?

M. Kératry, ancien rédacteur du *Courrier français*, a dénoncé ses collaborateurs à la tribune nationale.

Le 20 février, il fut tout contristé de la destruction des fleurs de lis qui, pour lui, représentent *non-seulement la restauration, mais huit siècles de gloire*; il pleura sur le vandalisme français, et déclara avoir rencontré, dans la cour du palais Bourbon, un jeune étudiant se promenant le poignard en main et le bonnet rouge en tête.

Comme on le voit, notre homme tombe en enfance. Aussi l'approuverait-on d'avoir pris, il y a quelque temps, femme jeune pour soigner ses vieux jours, s'il permettait moins souvent à l'esprit de sa compagne d'intervenir dans les résolutions politiques.

Dans le conseil-d'état, il vote sans cesse pour que toutes les dotations de couvens de femmes soient recueillies sans examen. Le séjour de Paris lui sera fatal, car il n'y voit qu'anarchie, meurtre, bonnet rouge et poignard. Rendez cet honnête homme à sa municipalité rurale! (Notes de la société *Aide-toi.*)

L

LABORDE (LE COMTE ALEXANDRE-LOUIS-JOSEPH DE),

Député.

Fils du marquis de Laborde, ancien banquier de la cour; officier dans les dragons autrichiens pendant les guerres de la révolution; rentré en France et attaché à l'ambassade de Lucien Bonaparte en Espagne; auteur d'un grand *Voyage pittoresque* dans ce pays, auquel souscrivent plusieurs cours étrangères, telles que celles de Madrid, de Vienne; la guerre continentale les empêche de tenir leurs engagemens, et la fortune de M. de Laborde est gravement compromise; auditeur au conseil-d'état en 1808; chargé, comme cavalier d'ambassade, de présenter à l'archiduchesse

Marie-Louise les diamans que lui envoie Napoléon; maître des requêtes en 1810; chargé du service des ponts et chaussées de la Seine en 1811; nommé, en 1813, à la troisième classe de l'Institut. Appelé, au commencement de 1814, aux fonctions d'adjudant-commandant de la garde nationale de Paris, il signe cette adresse au gouvernement provisoire, « qui le félicite d'avoir couronné sa généreuse entreprise en proclamant ce prince dont l'antique race fut pendant huit cents ans l'honneur de la France, et d'avoir ainsi recouvré les droits d'un peuple que des malheurs inouïs et un affreux despotisme n'ont pu abattre, etc., etc. » (*Moniteur.*)

Déjà il avait accepté la pénible mission d'aller (pendant la nuit de la reddition de Paris) traiter de la capitulation, au nom et pour la part de la garde nationale.

Au retour de Napoléon, M. de Laborde signe la délibération du conseil-d'état qui déclare « que les Bourbons ont constamment violé leurs promesses, qu'ils ont voulu régner et opprimer le peuple par l'émigration, et que le peuple, affecté de son humiliation et de ses malheurs, appelant de tous ses vœux son gouvernement national, la dynastie liée à ses nouveaux intérêts, a volé au-devant de *son libérateur.* (*Moniteur.*)

Pendant les cent-jours, M. de Laborde fut attaché à Lucien sans titre ostensible, mais remplissant auprès de lui les fonctions de *premier écuyer.*

Les Bourbons, à leur second retour, le nommèrent

maître des requêtes en service ordinaire, et ses concitoyens l'appelèrent, en 1822, à la Chambre des députés. Ennemi persévérant des ministères, ami sincère des libertés publiques, il démontra l'absurdité de la campagne d'Espagne, et s'opposa de tout son pouvoir à ce qu'elle eût lieu. Réélu en 1827, il a toujours fait partie de l'opposition libérale, et voté avec la gauche.

Dans la révolution de juillet, il s'est montré *homme dè cœur*. Non-seulement il n'a jamais eu, comme beaucoup de ses collègues, l'intention de se soumettre et de se laisser dépouiller de son caractère de député qu'il tenait de la nation, mais il a des premiers concouru à faire passer la résistance du cercle de la légalité dans celui de la guerre. Dès le 26, il figure dans les réunions politiques, émet et soutient les propositions les plus courageuses. Il engage sa tête dans la cause de la révolution; le 29, il accepte les fonctions difficiles de préfet de la Seine. Nommé conseiller-d'état et aide-de-camp du roi, il n'oublie pas qu'avant tout il est citoyen : il signe un des premiers l'association nationale du dépratement de la Seine, et il est destitué.

L'anniversaire de juillet l'a rendu à ses fonctions de conseiller et d'aide-de-camp, sans l'enlever à son patriotisme. On pense, dit-on, à en faire un pair; mais lui tient, avant tout, à son titre d'*homme de juillet*, et il a raison.

LAINÉ (LE VICOMTE JOSEPH-HENRI-IVACHIE-HOSTEIN)

Pair de France.

Avocat à Bordeaux ; administrateur du district de la Réole, en 93. A l'époque de la scission du 31 mai, entre les membres de la Convention, il ne suivit point le parti des *Girondins* ; il affecta, au contraire, de se montrer dans les rangs opposés par son costume, signe alors distinctif des opinions.

Député de la Gironde au Corps-Législatif ; décoré de la Légion-d'Honneur, et prêtant serment de fidélité à Napoléon, bien que déjà il conspire pour les Anglais et les Bourbons. « Le nommé Lainé, dit l'empereur au conseil-d'état, est un traître, vendu, soudoyé par l'Angleterre ; je le sais, j'en ai la preuve. »

Cette sortie avait été provoquée par le passage d'un rapport de M. Lainé, dans lequel Napoléon avait cru voir un manifeste des puissances étrangères contre son gouvernement. Il pensait que, quand le bélier frappait à nos portes, il fallait repousser l'invasion étrangère, et non exciter la guerre civile en mettant en discussion les droits de l'homme.

Le Corps-Législatif fut ajourné. Lainé retourna à

Bordeaux, où il se trouvait le 12 mars, à l'entrée des Anglais. Le duc d'Angoulême le nomma préfet de Bordeaux. Le Corps-Législatif ayant pris le nom de Chambre des Députés, il présida l'assemblée pendant toute la session.

A l'arrivée de Napoléon de l'île d'Elbe, il revint à Bordeaux, et y publia une brochure violente contre l'empereur, protestant contre ses décrets, et déliant les Français de leurs devoirs. *J'aspire*, disait-il, *à être la première victime de l'ennemi du roi, de la patrie et de la liberté.* Il ne fut pourtant la victime de personne, car il s'embarqua pour la Hollande, et ne revint prendre le fauteuil de la présidence qu'au retour du roi. Il l'occupa jusqu'au 7 mai 1816, qu'il fut chargé du portefeuille de l'intérieur. Là, il acquit des droits à la reconnaissance nationale, en dissolvant la Chambre introuvable, et par plusieurs autres actes qui plurent aux amis de la liberté. Mais, quand il eut quitté le ministère, en 1818, il fut infidèle à ces honorables antécédens, et combattit plus d'une mesure qu'il avait appuyée. Il y revint pourtant en entrant à la Chambre des Pairs, en 1824. Il avait été nommé membre de l'Académie française, en 1816, puis chevalier de Saint-Louis, commandeur de la Légion-d'Honneur, cordon-bleu et vicomte.

La révolution de juillet l'a lancé dans le *juste milieu*, où il vogue maintenant à pleines voiles.

LAMETH (CHARLES-MALO-FRANÇOIS, COMTE DE),

Député.

Aide-maréchal-général-des-logis dans la guerre d'Amerique; colonel en second des dragons d'Orléans; décoré de la croix de Saint-Louis; à son retour en France, colonel du régiment des cuirassiers du roi, et *gentilhomme d'honneur du comte d'Artois*; appelé, en 1789, aux Etats-Généraux, donnant sa démission d'*une place qui ne pouvait convenir qu'à un courtisan*; se réunissant, avec plusieurs de ses collègues de la noblesse, à la Chambre des Communes qui s'était constituée en Assemblée Nationale; travaillant avec ardeur à l'établissement de la Constitution; *repoussant l'institution du marc d'argent comme condition d'éligibilité, parce qu'elle tendait à consacrer l'aristocratie des richesses*; votant en faveur de la liberté de la presse, du libre exercice de tous les cultes, de la suppression des cours prévôtales, de l'établissement du jury, etc., etc., etc.

Attaqué, pour ses opinions libérales, par le duc de Castries, il eut avec lui un duel qui mit fin aux provocations systématiques dont les députés du côté gauche étaient devenus l'objet.

Pendant la discussion du livre rouge, il fut reporter au trésor public une somme de 60 mille francs que sa famille avait reçue de la cour ; il opina pour que la guerre ne fût jamais définitivement déclarée qu'avec l'assentiment des représentans de la nation, et appuya la suppression des titres honorifiques.

« Je suis ennemi de toute aristocratie, dit-il ; j'entends par aristocratie le désir de dominer, déjà contraire à l'égalité politique, qui se trouve dans les états despotiques où les hommes sont égaux, parce qu'ils ne sont rien, et qui est la base de notre constitution, dans laquelle les hommes sont égaux, parce qu'ils sont tout. Je faisais autrefois partie d'un ordre qui avait quelques avantages aristocratiques ; j'y ai renoncé par amour pour mon pays. »

Il prétendit, contre l'opinion de Mirabeau, que les membres de la famille royale, le roi et le dauphin exceptés, rentraient dans la classe des simples citoyens ; demanda que les places des ecclésiastiques qui auraient refusé de prêter serment à la Constitution civile du clergé, fussent déclarées vacantes ; et, après la fuite du roi, il provoqua le serment de fidélité à la nation que prêtèrent les membres militaires de l'assemblée.

Arrêté, après le 10 août, sur la route du Hâvre, il fut mis en liberté à la sollicitation de son frère Théodore. Mais bientôt, menacé d'une arrestation nouvelle, il prit le parti de s'expatrier; mais il n'alla point grossir les rangs de l'émigration.

En 1792, il avait commandé la division de cavalerie du Nord. Rentré en France en 1801, il fut nommé général de brigade, puis gouverneur du grand-duché de Wurtzbourg. Il revint en France en 1810, et le grand duc lui envoya la décoration de Saint-Joseph. En juin 1812, il fut nommé gouverneur de Santona, en Espagne, poste important, dont il ne fit la remise aux Espagnols que le 16 mai 1814, sur un ordre de Louis XVIII. Le 22 juin, il fut nommé lieutenant-général, grade qu'il conserva durant les cent jours et à la seconde restauration.

Appelé à la Chambre des Députés par l'arrondissement de Pontoise, en juin 1830, il offre un sujet d'étude profond au philosohe qui le contemple. Si quelqu'un doute que la dégradation intellectuelle soit intimement liée à celle de l'organisation, qu'il lise ce qui précède, et qu'il mette en présence le jeune homme de 89 et le vieillard de 1831.

Charles de Lameth attaquant, en 89, *la royauté, la noblesse, le clergé et l'attirail aristocratique qui écrasait le peuple*. En 1831, M. le comte Charles de Lameth, lieutenant-général, soutient, par respect pour la prérogative royale, *la compatibilité des fonctions publiques et de la députation*; attaque avec violence la liberté de la presse; veut que la Chambre traduise à sa barre les coupables, et fasse cesser ces appels continuels à la *souveraineté du peuple*; déclare que les mots *roi* et *institutions républicaines* hurlent de se trouver ensemble, et s'oppose à la suppression des pensions des pairs et des ecclésiastiques. (Notes de la société *Aide-toi.*)

LEMERCIER (Népomucène-Louis), 

Poète et Accadémicien.

Ode à l'occasion du mariage de S. M. l'empereur et roi, 1810.

Clio peint l'aigle en ses tempêtes,
Qui, vengeant l'olivier menacé de périr,
Pour sauver de l'état les premières conquêtes,
Est forcé de tout conquérir.
Cesse enfin, muse de l'histoire,
De noircir tes tableaux de lugubres couleurs,
Quand de l'humanité si chère à ta mémoire
Un Dieu répare les malheurs.
Ce Dieu c'est le tendre hyménée, etc.

Epitre à Bonaparte, sur le bruit répandu qu'il projetait d'écrire des commentaires historiques, 1814.

Si j'en crois du public le dernier entretien,
Napoléon déchu veut être historien,

Et *Clio* souffrira que sa plume usurpée
Venge un *usurpateur* que ne sert plus l'épée!
Non, Bonaparte, non; tu te promets en vain
De faire d'un despote un loyal écrivain.

M. Lemercier écrivait ces lignes durant la première restauration. Il s'éclipsa pendant les cent jours. Seulement, quand les glorieux débris de Waterloo se furent retirés derrière la Loire, il publia un écrit intitulé :

Réflexions d'un Français sur une partie factieuse de l'armée française, écrit qu'on lui a cruellement reproché depuis, et qui, lancé dans un collége électoral, fit, quinze ans plus tard, échouer sa candidature.

Si M. Lemercier n'a peut-être pas toujours été conséquent avec lui-même, on ne saurait du moins lui reprocher d'avoir jamais encensé les Bourbons. Homme de génie et de patriotisme, il s'est bravement montré dans les journées de juillet. On lui dut, à cette époque, l'organisation de la municipalité du 10e arrondissement; et puis, quand le danger fut passé, il reprit sa lyre pour chanter en vers républicains *la victoire du peuple*.

Il n'a accepté ni places, ni récompenses d'aucun gouvernement. Girouette comme il y en a peu!

LENORMANT (MARIANNE), ⚑ ⚑ ⚑
⚑ ⚑ ⚑ ⚑ ⚑ ⚑

Nécromancienue.

Pensionnaire à l'abbaye royale des dames bénédictines d'Alençon, en 1788, elle prédit la mort de la nouvelle abbesse qu'on attendait.

Etonnée de cette inspiration subite, elle court à Paris, et installe son trépied rue de Tournon, n° 5, où elle est encore.

Marat, Saint-Just, Robespierre, des nobles, des prêtres, des magistrats, des militaires, des grands seigneurs, des potentats fameux, se présentent, et plus d'une fois, à la porte de la pythonisse.

Napoléon la consulte souvent.

Joséphine vit avec elle dans la plus grande intimité.

Mais elle n'est pas toujours heureuse dans la politique; elle ne sait pas toujours deviner, en temps utile, les persécutions dont elle est menacée.

Aussi elle est arrêtée, en 1794, par ordre de Robespierre, et, en 1809, par ordre de Napoléon.

Elle ne fait pas mauvaise mine à la restauration, dont les hautes et puissantes dames ne se montrent pas moins curieuses que les maréchales de l'empire.

Elle publie même, en 1816, *la Sybille au tom-*

beau de Louis XVI, et, en 1824, *l'Ange protecteur de la France au tombeau de Louis XVIII*.

Alexandre l'avait consultée ; elle publie, en 1826, *l'Ombre immortelle de Catherine II au tombeau d'Alexandre Ier*.

Elle avait fait paraître, en 1819, *la Sybille au congrès d'Aix-la-Chapelle et de Carlsbad*. Se trouvant, en 1821, à Bruxelles, elle est accusée d'avoir énoncé dans cet ouvrage des maximes mal sonnantes, d'avoir des entretiens avec le génie Ariel, et de posséder plusieurs talismans diaboliques. Condamnée à un an de détention et à une forte amende par le tribunal de Louvain, elle en appelle à la cour supérieure de Bruxelles, qui l'acquitte. Au sortir de l'audience, elle est portée en triomphe dans les rues de la ville.

Bien venue des marquises de la restauration, mademoiselle Lenormant n'a pas vu le beau monde abandonner son antre depuis la révolution de juillet. Dames carlistes, dames républicaines, dames orléanistes, accourent de plus belle ; elles souscrivent à l'envi pour son *Album*, qui va paraître incessamment en 80 volumes in-8° et 5 volumes in-4°, le tout pour la bagatelle de 975 francs : il ne vaut pas la peine de s'en passer.

LESGUILLON (J.).

Versificateur.

Il publie, en 1824, une *Épître à Népomucène-Louis Lemercier*, remarquable par sa verve poétique et ses pensées philosophiques.

« Paris, le 13 novembre. Condamné à trois mois de prison pour avoir publié une *épître* où j'avais *imprudemment* mêlé la politique à la poésie, à peine avais-je subi six jours de détention, que le roi (Charles X) a daigné me faire remise de la peine entière. Un plaisir plus doux pour moi que ma liberté même, c'est de témoigner hautement ma reconnaissance pour la bonté de S. M. J'aime aussi à dire combien je dois à la bienveillance empressée avec laquelle Mgr le garde-des-sceaux (Peyronnet) a secondé les vues bienfaisantes de S. M. Signé LESGUILLON. (*Moniteur.*)

Stances au roi Charles X, 20 décembre 1824.

Ma prison est ouverte et je revois les cieux.
Le peuple a répondu : Charles règne et pardonne, etc.
Le royal exilé vient de briser tes fers.
O Charles ! que de toi ma voix se fasse entendre !
Mon luth pour toi se livre à des accords amis.
Il suit d'un cœur ému le penchant *légitime*.

(*Ibidem.*)

Épître au roi Louis-Philippe. Janvier 1831.

Chante *un peuple outragé* qui brise ses entraves,
Célèbre *Lafayette* et le trépas des braves,
Et près de *ton drapeau, cher à la liberté*,
Fais bénir aux Français celui qui l'a porté.

(*Almanach des Muses.*)

LESUEUR (Jean-François), 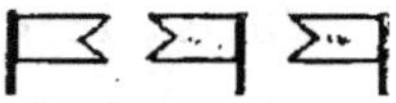

Célèbre Compositeur.

Maître de l'église des Saints-Innocens, à Paris, en 1784, et de l'église métropolitaine de cette capitale, en 1786. Il fallait, pour remplir cette place, être ecclésiastique ou avoir 40 ans. Lesueur, qui n'en comptait que 23, prit le petit collet, et fut connu, jusqu'à la révolution, sous le nom de l'abbé Lesueur. Il donna sa démission en 1788, pour échapper aux tracasseries des chanoines.

Il fut appelé, en 1794, à l'Institut national de musique, qui devint Conservatoire de musique en 1795, et qu'il quitta en 1802.

Nommé, en 1804, maître de musique de la chapelle du premier consul, et directeur de la musique du palais.

Gratifié, à l'occasion de son opéra d'*Ossian ou les Bardes*, d'une tabatière en or, portant pour exergue : *L'empereur des Français à l'auteur des Bardes*.

Il fait jouer, en 1807, avec Persuis, *l'Inauguration du temple de la Victoire* et *le Triomphe de Trajan*. Cette fois point de tabatière.

Nommé, en 1814, directeur, compositeur et surintendant de la musique et de la chapelle de Louis XVIII,

Elu membre de la quatrième classe de l'Institut, en 1815.

Faisant partie de l'Académie des beaux-arts depuis 1816.

Fait chevalier de la Légion-d'honneur en 1815, et de Saint-Michel en 1821.

Présenté à Charles X, le 4 octobre 1824. (*Moniteur.*)

Chargé de la musique des cérémonies du sacre. (*Ibidem.*)

Il a mis en musique la cantate de M. Soumet, pour les fêtes de l'Hôtel-de-Ville. On y remarque ces jolis vers :

Sous l'azur du dôme gothique
La colombe *blanche* et mystique
Suspendait son vol immortel,
Et, comme dans les premiers âges,
Pour marquer la fin des orages,
Apportait *un lis* sur l'autel.

(*Ibidem.*)

L'orage a recommencé en 1830 ; il a emporté le lis, le roi, et ébranlé fortement l'autel. Mais Lesueur est resté solide au Conservatoire et à l'Académie, prêt à mettre en musique des vers sur Louis-Philippe et le drapeau tricolore.

LOUIS (L'ABBÉ OU LE BARON), 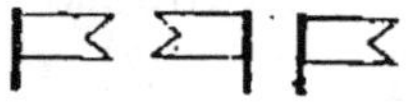

Ministre des Finances.

Engagé dans les ordres sacrés, et conseiller-clerc du parlement de Paris, au commencement de la révolution ; appelé à l'assemblée provinciale de l'Orléanais, et s'y montrant chaud partisan des idées nouvelles ; assistant, comme diacre *à ceinture tricolore*, l'évêque d'Autun (aujourd'hui Talleyrand) à la première fédération au Champ-de-Mars ; chargé, par Louis XVI, de plusieurs missions diplomatiques, et confidentielles, et émigrant en Angleterre, lorsque ce prince fut mis en jugement.

Rentré en France après le 18 brumaire ; chef du bureau de la liquidation au ministère de la guerre ; employé à la chancellerie de la Légion-d'Honneur ; maître des requêtes au conseil-d'état, président du conseil de liquidation créé en Hollande ; administrateur du trésor public, baron d'empire, membre de la Légion-d'Honneur.

A la première déchéance de Napoléon, l'ex-évêque Talleyrand s'étant mis à la tête du gouvernement provisoire, son ex-diacre Louis, devenu conseiller-d'état, eut le portefeuille des finances, du trésor, des manufactures et du commerce.

Louis XVIII, à son arrivée, le fait ministre des finances, et il présente, sur leur situation, un long rapport, dans lequel il rétracte sans pudeur les éloges qu'il a donnés, l'année précédente, au budget de Napoléon. M. Gaudin, son prédécesseur, lui répond avec amertume.

En 1815, l'abbé Louis suit le roi à Gand, et de retour avec ce prince, il reprend le portefeuille des finances, qu'il ne garde pas long-temps.

Député de la Meurthe en septembre 1815; ministre d'état; grand-cordon de la Légion-d'Honneur; membre du conseil privé; négociateur, pour la France, avec les puissances étrangères; pour la troisième fois, ministre des finances en 1818; ministre d'état en 1820; député de la Meurthe en 1821; rayé, par ordonnance du roi, de la liste des ministres d'état en 1822; député de la Meurthe et de la banlieue de Paris en 1827.

Dès le 30 juillet 1830, M. Louis s'était en quelque sorte emparé du ministère des finances, et avait expédié des ordres aux receveurs généraux. La commission municipale le nomma commissaire provisoire aux finances, et le roi Louis-Philippe sanctionna sa prise de possession, en lui donnant le titre de ministre. Le 2 novembre, il se retira avec le ministère Guizot. Rentré de nouveau au conseil, avec le ministère Périer, le 13 mars 1831, c'est pour la cinquième fois qu'il dispose du portefeuille des finances.

En 1814, il avait proposé la restitution des biens non vendus aux émigrés, et le sequestre des biens-meubles et immeubles de Napoléon et de sa famille.

En 1830, il n'ose pas prendre sur lui de rendre à l'État la disposition du fond commun de l'indemnité.

En 1831, il trouve que le sequestre des biens de Charles dix est une mesure révolutionnaire et odieuse.

En 1818, il comprenait, dans le budget de la restauration, les produits des jeux et de la loterie.

En 1821, il les traitait d'impôts infâmes et immoraux.

En 1831, il se dispose à les comprendre dans le budget de la révolution..... *E sempre benè !*

LYNCH (le comte J.-B.), 

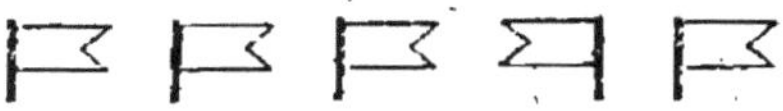

Pair de France.

Reçu en 1771 au parlement de Bordeaux, et exilé avec cette cour; premier président, puis président aux enquêtes; s'efforçant inutilement, en 1788, d'engager le parlement de Bordeaux, exilé à Libourne, à enregistrer les premières et secondes lettres de jussion relatives à l'établissement des assemblées provinciales; membre du conseil-général de Bordeaux, après la chute de Robespierre; nommé par l'empereur comte, maire de Bordeaux, et membre de la Légion-d'Honneur.

Après la campagne de Moscou, il offre à Napoléon une compagnie de cavalerie montée et équipée, et en reçoit une boîte enrichie de son portrait.

En novembre 1813, il fait un voyage à Paris pour mieux servir la cause des Bourbons, à laquelle il était intérieurement attaché. Il assiste à plusieurs réunions royalistes à Paris et à Bordeaux.

« *Bordeaux*, *le* 1er *mars* 1814. — M. le comte Lynch, maire de Bordeaux, en remettant deux drapeaux aux cohortes de la garde nationale, a pris la parole en ces termes : Messieurs, recevez ces drapeaux. *Les emblêmes que vous y remarquez sont bienfaits pour fixer notre attention.....* La plupart de vous, Messieurs, ont suivi dans les champs étrangers *les enseignes triomphantes de l'empereur.* Triomphantes encore, elles guident nos frères dans la poursuite des *téméraires qui ont tenté d'envahir notre territoire.* Votre empressement à vous rendre sous ces drapeaux est un sûr garant de votre zèle ; il porte la sécurité dans l'âme de vos concitoyens, il rassure la *paternelle sollicitude de notre auguste monarque......* Vive l'empereur ! » (*Moniteur* du dimanche 6 mars, nº 65.)

Onze jours après, le 11 mars 1814, les téméraires Anglais, qui avaient envahi notre territoire, ayant paru devant Bordeaux, M. Lynch, oubliant la paternelle sollicitude de son auguste empereur, marche à leur rencontre, détache son écharpe tricolore, la jette au loin, prend une écharpe blanche, et invite les alliés, au cri de *vive le roi!* à entrer en amis dans la ville. Le même jour, S. A. R. Mgr. le duc d'Angoulême était dans les murs de Bordeaux.

M. de Lynch, et plus M. Lynch, se rendit ensuite à Paris, et S. M. le nomma grand'-croix de la Légion-d'Honneur. En mars 1815, il accompagna la duchesse d'Angoulême jusqu'à son embarquement à Pouillac, et se retira ensuite en Angleterre.

Il fut un des treize individus exceptés par Napoléon dans l'amnistie générale, comme ayant livré la France à l'étranger.

En septembre 1815, Louis XVIII le créa pair de France, et lui conserva le titre honoraire de maire de

Bordeaux, en récompense de ses loyaux services de 1814.

Sous Charles X comme sous Louis XVIII, il a voté à la Chambre pour toutes les mesures de tous les ministères.

Après la révolution de juillet, il a prêté serment à Louis-Philippe.

Il y a deux mois qu'une brochure séditieuse, intitulée : *Simple Vœu*, a été répandue à Bordeaux. On la lui a attribuée, sans doute bien à tort.

Mais est-ce la faute des Bordelais si les dates si rapprochées de novembre 1813 et 12 mars 1814 sont encore présentes à leur mémoire?

M

MACDONALD (Etienne), 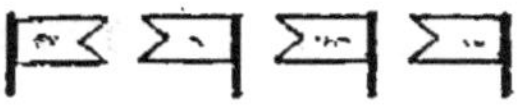

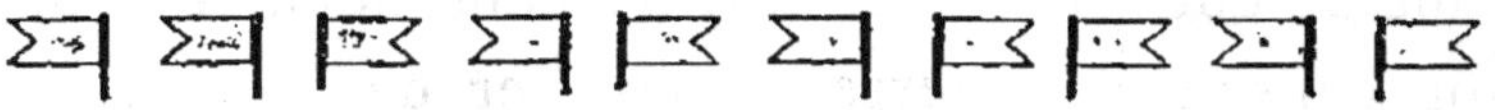

de France et Maréchal.

Lieutenant dans la légion irlandaise en 1784, nommé colonel du régiment de Picardie après la bataille de Jemmapes, général de brigade en 93, général de division en 1796, général en chef en 1798, secondant puissamment Bonaparte dans la journée du

18 brumaire, ministre plénipotentiaire près la cour de Danemarck, grand-officier de la Légion-d'Honneur, défenseur du général Moreau, maréchal d'empire, duc de Tarente.

Proclamation. — Maestricht, 16 janvier 1814. « Soldats, nos frontières sont entamées; mais, à la voix de l'empereur, la nation s'est levée, la patrie a appelé ses enfans, ils ont couru aux armes, ils marchent, ils s'avancent; le souverain est à leur tête, montrant d'une main l'olivier de la paix, et de l'autre le fer meurtrier. Français! c'est pour la patrie que nous allons combattre; ne souffrons pas qu'elle soit plus long-temps envahie et déchirée. L'empereur et la France ont les yeux sur nous. *Vaincre ou mourir* doit être notre cri de ralliement. » MACDONALD. (*Moniteur.*)

Malgré cette belle harangue, il contribue puissamment à l'abdication de l'empereur, auprès duquel il se trouve à Fontainebleau, envoie son adhésion au gouvernement des Bourbons, devient membre du conseil de guerre, chevalier de Saint-Louis, pair de France, gouverneur de la 21e division militaire.

Dans une adresse de la Chambre des Pairs au roi, qu'il signe, le 4 juin 1814, on trouve le paragraphe suivant :

« Les Pairs, reconnaissant, avec les ministres de votre majesté, que la plus grande partie des maux qui ont pesé sur la France avaient leur source dans le despotisme du dernier gouvernement, dans la passion effrénée de la guerre, dans le mépris de la constitution, des lois, des traités, des droits mêmes de chaque citoyen.... » (*Moniteur.*)

En 1815, au retour de Napoléon, un député propose à la Chambre un projet de loi portant que les maréchaux Mortier, duc de Trévise, et Macdonald, duc de Tarente, ont bien mérité de la patrie, et qu'il sera voté en leur faveur une récompense nationale.

Il commande en chef l'armée réunie pour la défense de la capitale, sous les ordres du duc de Berri. (*Moniteur* du 18 mars.) Le 19, il fait rentrer les troupes qu'il a dirigées sur Melun contre l'empereur (*Journal de l'Empire* du 22 mars), suit Louis XVIII jusqu'à Menin, revient à Paris, et se fait inscrire comme simple grenadier sur les contrôles de la garde nationale parisienne. (*Gazette de France*, 7 juillet 1815.)

A la seconde restauration, il prend le commandement de l'armée de la Loire, et en opère le licenciement. En juillet 1815, il est nommé grand-chancelier de la Légion-d'Honneur, puis membre du conseil privé du roi, commandeur de l'ordre royal et militaire de Saint-Louis, major-général de la garde nationale, grand'croix de Saint-Louis, chevalier-commandeur de l'ordre du Saint-Esprit, président du collége électoral du Rhône, etc.

En 1823, une ordonnance de Louis XVIII autorise la transmission de ses rang, titre et qualité de pair au marquis de Roche-Dragon, son gendre.

En 1824, Charles X et la dauphine tiennent personnellement un de ses enfans sur les fonts baptismaux.

Arrive la révolution de juillet : le maréchal prête serment à Louis-Philippe. Mais l'hérédité de la pairie est menacée ; le maréchal, qui aime son gendre, abandonne la chancellerie, et se retire, en boudant, non dans sa tente, mais dans un hôtel de la rue de Rivoli.

MAISON (NICOLAS-JOSEPH),

Pair de France et Maréchal.

Officier dans un bataillon de volontaires, en 1792 ; capitaine dix jours après ; se distinguant à Jemmapes, où il sauve le drapeau du 9e bataillon de Paris ; chef de bataillon au 88e régiment ; adjudant-général en 1799 ; commandant du département du Tanaro après la paix d'Amiens ; général de brigade après la bataille d'Austerlitz ; général de division ; commandant de la Légion-d'Honneur ; nommé baron par l'empereur sur les bords de la Bérésina ; puis, général de division, grand-officier de la Légion-d'Honneur, grand'croix de l'ordre de la Réunion, et comte d'empire.

Pendant la désastreuse bataille de Leipsick, il s'écria à plusieurs reprises : « Courage, Français, courage ! c'est la journée de la France; il faut vaincre ou mourir. »

Il apprit en Belgique que l'empereur avait abdiqué, et conclut une armistice illimitée avec les généraux ennemis. Bientôt parut la pièce suivante, signée de lui :

Lille, le 15 avril 1814. — « Soldats, des malintentionnés, des ennemis du nom français ont profité, hier, de l'échauffement des têtes pour vous porter à la désobéissance. Des lâches, en assez grand nombre, sont sortis des portes au cris de *Vive l'empereur!* Ces *misérables* n'ont d'autre but, en affectant du dévoûment à leur ancien souverain, que de regagner honteusement leurs foyers. Je me suis empressé de signaler leur désertion au ministre de la guerre. MALHEUR A LEURS PARENS!..... Des canons sont braqués sur ces soldats mutinés; on fera feu sur tous les attroupemens; je ferai fusiller comme embaucheur tout habitant qui aurait favorisé la désertion. Le gouvernement provisoire et le roi que la France entière vient de se donner, approuveront sûrement toutes les mesures propres à conserver des braves sous les drapeaux de la patrie. » (*Moniteur.*)

Le 21, le *Moniteur* contenait son adhésion pleine et entière au nouvel ordre de choses.

Le comte d'Artois (Charles X) ne manqua pas

de lui écrire, pour le féliciter de sa conduite; il fut nommé chevalier de Saint-Louis, pair de France, grand-cordon de la Légion-d'Honneur et gouverneur de Paris. Le 7 mars 1815, il publia, en cette qualité, l'ordre du jour suivant :

« En apprenant que Napoléon Bonaparte ose remettre le pied sur le sol de la France, dans l'espoir de nous diviser, d'y allumer la guerre civile, et d'accomplir ses projets de vengeance, il n'est aucun de nous qui ne se sente animé de la plus profonde indignation.... Il veut encore nous ravir une fois *la liberté que Louis-le-Désiré nous a rendue*. Non, soldats, non, nous ne le souffrirons pas. Nos sermens, notre honneur en sont les garans sacrés, et nous mourrons tous, s'il le faut, pour le roi et pour la patrie. *Vive le roi!* » (*Moniteur.*)

Napoléon étant en pleine marche sur Paris, le général Maison fut désignée pour commander, sous les ordres du duc de Berry, les troupes qu'on rassemblait sous les murs de cette capitale. Avant de partir, il publia l'ordre du jour suivant :

« Paris, le 16 mars. Demain, le mouvement en avant *sur l'ennemi* commence ! Soldats, vous allez marcher. Voyez votre roi plein de confiance dans votre loyauté et votre fidélité, et la France entière vous dire : *Allez, sauvez-nous du joug le plus odieux*; soldats, vous conserverez intact l'honneur national, vous sauverez notre liberté et notre Charte. » (*Moniteur.*)

Un corps d'officiers voulut retenir prisonnier le

général Maison, qui n'eut que le temps de s'élancer sur le cheval d'un lancier et de s'échapper. Il suivit les Bourbons en Belgique, ce qui fit prononcer sa destitution par l'empereur, le 7 avril 1815.

Après la seconde abdication de Napoléon, il rentra en France avec l'ennemi, et reprit ses fonctions de gouverneur de la première division militaire. « Le 8 juillet, le roi, accompagné de Monsieur (Charles X) et du duc de Berry, est allé entendre la messe à Notre-Dame. On remarquait dans le cortége M. le général Maison et un grand nombre d'autres fidèles serviteurs. » (*Moniteur.*) M. Maison avait alors pour chef d'état-major général, M. le comte Gentil-Saint-Alphonse, dont on n'a pas oublié le passage au ministère de la guerre, sous le maréchal Gérard.

En août, il publia l'ordre du jour suivant :

« Le roi, par ordonnance du 1er août, ayant annullé toutes les nominations ou promotions faites pendant l'usurpation, et les dispositions de cette ordonnance étant nécessairement appliquables aux nominations faites dans la Légion-d'Honneur, il est défendu à tout militaire qui aurait reçu, depuis le 20 mars dernier, quelque nomination ou promotion *du gouvernement illégal*, d'en porter les marques distinctives, sous peine d'être de suite arrêté et poursuivi, conformément à l'article 259 du *Code pénal.* » (*Moniteur.*)

Membre du conseil de guerre convoqué pour juger le maréchal Ney, se déclarant incompétent ;

remplacé au commandement de la 1re division militaire par le général Despinois ; envoyé à la 8me division à Marseille ; commandeur de Saint-Louis, puis grand-cordon du même ordre, marquis ; envoyé par Charles X au secours des Grecs ; nommé maréchal par le même monarque ; chargé, après la victoire du peuple, d'accompagner Charles X depuis Rambouillet jusqu'à son embarquement à Cherbourg ; écrivant, durant le trajet, pour se plaindre de la marche lente de la famille proscrite ; dressant, avec ses collègues, procès-verbal de l'embarquement ; au retour, ministre des affaires étrangères, et en ce moment ambassadeur de Louis-Philippe à Vienne.

MARMONT (Auguste - Frédéric - Louis-Viesse de), 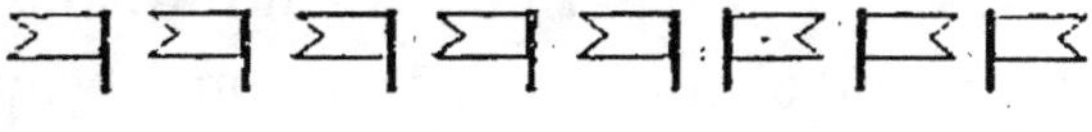

Maréchal de France.

Sous-lieutenant d'artillerie en 1792 ; capitaine au blocus de Mayence, en 1795 ; chef de bataillon, aide-de-camp de Bonaparte en 1796 ; décoré d'un sabre d'honneur à Lodi ; chargé de présenter au Directoire vingt-deux drapeaux pris sur les Autrichiens ; revenu à l'armée avec le grade de chef de brigade ; nommé général de division à la prise de Malte ;se couvrant de gloire en Egyepte; concourant à la journée du 18 brumaire; créé conseiller-d'état; commandant en chef de l'artillerie de l'armée de réserve ; premier inspecteur-général d'artillerie en 1801 ; decoré du titre de duc de Raguse, pour sa conduite en Dalmatie ; maréchal d'empire après la bataille de Wagram; ayant perdu la funeste bataille des Arapiles en Espagne, et conclu avec les alliés la fameuse capitulation de Paris ; mille fois plus funeste encore.

« Sans la défection de Raguse, a dit l'empereur, les alliés étaient perdus; j'étais maître de leurs derrières et de toutes leurs ressources de guerre ; il n'en serait pas échappé un seul : ils auraient eu aussi leur vingtième bulletin. »

Nommé, à la première restauration, capitaine d'une compagnie de gardes-du-corps; prenant le commandement de la maison militaire du roi en 1815, et accompagnant ce prince à Gand.

Napoléon, dans son décret d'amnistie, daté de Lyon le 12 mars, comprend Marmontdans les treize individus qu'il en excepte et qu'il envoie devant les tribunaux.

Il passe aux eaux d'Aix-la-Chapelle tout le temps qui s'écoule jusqu'à la seconde restauration, entre alors à la Chambre des Pairs, et devient un des quatre maréchaux commandant la garde royale.

Sa conduite à Lyon, en 1817, fut honorable ; il arrêta dans sa marche l'échaufad de la contre-révolution.

A l'avènement de Nicolas au trône de Russie, Marmont lui fut envoyé en qualité d'ambassadeur extraordinaire pour assister à son couronnement.

Il se livra ensuite à l'industrie, au commerce, à l'agriculture ; dérangea sa fortune dans ces spéculations, fit de fréquens appels à la cassette de Louis XVIII et de Charles X et vit bientôt son nom aussi fréquemment cité dans *la Gazette des Tribunaux* que jadis dans les bulletins de la grande armée.

Il commandait, dans les journées de juillet, la garde royale qui mitraillait le peuple. !!!

On assure qu'il n'a pas été rayé de la liste des maréchaux de France.

MARRON (PAUL-HENRI),

Président du Consistoire de l'Eglise réformée, Membre de la Légion-d'Honneur.

A Napoléon. — « Sire, le Consistoire bénit la Providence divine, guide et préservatrice constante de V. M., et il implore sur elle ses bénédictions non interrompues. » (*Moniteur*, 24 janvier 1809.)

In læto de gravidâ Gallorumim peratrice nuntio, vers latins sur l'heureuse nouvelle de la grossesse de l'impératrice.

Auspicatissimum de ineunte mense martio vaticinium, vers à l'empereur.

Carmen natalitium, sur la naissance du roi de Rome.

Festum San-Clodealdicum, fête de Saint-Cloud; à l'empereur.

Au gouvernement provisoire. — « Nosseigneurs, vous avez rétabli la dynastie des Bourbons; vos noms, chers à la patrie, seront bénis dans tous les âges. » (*Moniteur.*)

A Monsieur (*Charles X*). — « Monseigneur, au retour des Bourbons, nos cœurs, comprimés trop long-temps, comme ceux de tous les Français, s'épanouissent de rechef à la joie et à l'espérance. Qu'il bénisse le roi, qu'il bénisse le lieutenant du roi, qu'il bénisse toute la famille royale, celui par qui les rois règnent! » (*Ibidem.*)

Elegia in Borboniorum ad Gallos reditu, 3 mai 1814; vers latins sur le retour des Bourbons en France.

Autres vers latins sur le rétablissement de la statue de Louis XIV.

Discours français à Charles X, à son avènement au trône. (Moniteur.)

Carolo decimo in festis Rhemensibus P. H. Marron (*ibidem*, 20 juin 1825), sur les fêtes de Reims.

A Louis-Philippe. — « Sire, sous les auspices sacrés de la Providence, le vœu commun, le plus imposant de tous les hommages, vous a porté au trône des Français. Votre Majesté sacrifie au salut de la patrie ses habitudes, ses goûts, son repos. Elle a juré le nouveau pacte social, et ce serment sera aussi inviolable que solennel. » *(Moniteur.)*

Les vers latins de M. Marron lui ont valu cinq vers français, que voici :

> Pour célébrer le grand Napoléon,
> Tous les matins, le prédicant Marron
> Met côte à côte et spondée et dactyle;
> Mais, par Calvin, Marron n'est pas Virgile,
> Ou n'est qu'un *Virgile-Marron*.

MARTIGNAC (Gaye de),

Ancien Ministre.

En 1798, secrétaire de l'abbé Sieyes, lors de son ambassade à Berlin. *(Histoire de France de l'abbé Montgaillard.)*

En 1811, *Ode sur la naissance du roi de Rome.*

« 9 février 1814. Adresse des cohortes urbaines de la bonne ville de Bordeaux à S. M. l'empereur et roi, signée Martignac, sous-lieutenant. — Sire, pendant que nos frères, nos enfans, répondent au cri national : *paix et délivrance du territoire*, s'élancent au-devant des armées ennemies, les cohortes de la garde nationale ne sont-elles pas appelées à entretenir le bon ordre dans l'intérieur de nos villes ? Resteraient-elles exposées aux mouvemens séditieux d'hommes qui pourraient être égarés par l'ennemi ? Pourrait-il de nouveau secouer impunément au milieu de nous les torches des discordes civiles. Nous remplissons avec dévoûment la tâche honorable qui nous est confiée. Les puissances coalisées, voyant les peuples, dévoués à votre majesté et à son auguste dynastie, se réunir par leurs sentimens autour du trône impérial, renonceront à leurs projets chimériques. Elles reconnaîtront qu'il leur est aussi impossible de diviser les Français, que de triompher d'un prince tant de fois leur vainqueur. » (*Moniteur* du 21, nº 52.)

Un mois après, le 12 mars, M. de Martignac, *égaré sans doute par l'ennemi, et peu dévoué à l'auguste dynastie de Napoléon*, épousait avec ardeur les intérêts des Bourbons, et aidait M. Lynch à recevoir dans Bordeaux les soldats de l'Angleterre. Il composa et fit représenter dans cette ville une pièce intitulée *la Saint-Georges*, en l'honneur de Georges III et de Wellington. Avocat du barreau de Bordeaux, il refusa de défendre les malheureux frères Faucher, ses amis, qui imploraient l'appui de son éloquence. (Notes de la société *Aide-toi, le ciel t'aidera*.)

« Rapport du général Clausel au ministre de la guerre. Bordeaux, le 30 mars 1815. A mon arrivée à Saint-André de Cubzac, 200 volontaires royaux tirèrent sur moi quelques coups de canon, et endommagèrent quelques maisons. J'invitai l'officier commandant la troupe à venir me parler. C'était M. de Martignac. Il me parut homme de sens et de mérite, ami de son pays. Il m'assura que les Bordelais n'avaient pris la résolution désespérée de résister, que sur les craintes qu'on avait cherché à leur donner, et sur les vengeances dont on les avait menacés. Je le désabusai sur tous les points, et lui fis connaître les intentions bienveillantes de l'empereur; il me promit d'en instruire ses concitoyens. Le lendemain à cinq heures du soir, le drapeau tricolore fut arboré sur le château Trompette. M. le *capitaine* Martignac revint m'assurer que Madame d'Angoulême s'était décidée à partir dans la nuit, et qu'une députation le suivait pour me porter des paroles de soumission. » (*Moniteur.*)

A la seconde restauration, M. le *capitaine* Martignac entra dans la magistrature, et fut bientôt procureur-général à Limoges, député à Marmande, chevalier de la Légion-d'Honneur et commandeur du même ordre. Il professa d'abord à la Chambre des opinions ultrà-monarchiques, et se distingua, plus tard, par sa constante adhésion aux principes du ministère Villèle.

Nommé commissaire civil, par le roi, à l'armée d'Espagne, en 1823, il contribue puissamment au rétablissement de *l'absolutisme* dans ce malheureux pays. Dans une note adressée à la régence, le

29 mars 1823, il lui annonce qu'il est chargé par le duc d'Angoulême de déposer dans les palais des rois d'Espagne, « quarante-huit drapeaux pris aux Espagnols dans la guerre de Napoléon, deux drapeaux enlevés aux constitutionnels dans la guerre actuelle, et les clefs de Valence, autrefois apportées à un guerrier français. »

A son retour, il fut fait ministre secrétaire-d'état, directeur-général des domaires, grand-officier de la Légion-d'Honneur, et décoré du titre de vicomte.

En 1828, à la chute de Villèle, Charles X l'appela au ministère et le fit pair de France. Il eut l'honneur de donner son nom au système dont il était l'orateur et le chef, système qui tenait le *juste milieu* entre les furieux de l'extrême droite et le libéralisme, tous les jours plus fort. Il fut obligé de se retirer au bout de dix-huit mois, ne laissant pour souvenir qu'un projet de loi municipale qu'il lui avait fallu retirer, et que la Chambre de 1830 a eu la bonhomie de refaire et de nous octroyer après juillet.

« Personne ne se méprendra, j'espère, sur les sentimens qui m'animent, » disait, le 12 août, M. de Martignac en prêtant serment à Louis-Philippe, lui qui, huit jours auparavant, avait fait un pompeux éloge de Charles X, de son humanité, *du patriotisme qui brûlait son cœur*, etc., etc.

Il avait refusé son appui aux frères Faucher, en 1814 : il l'a accordé, en 1830, à M. de Polignac, qu'il ne connaissait ni n'aimait; mais la restauration était moins indulgente que la révolution de juillet, et il y avait plus de danger à défendre, en 1814, deux obscurs accusés qu'un criminel de lèse-nation et de lèse-liberté en 1830. (Notes de la société *Aide-toi, le ciel t'aidera.*)

MÉCHIN (LE BARON ALEXANDRE-EDME),

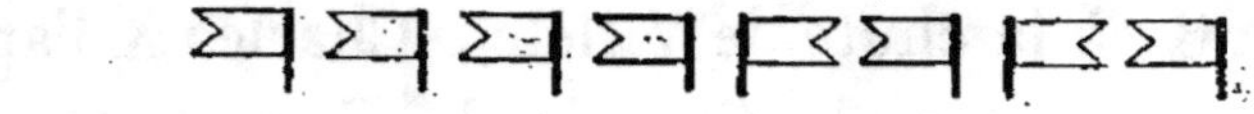

Préfet perpétuel.

Il ne parut sur la scène politique qu'après le 9 thermidor, présentant à la barre de la Convention une pétition couverte de quarante mille signatures, et prononçant une cruelle diatribe contre les *dictateurs tombés*.

Chef de division dans l'administration des armes et des poudres, sous le Directoire; secrétaire du ministre de l'intérieur Benézech; chef d'une commission de liquidation au ministère de la guerre; gouverneur civil de l'île de Malte; commissaire près l'armée de Naples; nommé, depuis le 18 brumaire, préfet des Landes, de la Roër, de l'Aisne et du Calvados; exposé trois fois à des émeutes populaires, à Naples, à Aix-la-Chapelle et à Caen; chevalier, puis officier de la Légion-d'Honneur, et gratifié enfin du titre de baron par l'empereur.

Le duc de Berry arrive sur les limites du Calvados; aussitôt M. le baron Méchin, montant en voiture, « salue l'aurore de paix et de bonheur qui luit sur la France, rend des actions de grâces aux magnanimes puissances alliées; et se rallie avec le plus vif empressement au sceptre de l'auguste fils d'Henri IV, en criant : vive Louis XVIII ! » (*Moniteur*, 9 *avril* 1814.) Il adresse au prince les complimens les plus gracieux, et rentrant dans sa préfecture : « Telle est en France, s'écrie-t-il, la force du souverain légitime, cette magie attachée au nom du roi. Un homme arrive, seul, de l'exil, dépouillé de tout, sans suite, sans gardes, sans richesses; il n'a rien à donner, presque rien à promettre. Il descend de sa voiture, appuyé sur le bras *d'une jeune femme.* Il se montre à des capitaines qui ne l'ont jamais vu, à des grenadiers qui savent à peine son nom. Quel est cet homme? *c'est le fils de saint Louis*, c'est le roi. Tout tombe à ses pieds, l'armée, les grands, le peuple; un million de soldats brûlent de mourir pour lui On sent qu'il peut tout nous demander, nos enfans, notre vie, notre fortune. » (*Moniteur*, 10 *avril.*)

On ignore ce que le baron Méchin demanda au fils de saint Louis; une chose certaine, c'est que le fils de saint Louis ne lui donna rien; au contraire, il le destitua, le mois de novembre suivant. Heureusement, Napoléon revint de l'île d'Elbe, et pardonnant à M. le baron ses complimens au duc de Berry, il le fit préfet d'Ille-et-Vilaine.

Les Bourbons, qui étaient tenaces, le destituèrent à leur seconde restauration. Force lui fut alors de faire de l'opposition dans la Chambre. Sous Martignac, sa vigueur s'amollit : il y avait presque chance pour lui de redevenir préfet ; il l'est redevenu, en effet, après la révolution de juillet, qu'il bénit chaque jour dans son chef-lieu du département du Nord. Excellent père, il a eu soin qu'on n'oubliât pas ses fils dans la distribution des faveurs ministérielles.

MOLÉ (LE COMTE LOUIS-MATHIEU),

Pair de France.

Auditeur au conseil-d'Etat ; maître des requêtes ; préfet de la Côte-d'Or ; conseiller-d'Etat ; officier de la Légion-d'Honneur ; directeur-général des ponts et chaussées ; ministre de la justice sous Napoléon.

Après avoir exposé la splendeur de la France après la campagne de Russie, il s'écria, à la tribune du Corps-Législatif :

« Si un homme du siècle de Médicis ou du siècle

de Louis XIV revenait sur la terre, et qu'à la vue de tant de merveilles, il demandât combien de siècles de paix il a fallu pour les produire, vous répondriez qu'il a suffi de douze années de guerre et d'un seul homme. » (*Moniteur* du 12 mars 1813.)

Nommé par Louis XVIII membre du conseil-général du département de la Seine, il signa, avec ce conseil, l'adresse qui fut présentée au roi, quelques jours avant le 20 mars.

Pendant les cent-jours, il refusa dabord de signer la déclaration du conseil-d'état; mais ayant été vivement réprimandé par l'empereur, il s'excusa en disant : « qu'il n'avait pu consentir à signer une adresse dans laquelle on osait prétendre que l'empereur tenait sa couronne du vœu et du choix des Français; que c'était là un blasphême politique... »

L'empereur le porta alors sur la liste de ses pairs, et le *renomma* directeur-général des ponts-et-chaussées. Cependant l'horizon se rembrunissant, il partit pour les eaux de Plombières, d'où il écrivit que sa santé ne lui permettait pas de revenir à Paris.

Aussitôt après le dénoûment de Waterloo, sa santé lui ayant permis ce voyage, il revint à Paris, fit valoir son *inaltérable fidélité*, et fut de nouveau conseiller-d'état et directeur-général des ponts-et-chaussées. Deux mois après il rentra dans la Chambre des Pairs. Il a été ministre de la marine en 1817, en remplacement du maréchal Gouvion-Saint-Cyr, appelé au ministère de la guerre.

Après la révolution de juillet, il a fait partie de la

commission chargée de rédiger l'adresse qui a été présentée au duc d'Orléans. Louis-Philippe l'a appelé, le 11 août, au ministère des affaires étrangères, qu'il a cédé, le 11 mars à M. Sébastiani.

MONTLOSIER (François-Dominique-Reynard, comte de), 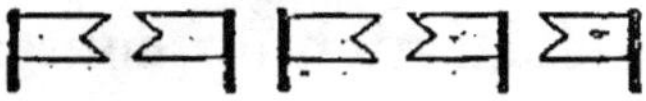
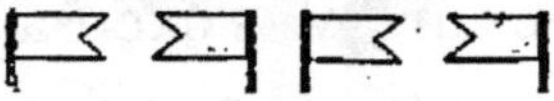

Ancien Ministre.

Appelé aux États-Généraux par la noblesse de Riom; votant sans relâche avec la majorité de son ordre, contre toutes les innovations révolutionnaires; se distinguant, à l'Assemblée nationale, par ses formes brusques et la virulence de ses attaques.

Signataire de toutes les protestations de la minorité; quittant la France; se rendant à Coblentz et s'y battant avec les autres émigrés.

Passant en Allemagne et de là en Angleterre, où il rédige le *Courrier de Londres*, toujours en dissentiment avec les meneurs de l'émigration.

Venant, en 1800, proposer au premier consul de céder le gouvernement de la France aux héritiers de Louis XVI, moyennant une petite souveraineté en Italie; arrêté à Calais, transféré à Paris, enfermé au Temple, et, après trente-six heures de détention; sommé par Fouché de retourner sous dix jours en Angleterre.

Rappelé en France par Talleyrand et Fouché; continuant, à Paris, la publication du *Courrier de Londres*, qui est supprimé; recevant en dédommagement une place lucrative au ministère des affaires étrangères.

Publiant, à la première restauration, son livre sur *la monarchie féodale;* le continuant durant les cent-jours, en y ajoutant une préface hostile au gouvernement impérial; se prononçant, à la seconde restauration, avec plus de force que jamais, en faveur des institutions aristocratiques; plaçant le salut de la France dans leur prompte résurrection.

Livrant au public, en 1826, après dix ans de retraite dans ses montagnes d'Auvergne, son *Mémoire à consulter* contre les jésuites, les congrégations, les ultramontains et le parti prêtre, sans épouser toutefois le libéralisme, et en restant fidèle à sa vieille conviction; dépouillé, par le ministère royaliste, d'une pension que l'*usurpateur* lui avait accordée; faisant alors alliance avec *la gente libérale*, comme il disait naguère, et écrivant plusieurs articles signés dans le *Constitutionnel*.

Enfin, remis, par la révolution de juillet, en possession de la pension accordée par l'usurpation, et supprimée par la légitimité. *Gaudeant benè nati!*

MOUTON (GEORGES, COMTE DE LOBAU),

Maréchal de France.

Volontaire de la Meurthe en 93, commandant du château Saint-Ange, à Rome, en 1799; aide-de-camp de Joubert à la bataille de Novi; colonel du 3e de ligne, enlevant à sa tête six drapeaux à l'ennemi; général de brigade au camp de Boulogne; aide-de-camp de Napoléon; général de division, comte de Lobau; fait prisonnier à Dresde; laissé sans emploi durant la première restauration; appelé, pendant les cent-jours, à la pairie et au commandement de la première division militaire. Ce fut en cette qualité qu'il publia, le 20 mai 1815, un ordre du jour contre *les agens du comte de Lille* (*Louis XVIII*), *les embaucheurs de l'étranger, ces hommes sans honte et sans patrie.* « On verra, disait-il, que l'amour sacré de la patrie fera faire aujourd'hui aux armées françaises des prodiges encore plus grands qu'en 1792 et 1793, parce qu'elles auront à leur tête un *chef consommé dans l'art de vaincre.* »

(*Moniteur.*)

Fait prisonnier au Mont-Saint-Jean, conduit en Angleterre, inscrit par le comte de Lille sur la liste des proscrits, il habita la Belgique, et n'obtint de revoir la France qu'en 1818.

Nommé, en 1828, député de la Meurthe, il parla plusieurs fois sur le budget de la guerre et sur la législation militaire. Enfin, il vota l'adresse des 221. Ce fut son testament politique.

Présent à Paris lors de la révolution de juillet, sa nullité, comme homme d'action, égala celle de ses collègues Gérard et Sébastiani. Quelques patriotes, noircis de poudre, l'apostrophèrent vainement avec une rude énergie, le 28 à cinq heures, au sortir de la réunion Bérard. Le jeudi 29, vers deux heures après la prise du Louvre, du Palais-Royal et des Tuileries, après la capitulation des régimens de ligne, il consentit à faire partie de la commission municipale. Là, il accueillit avec les plus grands égards M. le comte de Sussy, négociateur pour Charles X. Un patriote était présent. Croyant parler au comte : « Vous venez directement de la part de notre roi? lui demanda M. Mouton. — Non, répondit le citoyen, je viens de la part du peuple. »

Dès le 22 août, il fut nommé, par Louis-Philippe, grand-cordon de la Légion-d'Honneur, puis commandant de la garde nationale parisienne, avec une indemnité annuelle de cinquante mille francs. Lafayette exerçait pour rien les fonctions de commandant général des gardes nationales de France, et sa fortune n'équivaut pas au tiers de celle de M. Mouton.

Ancien aide-de-camp de Napoléon, de *ce chef consommé dans l'art de vaincre*, il a outragé ses mânes en braquant les pompes de la ville sur les citoyens réunis au pied de la colonne pour célébrer l'anniversaire de sa mort.

L'anniversaire de juillet lui a valu le titre de maréchal. *Sic vos non vobis.*

N

NORVINS (Jacques-Marquet de Montbreton de), 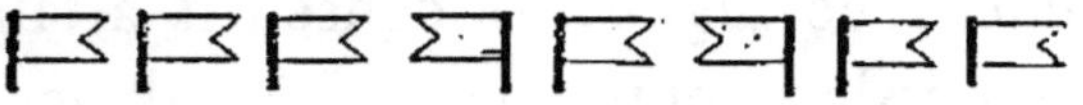

Préfet.

Conseiller au Châtelet en 88 ; y prenant la défense de Favras ; émigré ; officier dans un régiment allemand ; rentré en France après le 18 fructidor ; traduit devant une commission militaire ; obtenant par l'intercession de madame de Staël, un sursis qui lui sauve la vie ; mis en liberté après le 18 brumaire ; chef du secrétariat particulier de la préfecture de la Seine ; secrétaire du général Leclerc à Saint-Domingue ; employé dans les bureaux d'un ordonnateur au camp de Boulogne; gendarme d'ordonnance de Napoléon; lieutenant dans le même corps, à la recommandation de Joséphine; chevalier de la Légion-d'Honneur en 1807; secrétaire-général du conseil-d'état de Westphalie; secrétaire-général de la guerre; envoyé diplomatique à la cour de Bade; chambellan de la reine, introducteur des ambassadeurs; employé dans l'administration des Etats romains. Rendu au repos à la première restauration, mis en surveillance à la seconde. Il a publié, plus tard, divers ouvrages, entre'autres une histoire de Napoléon, que le *Constitutionnel*, le *Courrier*, tous les journaux ont déclaré admirable, et que la médisance a attribuée à MM. Tissot et Tenré.

« Il y a, disait madame de Staël, deux langues que je n'entendrai jamais: le chinois et le Norvins. »

Il faut que M. Guizot, qui cependant est de l'école de madame de Staël, entende l'une ou l'autre de ces deux langues, puisqu'il a fait de M. Marquet de Montbreton de Norvins, un des préfets de la révolution de juillet.

O

OUDINOT. (*Voyez* Reggio.)

PAER (FERDINAN), 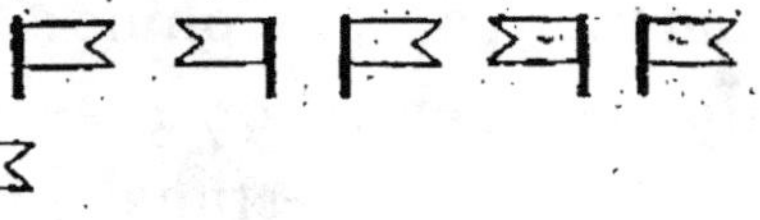

Célèbre Compositeur de Musique.

Filleul du duc de Parme; ramené de Dresde par Napoléon, après la victoire d'Iéna; directeur en chef des spectacles de la cour; compositeur de la musique de la chambre de Napoléon; maître de chant de l'impératrice Marie-Louise; l'un des auteurs de *l'Oriflamme*, grand opéra à la gloire de l'empereur.

Directeur des concerts particuliers du roi de France et de Navarre (mai 1814); publiant *A Luigi XVIII la Francia in pace, inno con musica del signor Paër.* (Prix 2 francs, chez l'auteur et chez les principaux marchands de musique.)

Pendant les cent-jours, rappelé aux fonctions de directeur des spectacles de la cour. (*Journal des Débats* du 31 mars 1815.)

Depuis le mois d'octobre 1817 jusqu'en 1820, compositeur et accompagnateur de la musique de la chambre du roi; directeur et compositeur de la même musique et de celle de la duchesse de Berry, jusqu'à la chute de Charles X; membre de la Légion-d'Honneur, de l'ordre de Saint-Louis et de l'Eperon d'or du pape; auteur de *la Primavera felice*, pour le mariage du duc de Berry, et de *Blanche de Provence, ou la Cour des Fées*, autre pièce de circonstance jouée en 1821.

PASQUIER (ETIENNE-DENIS, LE BARON),

Président de la Chambre des Pairs.

Auditeur au conseil-d'état, maître des requêtes, procureur-général du sceau des titres, baron d'empire, préfet de police, officier de la Légion-d'Honneur; enlevé de son hôtel par le conspirateur Mallet, jeté dans une voiture de place, conduit et enfermé à la Force jusqu'au dénouement de l'audacieuse entreprise.

L'ennemi s'approche. Le comte de Nesselrode réclame à M. Pasquier deux citoyens emprisonnés pour avoir empêché de tirer sur les troupes alliées. M. Pasquier les rend.

« Le 1er avril 1814, arrêté de police, signé *Pasquier*, annonçant la réouverture des barrières et la liberté de la circulation, sous les auspices des généraux Schwarzenberg et Sacken. »

Le préfet de police à ses subordonnés. — Paris,

4 avril. — « Heureux de voir enfin un terme s'offrir aux maux de ma patrie, je me suis empressé d'embrasser le nouveau moyen de la servir qui m'étai offert ; je m'y suis dévoué tout entier. J'attends que mes collaborateurs partageront mon dévouement, qu'ils s'empresseront de suivre toutes les directions qui leur seront données par le gouvernement provisoire, et qu'ils sentiront qu'il n'y a qu'une conduite franche, ouverte, loyale, qui puisse les maintenir dans une bonne et honorable situation. » (*Moniteur.*)

« Le 5 avril : arrêté de police qui place le monument de la place Vendôme sous la sauve-garde de la magnanimité de S. M. l'empereur Alexandre et de ses alliés. La statue qui le surmonte ne pouvant y rester, fera place à celle de la Paix. » (*Ibidem.*)

« Autre arrêté contre les individus assez peu délicats pour abuser de l'ignorance où peuvent être du prix des denrées et de la valeur des monnaies, les sujets des monarques dont la générosité éclate au plus haut degré, et dont l'histoire conservera un éternel souvenir. Les individus qui se rendent coupables de ces odieuses escroqueries ne sont pas Français. »

(*Ibidem.*)

« Autre arrêté pour faire disparaître les emblêmes, chiffres et armoiries de Bonaparte de tous les monu mens publics. » (*Ibidem.*)

Tant de zèle fut récompensé par une nomination aux fonctions de membre du conseil d'état-royal, et par la direction générale des ponts-et-chaussées.

Pendant les cent-jours, il fut du nombre des transfuges que toutes les démarches et toutes les sollicitations possibles ne purent faire entrer en grâce; mais à la seconde restauration, le ministère de la justice lui fut donné avec les sceaux. Membre de la Chambre introuvable, il ne s'y montra ni modéré, ni modérateur, et vota pour la loi sur les cris et écrits séditieux, et pour les cours prévôtales. Les sceaux lui avaient été enlevés pour être remis à M. Barbé-Marbois; ils lui furent rendus; et il les garda jusqu'à la fin de 1818. Ce fut sous son administration qu'eurent lieu les scènes sanglantes de Lyon, et que l'échafaud parcourut les campagnes du Rhône. M. Pasquier passa ensuite au ministère des affaires étrangères, opina fortement pour que l'abbé Grégoire fût exclu de la Chambre *comme indigne*, parla à plusieurs reprises contre le droit de pétition; définit la Charte *la monarchie héréditaire dans la famille royale*, et demanda enfin *de l'arbitraire pur et sans limites*, à l'occasion de la mort du duc De Berry. Dans la Chambre des Pairs, il soutint avec la même vigueur le système des lois d'exception, et professa que les journaux sont les plus grands ennemis de la liberté. « *L'horrible catastrophe*, dit-il, *dont nous sommes destinés à gémir long-temps;* (La mort du duc de Berry) en est une conséquence immédiate. »

Entré à la Chambre des Pairs, M. Pasquier y a combattu une délibération prise par la Chambre des députés, sur une proposition de M. de Conny, tendant à soumettre à la chance d'une réélection tout député qui, pendant la durée de son mandat, aurait accepté des fonctions du gouvernement; inébranlable daus ses principes, il proscrivait ainsi les idées constitutionnelles, émanant même d'un homme monarchique.

Président de la Chambre des Pairs après la révolution de juillet, il a dit au lieutenant-général :

« Vous avez défendu autrefois, les armes à la main, *nos libertés*, encore nouvelles et inexpérimentées : vous allez les consacrer aujourd'hui par les institutions et les lois. Votre haute raison, vos penchans, le souvenir de votre vie entière, nous promettent *un roi citoyen*. Vous respecterez nos garanties, qui sont aussi les vôtres. »

Et au roi citoyen :

« Encore pénétrés des grands événemens qui viennent de s'accomplir, nous venons remercier votre majesté de son dévoûment à la France, *Ces libertés si héroïquement défendues*, c'est sous votre règne seul que nous pouvons en jouir. Etre indispensable à un grand peuple qui reconnaît *librement* et avec calme cette nécessité, quel titre royal fut jamais plus noble et plus vrai? » (*Moniteur.*)

PERIER (Casimir), 

Président du Conseil des Ministres.

De 1799 à 1800, officier d'État-major dans le génie militaire en Italie, voué depuis lors au commerce.

« Oui, nous ne sommes que six ici (dans la Chambre), répondait-il aux trois cents esclaves de Villèle, mais nous avons derrière nous trente millions de Français. » Il disait vrai alors. Aujourd'hui, combien de voix lui répondraient?

M. Périer, sous les Bourbons, aspirait au porteeuille. Ses espérances furent vives en 1828. Martignac vint au pouvoir; alors il se tut : on prétendit que sa poitrine était malade; mais il nous a montré en novembre dernier, quand il a pris, pour succéder à M. Lafitte, la présidence de la Chambre, refusée deux mois plus tôt, ce qu'on doit penser de ces maux de poitrine.

Sorti de l'opposition, ayant quinze ans combattu les Bourbons, il a l'audace et l'aveuglement de rêver une monarchie pareille à la leur. Il pousse la royauté nouvelle dans les voies de celle qui a péri en juillet; et pourtant c'est lui qui disait, en 1828, à M. de Labourdonnaie : « Si, quand les hommes sont tombés, vous vous taisez sur les choses, on dira que vous n'avez vu avec joie les hommes tomber que pour vous enrichir de leurs dépouilles. »

On remarqua aussi qu'à l'époque du voyage d'un *auguste personnage*, comme on disait alors, dans le département de l'Aube, M. Périer le reçut dans son château avec un luxe tout financier et avec un empressement qui ne sentait pas l'opposition. L'hôte royal, surpris de tant de noblesse et de dignité dans un plébéien, s'écria : « Mais il est né cet homme-là ! » L'auguste souverain ne put trouver qu'une croix d'honneur et une admission dans les quadrilles de la cour, pour reconnaître le fastueux accueil de son sujet. Un ministère n'eût été que justice, si le monarque eût été plus généreux et la cour moins exigeante. Les espérances nobiliaires de M. Casimir sont mortes avec la royauté de quatorze siècles, et ce n'est pas un de ses moindres griefs contre les hommes de juillet.

Quand cette funeste révolution éclata, le nom de M. Périer revint tout d'un coup à la mémoire de Charles X, et il résolut de le prendre pour médiateur entre lui et le peuple qu'il faisait mitrailler. Si les Parisiens n'eussent pas été si prompts à la vangeance, M. Casimir eût été ministre quelques mois plus tôt.

Certes, ce n'est pas à son courage dans les trois journées qu'il doit cette place éminente : il était alors aussi tremblant qu'il est fier aujourd'hui. Le 26, lorsque quarante-cinq journalistes dévouaient leur tête en signant une protestation, il empêchait quelques-uns de ses collègues, réunis chez lui, de suivre cet exemple. Agité, hors de lui, écoutant à peine, ne répondant pas, ses amis craignaient pour sa raison.

Le lendemain, dans une autre réunion, quelqu'un lui ayant demandé pourquoi il avait empêché ses collègues de protester : « Prétendez-vous, s'écria-t-il d'une voix tonnante, me rendre responsable des événemens terribles qui se préparent? C'est épouvantable, et je ne pourrai le supporter. »

Son tempérament irascible et bilieux le porte souvent à des boutades peu parlementaires, et il n'a pas un ami qui le rappelle à *la pudeur!*

Cette instabilité de caractère le jette aussi dans les plus étranges contradictions. L'adversaire fougueux de la restauration est aujourd'hui son servile imitateur. Le 13 décembre 1817, il réclamait la liberté illimitée des journaux, et aujourd'hui, en deux mois, il intente plus de cinquante procès à la presse périodique. Il n'a cessé de demander, pendant dix ans, la réduction du budget, et il porte maintenant son budget à 1600 millions, et 1,500,000 fr. de dépenses secrètes. Il reprochait à Villèle l'ignominie de son attitude dans la cause des Grecs, et il laisse égorger ces braves Polonais, nos alliés naturels. Il criait après le servilisme des fonctionnaires de la restauration, et il ressuscite ses théories à propos des associations patriotiques. Envers les patriotes il est tout draconien : amendes, destitution, prison, échafaud même, il n'est rien qu'il ne demande contre eux. Jamais la restauration elle-même n'avait songé à prendre dix-neuf têtes d'un seul coup. Il fallait, pour une telle exigence, toute la modération du juste milieu. (*Notes et jugemens de la société* Aide-toi, le ciel t'aidera.)

PRADT (Dominique-Dufour de), 

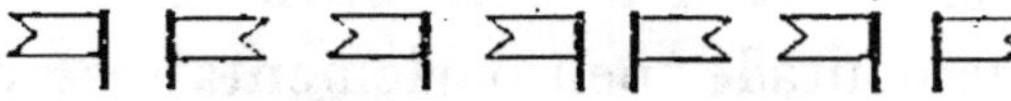

Ancien Archevêque.

Grand-vicaire de l'archevêque de Rouen avant la révolution ; député du clergé de Normandie aux États-généraux, y suivant la bannière des Cazalès et des Maury ; émigré, retiré à Hambourg, y publiant des écrits ayant pour but de soulever les puissances étrangères contre la France ; rayé de la liste des émigrés après le 18 brumaire ; renonçant à ses espérances, et revenant à Paris ; présenté à l'empereur par le général Duroc, son parent ; devenant son premier aumônier, ou plutôt l'*aumônier du dieu Mars*, comme il le disait ; créé baron en 1805, avec une gratification de 50,000 fr. ; évêque de Poitiers ; sacré par les mains du pape lui-même; chargé des négociations avec la cour d'Espagne, ce qui lui vaut une nouvelle gratification de 50,000 fr., l'archevêché de Malines et la croix d'officier de la Légion-d'Honneur; ambassadeur à Varsovie en 1812; destitué pour s'être mal acquitté de sa mission, et renvoyé dans son diocèse.

En 1814, conspirant contre Napoléon, son bienfaiteur, en faveur des Bourbons, qu'il ne connaissait pas; nommé chancelier de la Légion-d'Honneur par le gouvernement provisoire; destitué trois mois après; retiré en Angleterre; n'en revenant qu'après les *cent jours;* se réjouissant du désastre de Waterloo; essayant en vain de nouvelles démarches auprès des royalistes; renonçant alors à *la légitimité* comme à *la mitre;* vendant son archevêché de Malines, et se mettant à *brochurer* contre Napoléon, pour l'Amérique et pour la Grèce; parlant à tort et à travers, et confondant les choses les plus disparates.

Déféré aux tribunaux en 1820, pour une brochure sur les élections; y comparaissant entre un filou et une fille publique; appelé en 1828 à la Chambre par les électeurs de Clermont; démissionnaire presque aussitôt, parce qu'on ne faisait point assez de cas de ses opinions et de ses avis; furieux aussi de ce qu'on lui avait dit : *Monsieur l'abbé, de quel club de 93 sortez-vous?*

Rien à lui reprocher de semblable aujourd'hui; le saint homme est tout converti depuis la révolution de juillet. Il a cessé d'écrire dans le *Courrier* pour travailler à la *Quotidienne* et à *la Gazette*; enfin il s'élève en faveur de l'hérédité de la pairie et contre le rétablissement du divorce.

Q

QUELEN (Le Comte Hyacinthe-Louis),

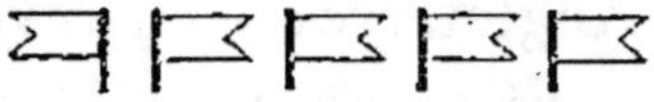

Archevêque de Paris.

Tonsuré en 1790, au moment où l'on dépouillait les églises; admis à la prêtrise en 1807, au séminaire de Saint-Sulpice; grand-vicaire de l'évêque de Saint-Brieux, attaché au cardinal Fesch, oncle de Napoléon; nommé à son insu, par la protection de l'abbé de Pradt, chapelain de l'impératrice Marie-Louise, place qu'il n'accepte pas; prêtre de l'église de Saint-Sulpice; attendant la fin de l'orage en chantant : *Domine, salvum fac imperatorem nostrum Napoléonem.*

A la première restauration, investi, par le cardinal Talleyrand de Périgord, de la direction spirituelle des maisons royales dépendantes du diocèse de

Paris, nommé ensuite vicaire de la grande aumonerie; voyant venir l'orage en chantant : *Domine salvum fac regem nostrum Ludovicum.*

Rentré dans la retraite durant les cent-jours, *pleurant et ne chantant plus.*

Reprenant ses fonctions au retour du roi; nommé coadjuteur de l'archevêque de Paris; évêque de Samosate *in partibus*; archevêque de Paris le 20 octobre 1821; recevant les missionnaires et les choyant; membre de la Chambre des Pair; se signalant par sa patriotique oppositon au remboursement des rentes; chantant encore, bien qu'il se meure : *Domine, salvum fac regem nostrum Ludovicum.*

Saluant le successeur du monarque mort; arrivant à l'Académie, à la place du cardinal de Beausset, lui indigne, qu'aucun titre littéraire ne recommande; félicitant Charles X des triomphes d'Alger; lui en prédisant *de plus doux encore*, et chantant, plein d'espérance : *Domine, salvum fac regem nostrum Carolum decimum.*

Dévasté, dans les trois journées, par la populace qui n'aime pas les jésuites; réfugié chez les *dames du Sacré Cœur, pleurant et ne chantant plus.*

Quoique Louis-Philippe soit sur le trône, peu désireux qu'on prie pour lui, et souffrant qu'on prie pour un autre; dévasté pour la seconde fois, en février 1831 par la populace qui n'aime pas les jésuites; réfugié de nouveau chez les *dames du Sacré Cœur, pleurant et ne chantant plus.*

Encourageant une souscription pour qu'on rebâtisse l'archevêché, dévasté par la populace l'arrêtant ensuite à la voix du gouvernement, mais déplorant l'impiété du siècle, les persécutions du clergé, la faiblesse du pouvoir, et regardant de mauvais œil le prêtre qui chante : *Domine, salvum fac regem nostrum Ludovicum Philippum.*

Pardonnez-leur, Seigneur, ils ne savent ce qu'ils font ! ! !

R

REGGIO (CHARLES-NICOLAS-OUDINOT, DUC DE)

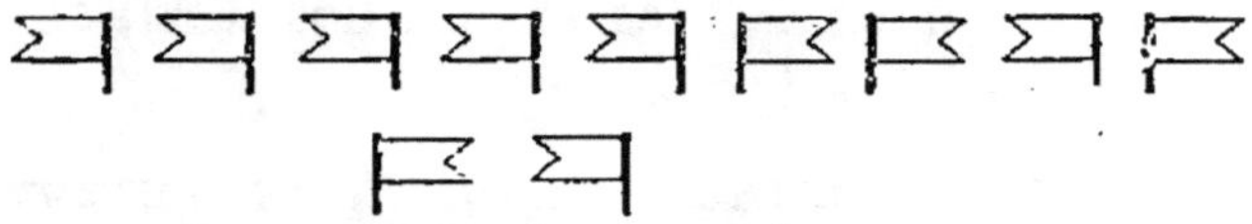

Maréchal de France.

Chef de bataillon des volontaires de la Meuse, en 1790; colonel du régiment de Picardie, dont il empêche les officiers d'émigrer; général de brigade; général de division, après un engagement contre les émigrés de l'armée de Condé; décoré d'un sabre d'honneur; grand-cordon de la Légion-d'Honneur, et commandant des grenadiers réunis de la grande armée;

gratifié du titre de *comte* après la bataille d'Ostrolenka; maréchal et duc de Reggio, après la bataille de Wagram.

Au prince de Talleyrand. « Monseigneur, j'arrive à Paris sans troupes, mais je les ai laissées prêtes et disposées à exécuter les mouvemens que pourrait ordonner le gouvernement provisoire; je prie votre altesse royale d'assurer au gouvernement que *j'aurai de la satisfaction* à m'utiliser pour l'organisation ou le commandement des troupes qu'on doit former au nom de Louis-Stanislas-Xavier. *Je suis, au reste, à la disposition du gouvernement pour ce qu'il voudra faire de moi.* » (*Moniteur.*)

« Notre cousin le maréchal Oudinot est nommé commandant en chef du corps royal des grenadiers et des chasseurs à pied de France. » (*Ibidem.*)

Appelé par Monsieur (Charles X) au conseil-d'état provisoire, décoré de la croix de Saint-Louis, le 1er juin 1814; gouverneur de la deuxième division militaire pour le roi; commandant de l'ordre de Saint-Louis.

Tous ses efforts ne purent contenir l'impatience de ses troupes, qu il'abandonnèrent pour aller au dèvant de Napoléon.

« Extrait des lettres du maréchal duc de Reggio, du 23 mars 1815. A Metz et dans toutes les places de l'Est, l'esprit des peuples, le dévoûment des soldats, sont les mêmes. *Partout l'aigle et les couleurs nationales sont déployées.* » (*Moniteur.*)

« Le 24 mars, le colonel Jacqueminot, aide-de-camp du duc de Reggio, apporte les adresses de corps des 3e et 4e divisions, et les remet à l'empereur pendant la parade. » (*Ibidem.*)

Après la seconde restauration, le duc de Reggio fut nommé commandant de la garde nationale parisienne, major-général de la garde royale, pair de France, ministre d'Etat, grand-cordon du Lion-Belge, grand'croix de Saint-Louis, chevalier du Saint-Esprit. Il accompagna le duc d'Angoulême dans sa campagne d'Espagne ; Madame de Reggio était dame d'honneur de la duchesse de Berry.

A l'avènement de Charles X, un grand dîner a lieu à l'état-major de la garde nationale. Voici le toast du maréchal : « Au successeur de Louis XVIII, qui hérite de son cœur comme de son sceptre! *au petit-fils de Henri IV, sa vivante image!* à Charles X *le bien-aimé!* Vive le roi!! » (*Moniteur.*)

M. le maréchal figure à la procession du sacre, à côté de M. de Châteaubriant, et devant M. de Bellune.

En 1825, son château de Jeand'heure recevait madame la duchesse de Berry.

En 1830, après la victoire du peuple, on y accueillait les vainqueurs de la légitimité.

M. le maréchal a ses entrées au Palais-Royal, comme il les avait aux Tuileries.

ROYER-COLLARD (PIERRE-PAUL),

Député.

Sorti du conseil de la commune de Paris, dont il était secrétaire au 10 août, et entré au conseil des Cinq-Cents, il fut exclu de la représentation nationale au 18 fructidor, pour cause de royalisme. Il continua néanmoins ses intrigues contre-révolutionnaires dans le conseil établi par Louis XVIII, en France et à Paris même, pour hâter le retour des Bourbons, conseil dont il fit partie pendant plus de vingt ans. Il avait prêté serment à la constitution de l'an III. Nommé, en 1811, inspecteur-général de l'Université, doyen de la Faculté des Lettres et professeur d'histoire de la philosophie moderne, il prêta serment à l'empire. Comment accorder ces deux sermens avec l'état de conspiration permanente dans lequel se trouvait M. Royer-Collard ?

M. Royer-Collard a aussi prêté serment à Louis-Philippe en 1830, et il s'est abstenu de voter, bien que présent, dans la discussion solennelle sur l'exclusion des Bourbons. Qu'en conclure ?

A la restauration de la famille royale sur le trône de France, il fut directeur-général de l'imprimerie et de la librairie, conseiller-d'état et chevalier de la Légion-d'Honneur.

Au retour de Napoléon, il conserva le titre de professeur et de doyen de la Faculté des Lettres.

Après la seconde restauration, il fut appelé au conseil-d'état, et nommé président de la commission royale de l'instruction publique.

Si l'on cite en son honneur le rétablissement de l'École Normale, bientôt supprimée par le ministère Villèle, ses efforts pour écarter les proscriptions de la loi d'amnistie, son opposition aux deux degrés d'élection, que le côté droit voulait introduire dans la loi de 1816, son discours en faveur du jury, du vote contre la loi du sacrilége, en 1823, et contre la septennalité en 1824; sa septuple nomination en 1827, son beau discours de réception à l'Académie française, on se rappelle aussi qu'en 1825 il vota pour la détention indéfinie des prévenus politiques, et pour le rétablissement des cours prévôtales; en 1816, pour la suspension de la liberté individuelle; préconisant dès lors les principes qui ont amené le coup d'état du 25 juillet, affirmant que la Charte pouvait être suspendue; en 1817, pour le maintien de l'organisation universitaire et pour la censure contre la presse périodique; en 1818, pour le cautionnement des journaux. On se rappelle qu'en 1829, il refusa toute pétition en faveur des bannis, et justifia la destitution de M. Bavoux, après l'avoir provoquée. Si l'on dit que, comme président de la Chambre, il a montré quelque impartialité, on se rappelle aussi cette séance du 21 juillet 1828, où il fermait despotiquement la discussion, qui n'avait point été ouverte, sur une pétition demandant le rétablissement de la garde nationale.

On le regarde comme un homme consciencieux, et dix ans il a reçu les émolumens d'une chaire de philosophie qu'il ne remplissait pas, et plus longtemps peut-être encore, malgré ses sermens, il a reçu, sous un nom supposé, Remy ou tout autre, le traitement que les Bourbons donnaient à leurs agens secrets.

On le regarde comme un chef de doctrine philosophique, et ses élèves, arrivés au pouvoir, n'ont montré qu'impuissance, incapacité, vaine pompe de paroles et de principes cachant un vide affreux de sentimens et de conviction.

On le regarde comme un homme fort, et toujours il a reculé devant l'action : au 10 août, quand soufflait la tourmente révolutionnaire ; au 18 brumaire, devant un coup-d'état militaire ; au 20 mars 1815, devant un homme prodigieux ; au 29 juillet 1830, devant un peuple plus extraordinaire encore.

Réduit à se survivre à lui-même, c'est lui qui, avec un autre disgrâcié de la doctrine, M. Decazes, souffle à nos petits hommes d'état les mots de *quasi légitimité* et de *prolétaires éloquens*, raidissant toujours leurs petits bras contre un torrent qui les emporte. (Jugemens de la société : *Aide-toi, le ciel t'aidera!*)

SÉBASTIANI (HORACE-FRANÇOIS DE LA PORTA),

Ministre.

Descendant, non d'une famille noble, mais d'un *père tonnelier*, compatriote et non parent de Napoléon, il entra au service en 1792, fut nommé chef de bataillon après l'affaire d'Arcole, et colonel sur le champ de bataille de Vérone. Arrivé à Paris avec son régiment, il se montra peu favorable aux idées de liberté, et eut des démêlés sérieux avec la Société du Manége, dont il défendit l'entrée à tous ses officiers, sous-officiers et soldats. Il coopéra activement au coup d'état du 18 brumaire, se porta avec son régiment au palais des Cinq-Cents; occupa, toute la nuit, le palais du Directoire, et courut le lendemain à Saint-Cloud consommer l'attentat.

L'histoire de sa carrière diplomatique se borne à deux voyages en Turquie, à un séjour délicieux à Constantinople, à une exécution consciencieuse et peu méritante des ordres du maître, et enfin à un brillant service rendu au sultan, que menaçait la flotte anglaise.

Nommé général de brigade en 1803, il obtint le grade de général de division trois jours après la bataille d'Austerlitz, et le grand cordon de la Légion-d'Honneur après la victoire incertaine d'Eylau. Général en chef en Espagne, au camp de Boulogne, et à l'avant-garde de l'armée de Russie, il entra le premier dans Moscou, se distingua à la bataille des Arcis, et ne remplit aucun emploi à la première restauration.

Dans *les cent-jours*, il fut nommé membre de la Chambre des Représentans par le département de l'Aisne, et envoyé, après le désastre de Waterloo, aux souverains alliés, avec cinq de ses collègues, pour traiter de la paix.

« *Séance du 5 juillet* 1815. Un membre annonce que les plénipotentiaires au quartier-général des souverains alliés déclarent que ces puissances ont montré des dispositions favorables, et particulièrement l'empereur Alexandre ; qu'ils avaient entendu souvent dire et répéter que l'intention des alliés n'était point de gêner la France dans le choix de son gouvernement. — Un autre membre, M. le général Sébastiani, peut également confirmer... LE GÉNÉRAL SÉBASTIANI : ce qui vient de vous être dit, est très-vrai. » (*Moniteur.*)

La commission s'était prononcée vivement, mais infructueusement, contre le retour des Bourbons.

En 1819, président du collége électoral de la Corse; c'est sous le patronage de M. Decazès, et comme possédant toute la pensée de ce favori du chef de la maison des Bourbons, qu'il se présente aux électeurs. Il est proclamé député.

En 1820, parlant sur le budget de la guerre, il dit : « La France a perdu *ses frontières naturelles*, qui pouvaient seules assurer son repos et peut-être même celui de l'Europe. »

En 1822, il veut qu'on se prépare à *une guerre glorieuse :* « Depuis que l'Italie est occupée par l'Autriche, dit-il, il est nécessaire que la France se tienne sur ses gardes. »

En 1827 : « La France occupe-t-elle, s'écrie-t-il, le rang que lui assigne une population de trente-deux millions d'habitans, et le génie belliqueux de ses peuples? Qui ne gémirait en voyant l'abaissement de notre influence dans toutes les cours de l'Europe? Contens de nous traîner à la suite du cabinet de Vienne, ce n'est que par une intervention timide que nous appuyons les armes et l'héroïsme des défenseurs de la croix. »

Voilà M. Sébastiani député avant la révolution. Voyons M. Sébastiani ministre des affaires étrangères après cette révolution.

Il a empêché la France de reprendre *ses frontières naturelles*, les forteresses que lui enlevèrent les traités de 1815; il a, en signant la séparation du Luxembourg de la Belgique, abandonné aux Prussiens une partie militaire qui n'est qu'à 50 lieues de Paris ; il a livré l'Italie aux Autrichiens, et jeté les patriotes de ce pays à la hache des bourreaux ; lui qui invoquait notre appui pour la Grèce, il a froidement déclaré que cette héroïque Pologne, qui nous sauve de l'invasion, était *destinée à périr*.

Le 27 juillet, il répondait à ceux qui venaient le chercher, qu'*ils étaient de la canaille voulant le compromettre*, et qu'il les ferait mettre à la porte.

Le 28, dans la cour de M. Bérard, il a essuyé, avec son collègue Mouton, les plus violens apostrophes.

Le 29, il n'a fait que paraître à la commission municipale.

En août 1831, il s'est battu avec l'honorable général Lamarque, qui l'avait appelé le *Lebeau de la France*. Il avait pour second, Jacqueminot et Rumigny ; Lamarque n'avait pas de seconds.

Grand seigneur issu de famille roturière, comte d'empire, ex-duc de Murcie, chamarré de rubans, jouissant de plus de cent mille livres de rente, il a laissé bien loin derrière lui les aristocrates de la vieille souche. En le poussant, Napoléon n'était pas moins déterminé par les grâces de sa personne que par son mérite. Sébastiani passait pour un des plus jolis officiers de l'armée. C'était le *Cupidon de l'empire* (Note de la Société *Aide-toi, le ciel t'aidera.*)

SEGUIER (Antoine-Jean-Mathieu),

Premier Président de la Cour royale de Paris.

Fils de l'avocat-général Seguier, famille totalement étrangère à celle du chancelier Seguier.

Substitut du procureur-général avant la révolution; officier de cavalerie dans l'armée de Condé; substitut du commissaire et commissaire par *interim* du gouvernement près le tribunal de première instance de la Seine en 1802; président du tribunal d'appel; premier président de la cour impériale de Paris; baron de l'empire; commandant de la Légion-d'Honneur; maître des requêtes.

A l'empereur « Sire, il ne vous a pas suffi d'élever un empire tel que n'en avait jamais vu l'Europe policée; vous voulez qu'il subsiste par son propre poids, comme ces merveilleuses pyramides que vous avez autrefois conquises pour les visiter. Vous en liez toutes les parties pour former un ensemble indestructible. Quand vous partez, Sire, nous savons que vous reviendrez avec de nouvelles couronnes, et elles sont si rapidement acquises, qu'à peine nous avons le temps de préparer nos félicitations. Si nos expressions doivent paraître disproportionnées devant votre gloire immense, nous pouvons du moins mettre aux pieds de votre majesté des sentimens purs, simples et que ne dédaignera pas un grand cœur : c'est notre respect pour vos desseins profonds, notre admiration pour vos succès innombrables, notre zèle et notre dévoûment à vous servir, nos vœux constans et unanimes pour la conservation de votre personne sacrée. » (*Moniteur* du 24 février 1814.)

Au même. « Sire, en votre absence un complot détestable a été tramé ; des insensés ont tenté d'ébranler ce que le génie, le courage avaient fondé. Ils voyaient l'auguste rejeton de notre empereur, et ils ont méconnu le principe fondamental de la monarchie, que le roi ne meurt pas. Ah ! Sire, daignez en croire la vive expression des sentimens que nous portons au fond de nos cœurs ; l'autorité impériale n'aura jamais de plus fermes appuis que nous : nous sommes prêts à tout sacrifier pour votre personne sacrée, et pour la perpétuité de votre dynastie. »

(*Ibidem.*)

Au gouvernement provisoire, 1814 : « La Cour impériale, sentant tout le prix des efforts qui ont *enfin* délivré la France d'un *joug tyrannique*, pénétrée de respect et d'admiration pour *des princes augustes*, modèle de désintéressement et de magnanimité, exprimant aussi son amour pour la noble race de rois qui, pendant huit siècles, a fait la gloire et le bonheur de la France, et qui seule peut ramener la paix, l'ordre et la justice dans une patrie où des vœux secrets n'ont cessé d'invoquer le souverain légitime, arrête qu'elle adhère unanimement à la déchéance de Bonaparte et de sa famille, et que, fidèle aux lois fondamentales du royaume, elle appelle de tous ses moyens le chef de la maison de Bourbon au trône héréditaire de saint Louis. »

(*Moniteur.*)

A Monsieur (Charles X), avril 1814. « Enfin, la Providence nous restitue nos souverains légitimes; nous possédons *Monsieur*, bientôt nous aurons le roi *qui n'a pas cessé de régner sur nos cœurs.* Tant que se perpétuera la race de saint Louis, la France sera son héritage, les Français sa famille. Les expressions nous manquent aux pieds de V. A. R.; mais quand les langues balbutient, les âmes se parlent.... Que V. A. R. excuse le désordre où nous jette *sa présence miraculeuse.* (*Ibidem.*)

Au roi Louis XVIII; mai 1814. « Henri IV disait en entrant dans Paris: je vois bien que ce pauvre peuple a été tyrannisé; et il ajoutait: ils sont affamés de voir leur roi. Prêts à être victimes d'une lutte sanglante, nous avons élevé nos bras vers des princes, instrumens généreux de la divinité, et nous avons redemandé à grands cris notre antique souverain.

Le ciel prend pitié de nous. Il avait marqué le terme de l'oppression; il nous rend le prince de sa volonté, et cette illustre orpheline, ange de consolation, brillant modèle de vertu.... » (*Ibidem.*)

Louis XVIII, tout ému, nomma M. Seguier conseiller-d'Etat et premier président de la cour royale; mais bientôt Napoléon paraît sur un point de la France ; M. Seguier court aux Tuileries, et dit à Louis XVIII :

« Sire, il s'est trouvé un homme qui eût pu faire le bonheur de la France en aidant son roi à s'asseoir sur le trône. Tant que cette espérance s'est laissée entrevoir, tout lui a été facile..... Le ciel n'était pas satisfait : celui qui a versé tant de sang doit une expiation plus mémorable. La main de Dieu saisit le grand coupable : reposez vos yeux, sire, sur des sujets prêts à vous faire un rempart de leurs corps.... »

(*Ibidem.*)

Napoléon, de retour aux Tuileries, remplaça M. Seguier ; mais la seconde restauration le rendit à ses fonctions, et le nomma pair de France. On se souvient encore du discours plus que louangeur qu'il prononça en novembre 1816, à la rentrée de la cour royale : Béranger s'est égayé sur tant d'exagération, dans une de ses chansons piquantes.

Hâtons-nous d'arriver à une époque plus honorable pour M. Seguier. Eclairé d'un rayon subit, il se prononce en faveur du *Constitutionnel* et du *Courrier*, traduits à sa barre, et encourt la disgrâce de son ancien ami Charles X ; il poursuit sans relâche les assassins de la rue Saint-Denis ; il protége la liberté individuelle, la liberté de la presse ; il résiste aux empiétemens du pouvoir ; il se lance enfin en pleine opposition royaliste-constitutionnelle.

Là se trouve la révolution de juillet ; il court au Palais-Royal et dit au duc d'Orléans : « Monseigneur, dans la secousse violente qui a déchiré le sein de la France, et menacé nos institutions, tous les regards se sont tournés vers V. A. R. Jeune encore *aux premiers jours de la révolution*, vous avez pris part à ses trophées, vous avez été instruit par ses traverses, et vous avez retenu d'elle *tout ce qui est cher à l'honneur national.* Eh ! que nous sommes heureux, monseigneur, de vous voir entouré de ces nombreux rejetons, élevés au milieu de nous, dans nos colléges ! .... » (*Moniteur.*)

SÉMONVILLE (Charles-Louis-HUGUET, marquis de)

Grand référendaire de la Chambre des Pairs.

Conseiller au parlement de Paris en 1777; élu député suppléant aux Etats-Généraux, le 31 juillet 1789, au nom des représentans de la commune de Paris, il invita l'Assemblée nationale à organiser promptement des tribunaux pour juger les *aristocrates conspirateurs.* Envoyé secret en Belgique, pour en observer les mouvemens républicains. Ambassadeur à Gênes, il fait mettre sur la porte de son hôtel, au lieu d'armoiries, un tableau représentant *la France embrassant le génie de la liberté.* Le Sénat défendit aux nobles de la ville d'accepter les invitations de Sémonville. La cour de Turin refuse, en 1792, de le reconnaître; même refus de la part de la Porte. Sémonville, pour s'en venger, réussit à décider la cour de Naples à rappeler son ambassadeur en Turquie. Accusé, en 1793, de cacher des sentimens royalistes sous des dehors républicains, il est destitué et envoyé en Corse, où il se lie avec la famille Bonaparte; enfin, au mois de mai il part pour son ambassade de Constantinople. A Florence il devait se concerter pour sauver la famille de Louis XVI, enfermée au Temple; son plan échoua et il fut détenu plus de trente mois dans le Tyrol. Echangé par l'Autriche contre la fille de Louis XVI, il se présenta au conseil des Cinq-Cents et reçut l'accolade du président.

Conseiller-d'état au 18 brumaire, ambassadeur en Hollande, sénateur et commandant de la Légion-d'Honneur en 1805, il fut, en 1809, pourvu de la sénatorerie de Bourges. L'empereur enfin le nomma, en 1813, commissaire extraordinaire dans la vingt-unième division militaire.

Il fut un des premiers à adhérer à la déchéance de Napoléon, et rentra dans la Chambre des Pairs, où il se prononça fortement contre la réhabilitation de la mémoire du général Moreau. Nommé grand-référendaire, il réunit en lui seul les fonctions de chancelier, de prêteur, de questeur et du trésorier du Sénat.

Le 20 mars 1815, à midi, en l'absence du ministère, il fit enregistrer l'ordonnance du roi pour la clôture de la session, et se retira dans ses terres. Napoléon était déjà aux portes de Paris.

Fait marquis en 1818, fondateur de la société pour l'amélioration des prisons en 1819, il opina en 1820, pour que les pairs fussent sujets à la contrainte par corps, et s'opposa, en 1824, au nom de la charte, à ce qu'un article du règlement permît la publicité des séances.

Le 29 juillet 1830, il négociait pour Charles X auprès des Députés réunis à l'Hôtel-de-Ville. Le 2 août, il courait, avec M. de Pastoret, au Palais-Royal, présenter ses hommages au lieutenant-général du royaume.

Aussi est-il resté grand-référendaire.

La pairie étant remise en question, il s'est avisé, un beau jour, d'un coup de tête, pour essayer de se populariser. Il a retiré d'un poudreux grenier les drapeaux d'Ulm, qui y sommeillaient depuis la restauration, et en a tapissé la salle des séances.

Grande rumeur au dehors et dans plus d'un haut lieu ! M. de Sémonville s'est tout-à-coup rappelé qu'il avait été patriote une autre fois dans sa vie, alors qu'il repoussa la réhabilitation de Moreau. Il a voulu encore en essayer. Cela lui réussira-t-il aussi bien qu'en 1814, où Louis XVIII lui confia la place qu'il occupe aujourd'hui ? Nous verrons...

SOULT (Nicolas-Jean-de-Dieu),

Maréchal de France.

Soldat dans le régiment Royal-infanterie, en 1790; sous-lieutenant de grenadiers dans le premier bataillon du Haut-Rhin ; puis, adjudant-major, capitaine, adjudant-général-chef-de-bataillon, général de brigade, en 1794 ; général de division, le 2 floréal an VII ; commandant supérieur en Piémont, après la bataille de Marengo ; colonel-général de la garde des consuls, après la paix d'Amiens ; commandant en chef du camp de Boulogne ; maréchal de France, en 1804 ; grand-cordon de la Légion-d'Honneur, et chef de la quatrième cohorte de cet ordre, en 1805; duc de Dalmatie, en 1807 ; major-général des armées françaises en Espagne, en 1809 ; *songeant à se faire proclamer roi de Portugal, en* 1812.

On n'a pas oublié son ordre du jour contre le duc d'Angoulême, en mars 1814. Cependant il attendit le prince à la tête des divisions de l'aile gauche, et le complimenta. (*Journal des Débats*, du 15 mai 1814.)

Louis XVIII le nomma au gouvernement de la 13e division militaire, et le créa commandeur de l'ordre royal et militaire de Saint-Louis. Tourmenté par l'ambition, et peu satisfait de la gloire qu'il avait acquise sur les champs de bataille, il afficha le royalisme le plus pur, et provoqua l'érection d'un monument consacré aux mânes des émigrés de Quiberon.

Nommé, le 3 décembre, au ministère de la guerre, il publia, le 8 mars 1815, l'ordre du jour suivant :

« Soldats, *cet homme* qui naguère abdiqua, aux yeux de toute l'Europe, *un pouvoir usurpé*, dont il avait fait un si fatal usage, Bonaparte est descendu sur le sol français qu'il ne devait plus revoir. Que eut-il ? La guerre civile. Que cherche-t-il ? Des traîtres. Où les trouverait-il ? Serait-ce parmi ces soldats qu'il a trompés et sacrifiés tant de fois en égarant leur bravoure ? Bonaparte nous méprise assez pour croire que nous pouvons abandonner *un souverain légitime et bien-aimé*, pour protéger le sort d'*un homme qui n'est plus qu'un aventurier*. Soldats, l'armée française est la plus brave armée de l'Europe ; elle sera aussi la plus fidèle. Rallions-nous autour de *la bannière des lis* à la voix de ce *père du peuple*, de ce digne héritier des vertus du *grand Henri*. Il met à notre tête ce prince, *modèle des chevaliers* français, dont l'heureux retour dans notre patrie a déjà chassé *l'usurpateur*.... » (Moniteur.)

Malgré ces belles paroles, les royalistes soupçonnaient le maréchal. Harcelé sans cesse par les champions de la légitimité, il dépose son portefeuille le 11 mars. Louis XVIII lui écrit le 16, « pour lui témoigner sa satisfaction de ses services, l'estime qu'il en fait, et le désir qu'il a de les éprouver encore. »

Au retour de Napoléon, il accepte la dignité de

pair et les fonctions de major-général. C'est en cette dernière qualité qu'il publie, le 1er juin 1815, l'ordre du jour suivant :

« Soldats, ... des armées étrangères avancent sur nos frontières. *Quel est l'espoir de cette nouvelle coalition!* Cent victoires éclatantes, que des revers momentanés etdes circonstances malheureuses n'ont pu effacer, doivent lui rappeler qu'une nation libre, conduite par *un grand homme*, est invincible...... Les engagemens que *la violence nous avait arrachés*, sont détruits par la fuite des Bourbons, par l'appel qu'ils ont fait aux armées étrangères, par le vœu de la nation qui, en reprenant le libre exercice de ses droits, a solennellement désavoué tout ce qui avait été fait sans sa participation. » (*Ibidem.*)

Le maréchal Soult combat, avec son courage ordinaire à Waterloo, suit l'armée au-delà de la Loire et se retire dans le département de la Lozère. Arrêté par la garde nationale, il est détenu jusqu'à ce qu'un ordre du roi le fasse remettre en liberté. Compris dans l'ordonnance du 24 juillet, il se retire avec sa famille à Dusseldorff. Mais, avant son départ, il publia un *Mémoire* dans lequel on remarque les passages suivans (pages 31 à 32. Paris, *Lenormant*, *imprimeur-libraire*. in-8o) :

« Le ministère aurait-il laissé ignorer à S. M. qu'avant le 18 juin 1815, et dès l'instant où l'abdication de Buonoparte (*sic*) me permit d'exprimer hautement mes vœux, il n'est aucun effort que je n'aie fait, aucun danger auquel je ne me sois exposé pour ramener vers nos princes légitimes et les troupes et les citoyens, et les diverses autorités de l'État? Pendant que les esprits et les factions s'agitaient pour savoir sur quelle tête devait être placée la couronne de France, qu'on SUPPOSAIT vacante, m'a-t-on vu hésiter un seul instant à méconnaître, à proclamer les droits des Bourbons? Ne l'ai-je pas ait au milieu de la Chambre des Pairs, dans le sein de la commission du gouvernement provisoire, en présence de tous les généraux de l'armée, réunis en conseil de guerre pour délibérer sur la défense de Paris? Ai-je besoin de dire que c'est mon empressement et ma franchise à soutenir que le bonheur de la France dépendait de la prompte soumission au roi, qui me rendirent suspect au gouvernement, et me firent rappeler de l'armée, dont le commandement fut confié au comte Grouchy? »

Le 28 mai 1819, le roi l'autorisa à rentrer en France, et lui remit le bâton de maréchal le 6 février 1821. Son premier soin fut de se réconcilier avec ceux qui l'avaient accusé de trahison. Il se prononça contre les libertés publiques, et édifia le parti dont il ambitionnait les suffrages en remplissant avec une piété fervente ses devoirs de religion, en suivant dévotement les processions.

Ce dévoûment fut récompensé par le titre de chevalier-commandeur de ses ordres, que Charles X lui donna à Reims le 30 mai 1825, et par sa promotion à la pairie où l'appela, en novembre 1827, le ministère Villèle aux abois.

La révolution de juillet 1830, est venue confier le portefeuille de la guerre au maréchal Soult, alors que le maréchal Gérard se retirait du ministère. La marche de l'administration n'a point changé depuis. Ce sont toujours les ennemis de la révolution qui dominent dans les grades. Défense a été faite par le nouveau ministre aux jeunes officiers, sous peine de destitution, de prendre part aux *associations patriotiques* pour l'expulsion de la branche aînée des Bourbons, et pour assurer l'indépendance nationale. Sa circulaire est digne de celles du ministère Villèle et Corbière. Où allons-nous ?

SOUMET (ALEXANDRE),

Académicien

Auditeur au conseil-d'état sous Napoléon, il lui en témoigne sa satisfaction par un dithyrambe.

Noble fils des héros, pardonne mon audace!
Le feu de ton courage allume mes transports.
Pour dire tes exploits l'Apollon de la Thrace
Eût vainement épuisé ses accords;
Et ce mortel dont le délire
Tenta de se frayer un chemin dans les cieux,
Pindare, qui jadis osa chanter les dieux,
A tes pieds eût brisé sa lyre.

Il chante avec un égal enthousiasme *le roi de Rome*, qu'il appelle *un nouveau Messie.*

Avec la restauration, il change de culte et de sujets.

Son premier ouvrage est une *Oraison funèbre de Louis XVIII.*

Puis il arriva à l'Académie, côte à côte avec l'archevêque Quelen, quelques jours après la mort de Louis XVIII, et dit :

« Le deuil de la France entière vient m'avertir qu'en retraçant les pertes que les Muses ont à déplorer, j'oublie la plus récente et la plus douloureuse, *celle de leur auguste protecteur.* Tandis qu'il s'empara majestueusement de sa funèbre demeure, un nouveau règne commence avec non moins de grandeur et de majesté. L'auguste frère de Louis XVIII, comme ces illustres chevaliers dont il nous retrace l'image, *qui ne trahissaient jamais leurs sermens*, sera fidèle à l'unique vœu qu'il a formé, celui de faire le bonhenr de son peuple. *Il nous a captivé par le charme de ses paroles*, et l'on s'étonne de rencontrer tant de bienfaits dans un règne qui compte encore si peu de jours. Le duc d'Angoulême avait réuni les partis *autour d'un drapeau;* le nouveau roi les rassemble autour du trône. Son avènement ressemble à une victoire de son fils. » (*Moniteur.*)

Bientôt M. Soumet contribua à l'arrangement de l'opéra de *Pharamond* pour les fêtes du sacre. On y retrouve en vers ce que nous venons de citer en prose.

Peuples, avec orgueil je vous montre mon fils.
Votre attente par lui ne sera pas trompée;
Et les chefs du conseil honorent ses avis,
Comme nos soldats son épée.

Puis il composa une cantate pour la même circonstance.

Salut, ô nouveau roi de France!
Le premier des fils de Henri,
Ton peuple devant toi s'incline,
Lève sous l'empreinte divine
Un front de gloire étincelant!
Prends le sceptre de Charlemagne,
Près du vainqueur à qui l'Espagne
Décerna le fer de Roland,

Comme on le voit, le vainqueur du Trocadéro n'est jamais oublié dans les vers de M. Soumet.

La légitimité s'est bien conduite avec lui; elle lui a donné la croix d'honneur et l'a nommé conservateur de la bibliothèque de Rambouillet.

Le gouvernement des barricades l'y a, dit-on, conservé. Il en sera récompensé par des vers tels que ceux pour Napoléon, le roi de Rome et Charles X.

SUSSY (COLLIN, COMTE DE),

Pair de France.

Receveur des douanes sous le Directoire;

Conseiller-d'État sous le consulat;

Directeur-général des douanes sous l'empire; puis comte, grand-officier de la Légion-d'Honneur, ministre du commerce, grand'croix de la Réunion.

Comme officier supérieur de la garde nationale, il avait promis à Napoléon de *faire au roi de Rome un rempart de son corps*. Il ne tint pas parole; le roi de Rome s'enfuit, et Louis XVIII arriva tout exprès pour supprimer le ministère du commerce et destituer M. Collin.

Resté sans emploi durant la première restauration, il fut enchanté du retour de l'empereur, qui le rendit plus joyeux encore en l'appelant à la présidence de la cour des comptes, en remplacement de M. Barbé-Marbois.

« Sire, lui dit M. Collin, des trahisons aussi lâches qu'imprévues, sans abattre le courage de Votre Majesté, avaient paralysé toutes les ressources de *son puissant génie*. Une seconde fois la France fut privée du seul bras qui pouvait la sauver. Ah! sans doute, pendant les onze mois qui viennent de s'écouler, elle a su apprécier la grandeur de sa perte..... La grande âme de Votre Majesté s'en est trouvée émue. La nation vous appelait, *elle vous a reconquis*. Puisse Votre Majesté être bientôt réunie aux plus chers objets de son affection et de l'amour des Français! » (*Moniteur.*)

Créé pair de France, le 5 mars 1819, par Louis XVIII;

Nommé président de la commission des monnaies par Charles X.

Le 30 juillet 1830, après la victoire du peuple, il se présentait à la Chambre des députés pour traiter au nom du roi légitime. On le renvoya à l'Hôtel-de-Ville, qui ne voulut point l'écouter.

Il est aujourd'hui tout dévoué au gouvernement de juillet. Il commande une légion de la garde nationale, et a eu le malheur d'être maltraité dans une émeute. Que voulez-vous de plus?

SAINT-CRICQ (COMTE DE), 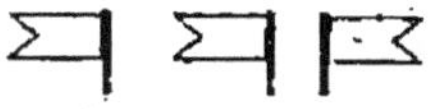
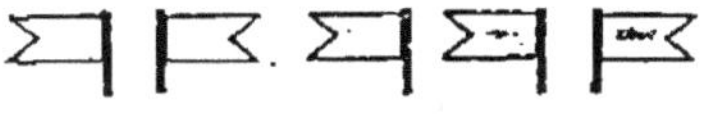

Ancien Ministre.

Président aujourd'hui, pour la troisième ou quatrième fois, du bureau du commerce; comte de la façon des Bourbons, noblesse qui ne remonte qu'à dix ans de date.

Il passe pour habile en affaires, et n'a jamais su faire que les siennes. Que Napoléon tombe ou se relève, que les Bourbons rentrent ou sortent, la roue ne s'arrête pas pour lui; sa fortune marche toujours.

Secrétaire-général de préfecture en 1803; chef de division à l'administration des douanes en 1804; officier de la Légion-d'Honneur en 1811; directeur-général des douanes en 1814; député, conseiller-d'État en 1815; comte en 1818; commandeur de la Légion-d'Honneur en 1821; grand-officier en 1823; président du bureau du commerce en 1824; ministre d'État en 1826; ministre du commerce en 1828; puis déplacé, replacé deux ou trois fois au bureau du commerce, où il est enfin aujourd'hui fixé au moins pour six mois.

C'est un des protées politiques les plus souples que l'empire et la restauration aient dressés. La révolution de juillet elle-même ne l'a point effleuré. Son secret est de voter avec tous les ministres depuis Villèle jusqu'à Martignac, et de les forcer ensuite à la reconnaissance. Il garde entre autres du ministère déplorable, un souvenir de 12,000 fr. de pension comme ministre d'État.

Chef inévitable du commerce français depuis vingt ans, il est sans doute l'homme de France qui le comprend le moins. Des prohibitions, rien que des prohibitions, toujours des prohibitions, tel est son mot d'ordre. « Les douanes sont tellement nécessaires, disait-il en 1820, que, si le Trésor, au lieu d'en recevoir quelques millions, devait sacrifier quelques milllions pour les maintenir, il n'y aurait pas à hésiter pour leur conservation. »

Voilà l'homme que M. Périer n'a pas craint de rappeler aux affaires, comme si trois ou quatre épreuves n'avaient pas suffisamment révélé son incapacité. Voilà un des hommes qui s'adjudent déjà *in petto* la pairie, comme si la révolution avait été faite exclusivement pour eux. Pauvre France! (*Notes de la société* Aide-toi!)

SALVANDY (NARCISSE-ACHILLE DE),

Député.

Enrôlé dans les gardes d'honneur de Napoléon en 1813; brigadier, maréchal des logis, sous-lieutenant et adjoint dans le même corps; se distinguant dans les campagnes de Saxe et de France; blessé trois fois; décoré de la main de l'empereur à Fontainebleau;

Entré dans les mousquetaires noires en 1814; accompagna le roi jusqu'à la frontière; s'éclipsant durant les cent-jours; publiant en 1816, sous le titre de *la Constitution et la France*, un écrit contre l'occupation; menacé et réclamé vainement par les am-

ambassadeur des puissances coalisées ; nommé, en 1819, maître des requêtes au conseil-d'Etat ; opposé à la guerre d'Espagne, et manifestant cette opposition en se démettant de son grade de capitaine d'état-major; entré, en 1824, au journal des *Débats*, et y fasiant de l'opposition royaliste constitutionnelle; lors du rétablissement de la censure ; publiant chaque semaine nne brochure contenant les rognures des journaux ; conseiller-d'Etat et commissaire du roi à la Chambre des Députés; y défendant, sous Martignac ses bons Suisses qui ont si bien fusillé ses parens; redevenu conseiller-d'Etat sous Louis-Philippe ; appuyant de son vote et de *son emphase* les hommes de la quasi-légitimité, et soutenant de son crédit les partisans de la légitimité pure ; adversaire infatigable de M. Laffitte; admirateur sincère de Royer-Collard, effrayant quelquefois les centres eux-mêmes par l'audace de ses opinions contre-révolutionnaires, audace qui croît à mesure que nous nous éloignons de juillet; faisant à la tribune l'oraison funèbre des fleurs de lis et de l'écu de Bayard, et déplorant , en *style élégiaque*, la chute des emblêmes de la dynastie proscrite. Voilà M. Salvandy ; que vous en semble ?

SAUVO (P.-F.) *Voyez* AGASSE (MAD.)

SCHONEN (AUGUSTE-JEAN-MARIE DE), 

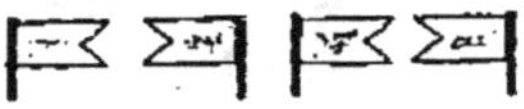

Procureur-Général près la Cour des Comptes.

Fils de Gaspard baron de Schonen, lieutenant-colonel d'infanterie, chevalier de Saint-Louis et de Marie-Louise de Salis-Samade, l'un et l'autre d'origine helvétique et *de familles très-anciennes.*

Nommé, en 1808, juge-auditeur à la cour d'appel de Paris, et en 1811 substitut du procureur-général près la cour impériale.

« Adhésion des magistrats du parquet près la cour impériale, le 4 avril 1814. — Pressés du besoin d'*énoncer librement toute leur pensée*, ils expriment en même temps leur *vœu formel* pour que *la royauté héréditaire* soit déférée au chef *de la maison de Bourbon.* Suivent les signatures, parmi lesquelles celle de M. de Schonen. » (*Moniteur.*)

Cent-jours. « 27 avril 1815. M. de Schonen, substitut du procureur-général, est nommé avocat-général, en remplacement de M. Girod de l'Ain, promu à d'autres fonctions. » (*Ibidem.*)

La seconde restauration le suspendit, et ne lui laissa que le titre de substitut; mais il fut créé conseiller en 1819. Plus tard, il suffit de l'énergique discours qu'il prononça sur la tombe de Manuel pour le signaler à l'attention des électeurs de Paris. En novembre 1827, il avait l'honneur de prendre place dans cette députation parisienne que Villèle et Peyronnet saluèrent par les fusillades de la rue Saint-Denis. On ne conteste pas plus à M. de Schonen son patriotisme d'alors, que son titre de baron de 1813.

Pourquoi donc a-t-il renié les principes de Manuel? Gendre de M. de Corcelles, pourquoi est-il l'adversaire politique de son beau-père? Une place de procureur-général près la cour des comptes peut-elle changer à ce point un homme de cœur? En 1827, sur la tombe d'un martyr de la liberté, il faisait jurer au peuple de défendre ses droits imprescriptibles, et aujourd'hui il s'étonne que le peuple ne soit pas satisfait de l'abaissement du cens à 200 fr.! En 1827, il risquait son éloquence tribunitienne sous les pieds des chevaux de la gendarmerie, et aujourd'hui, colonel de la garde nationale, il s'écrie tout radieux : *Nous avons pincé soixante étudians.* Arrêtons-nous! le cœur se déchire à l'aspect de l'une des défections les plus éclatantes du parti patriote.

T

TALLEYRAND (Charles-Maurice de Périgord, prince de Talleyrand),

Histoire Secrète vivante de notre époque.

Il eut pour aïeule maternelle cette célèbre princesse des Ursins, qui joua un si grand rôle pendant la guerre de la succesion, à la cour de Philippe X.

Nommé évêque d'Autun, en 1789; député du Bailliage de cette ville aux Etats-Généraux; se réunissant à la Chambre des Communes à son ouverture, et faisant la motion tendant à confisquer les biens du clergé; officiant pontificalement, *avec une ceinture tricolore*, sur l'autel de la patrie, au Champ-de-Mars; bénissant *les drapeaux tricolores* des départemens; prêtant serment à la constitution civile du clergé; sacrant les premiers évêques constitutionnels; excommunié par le pape Pie VI; se démettant de son évêché; élu membre du Directoire du département de Paris; nommé exécuteur testamentaire de Mirabeau; chargé d'une mision secrète en Angleterre; passant aux Etats-Unis; inscrit sur la liste des émigrés, rayé sur la proposition de Chénier; appelé, après le 18 fructidor, au ministère des relations extérieures; démissionnaire en juillet 1799, après avoir publié un écrit intitulé *Eclaircissemens donnés par le citoyen Talleyrand à ses concitoyens*, dans lequel ou trouve les passages suivans :

« On la république s'affermira au milieu de tant de chocs, ou nous serons abîmés dans la confusion, dans la destruction de tous; ou la royauté reviendra nous asservir avec un surcroît de rage et de tyrannie. Sans doute j'ai donné assez de garanties contre ces deux derniers régimes ; on sait assez le sort que l'un et l'autre me réservent, et même le genre de préférence qu'ils m'accorderaient : il est donc démontré, mille fois démontré, que je n'ai, que je ne puis avoir d'autre vœu que celui de l'affermissement et de la gloire de la république (*pages* 8 *et* 9). La république, qui nous a coûté si cher, ne pourrait périr qu'au milieu de flots de sang; celui qui aurait osé concourir à cet horrible événement en serait la première victime; et son nom, comme celui de tout traître, arriverait à la postérité chargé du poids de l'exécration générale.... L'honneur national, qui doit être la vie d'un Français, soulève l'âme à l'idée seule que des Autrichiens et des Russes, après avoir ravagé notre pays, viendraient insolemment nous dicter des lois. (Pag. 13.) On m'accuse d'avoir porté la cocarde blanche : cette imputation est aussi fausse qu'absurde ; une idée aussi ridicule n'aurait pu même entrer dans mon esprit; je me hâte de le dire, si ce reproche était fondé, je serais indubitablement le fonctionnaire le plus criminel de la république. » (Page 15.)

Dévoué aux jacobins et aux *Cinq-Cents*, il tint tête à l'orage jusqu'au 18 brumaire, dont il fut un des secrets moteurs. Rappelé au ministère des relations extérieures par les consuls provisoires, il fut confirmé dans ses fonctions par Bonaparte, devenu premier consul, et devint l'âme du nouveau gouvernement.

Après avoir administré les sacremens, M. l'évêque d'Autun en reçut à son tour : un bref de Pie VII l'avait relevé de ses vœux; il épousa madame Grant, indienne, qu'il avait connue à Hambourg.

Bonaparte ayant échangé son titre de premier consul contre celui d'empereur, Talleyrand devint grand-chambellan de l'empire, prince souverain de Bénévent, vice-grand électeur, grand-aigle de la Légion-d'Honneur. Il fut successivement décoré de l'ordre de la Couronne de Saxe, de l'ordre royal de Westphalie (grand commandeur), de l'ordre de S. A. R. le grand duc de Hesse, de l'ordre de Saint-Joseph de Wurtzbourg, de l'ordre de Léopold, du grand ordre du Soleil de Perse, de l'ordre de l'Aigle noir de Prusse, de l'ordre de Saint-André de Russie, etc., etc., etc.

Le vendredi 1er avril 1814, à trois heures et demie, il assembla le Sénat :

« Sénateurs, dit-il, il s'agit de vous transmettre *des propositions*. Ce seul mot suffit pour indiquer *la liberté* que chacun de vous doit apporter ici ; elle vous donne les moyens de laisser prendre un généreux essor aux sentimens dont votre âme est remplie. Les circonstances, quelque graves qu'elles soient, ne peuvent être au-dessus de votre patriotisme. » (*Moniteur.*)

Il propose alors un gouvernement provisoire de cniq membres, dont il s'adjugea la présidence. Ce gouvernement s'occupa de rédiger une constitution. Le même jour, séance du Sénat à neuf heures du soir. La déchéance de Napoléon et de sa famille y est proclamée ; le peuple et l'armée sont déliés de leur serment de fidélité. Le Sénat, tout fier de sa conduite, va présenter ses hommages à l'empereur Alexandre.

« *Adresse du gouvernement provisoire aux armées françaises.* — Soldats, la France vient de briser le joug sous lequel elle gémit depuis tant d'années. Vous n'avez jamais combattu que pour la patrie. Vous ne pouvez plus combattre que contre elle sous les drapeaux de *l'homme* qui vous conduit. Voyez tout ce que vous avez souffert de *sa tyrannie*... Refuserez-vous la paix à la France désolée? Les ennemis eux-mêmes vous la demandent ; ils ne veulent s'armer que contre votre opresseur et le nôtre. La patrie vous parle..... vous ne pouvez appartenir à celui qui l'a ravagée..... *à un homme qui n'est pas même Français.* » (Moniteur.)

« Le gouvernement provisoire arrête, le 5 avril, que tous les emblêmes, chiffres et armoiries du gouvernement de Bonaparte seront supprimés et effacés. » (*Ibidem.*)

« *Adresse du gouvernement provisoire au peuple français.* — L'homme en qui vous aviez mis toutes vos espérances, n'a fondé que le *despotisme* sur les ruines de l'anarchie. Il devait au moins par reconnaissance, devenir Français avec vous ; il ne la jamais été. Chaque famille est en deuil : toute la France gémit. Enfin, cette tyrannie sans exemple a cessé ; les puissances alliés viennent d'entrer dans la capitale de la France... » (*Ibidem.*)

« 12 avril. *A Monsieur* (Charles X), le prince de Talleyrand. —Le bonheur que nous éprouvons en ce jour de régénération est au-delà de toute expression, si *Monsieur* reçoit, avec la bonté céleste qui caractérise son auguste maison, l'hommage de notre religieux attendrissement et de notre dévouement respectueux. » (*Ibidem.*)

« *Le gouvernement provisoire à l'armée.* — Vous ne périrez plus à cinq cents lieues de la patrie pour une cause qui n'est pas la sienne. *Des princes, nés français,* ménageront votre sang ; car leur sang est le votre. Leurs ancêtres ont gouverné vos ancêtres. *Cette race antique* a produit des rois qu'on surnommait *les pères du peuple*..... C'est a eux que votre sort est confié. Pourriez-vous concevoir quelques alarmes? Ils sont enfin au milieu de vous. »

(*Ibidem.*)

« La cocarde blanche est la cocarde française ; elle sera prise par toute l'armée. — Signé *Talleyrand.* » (*Ibidem.*)

« *Monsieur* a nommé, le 16 avril, M. le prince de Talleyrand, membre du conseil-d'état provisoire.

(*Ibidem.*)

Nommé, le 12 mai, ministre des affaires étrangères, pair de France le 4 juin, et envoyé, à la fin de l'année, au congrès de Vienne, en qualité de ministre plénipotentiaire.

Napoléon, de retour en France, tenta vainement de le rattacher à sa fortune. Il resta cette fois fidèle à ses derniers sermens ; et rentrant à Paris avec le roi, reprit la direction des affaires étrangères avec la présidence du conseil.

Démissionnaire après trois mois, il devint *grand chambellan* de Louis XVIII, fonctions qu'il conserva sous Charles X, dans le sacre duquel il joua un rôle entre Decazes et Dalberg.

Il eût manqué à sa destinée, s'il n'eût point servi Louis-Philippe. On n'a pas été peu surpris de le voir partir pour l'Angleterre comme chargé des intérêts de la nouvelle France. Cette mesure a affligé tous les sincères amis de la liberté. Dieu veuille que le gouvernement ne s'en repente pas!

TISSOT (Pierre-François), 

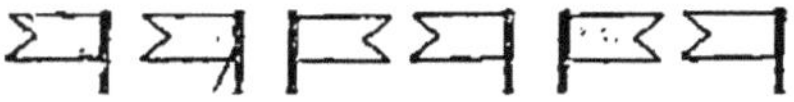

Professeur de Poésie latine au collége de France.

Faisant partie de la légion du Châtelet en 1789; membre de la société des Amis de la Constitution de Sèvres en 1791; membre de la société des Amis de la Constitution de Versailles en 1792; secrétaire d'une des sections de cette ville au 10 août; membre du collége électoral du département à Saint-Germain; secrétaire provisoire comme le plus jeune d'âge; employé dans les bureaux de l'administration départementale; volontaire dans la Vendée; attaché au ministère de la police générale avant le 18 fructidor; porté sur la liste des proscrits du 3 nivose, mais rayé à la prière de madame Bonaparte; appelé dans les bureaux de M. Français de Nantes en 1806; lié avec Delille, qui le désigna pour son successeur; censeur de *la Gazette*, et professeur-suppléant au collége de France.

M. Tissot a chanté le *mariage du grand homme*; il a chanté *la naissance de son fils*.

> Compagne d'un héros, bénis ta destinée!
> Salut au gage heureux de ta fécondité!

Par lui le nom d'un grand monarque,
Vainqueur du temps et de la parque,
Passe de rois en rois à la postérité.

(*Hommages poétiques.*)

« Paris, le 8 avril 1814. — Au prince Talleyrand. — Monseigneur, les lecteurs et professeurs du collége royal de France, *pleins d'admiration pour la conduite magnanime des souverains alliés, et de reconnaissance envers le sénat et le gouvernement provisoire*, se font un devoir de manifester à Votre Altesse ces sentimens dont ils sont profondément pénétrés. Ils se livrent à l'espoir, justement fondé, de voir fuir les malheurs de la France, et renaître, sous les descendans du grand Henri, des siècles d'amour et de prospérité. » — Suivent les signatures, parmi lesquelles celle de P.-F. Tissot (*Moniteur*).

« Paris, le 1er mai. — *Anniversaire de la mort de Delille.* Plusieurs amis des lettres, des membres de l'Institut, de l'Université, ses collègues, les professeurs au collége de France, sa veuve, ses parens, ses amis, se sont réunis au cimetière du P. Lachaise. Là, M. Tissot, choisi depuis long-temps pour le suppléer, et aujourd'hui son successeur, a dit d'une voix émue :

« Quand tu n'aurais pas gardé un attachement sans bornes aux princes de l'auguste famille que la France rappelle sur le trône de Henri IV, la seule reconnaissance eût suffi pour leur répondre de ta fidélité, pour interdire à ta muse d'autres accords que des hymnes de douleur sur leurs infortunes, ou des chants d'allégresse sur leur retour. Ah! me disais-tu un jour, jusqu'à mon dernier soupir ils seront présens à ma pensée.... O grand poète! l'événement qui étonne l'Europe était encore tout entier dans les domaines de l'avenir. Maintenant qu'il a éclaté, pourquoi faut-il que tu n'en sois pas le témoin? Le ciel te devait cette récompense. Avec quelle joie tu serais tombé aux pieds du monarque, objet de ton religieux amour! Comme tu aurais béni le ciel de l'avoir rendu à la France! Chantre illustre, console-toi d'être privé de tes maîtres adorés; ton éloge a fait couler leurs larmes. La paix revient consoler l'Europe et le monde; les princes, tant de fois rappelés par tes vœux, l'amènent au milieu de nous..... » (*Moniteur.*)

Les cours de M. Tissot ne furent pas interrompus durant les cents jours; la restauration elle-même les respecta quelque temps; mais tout à coup le successeur de Delille fut révoqué sans pension, et il ne lui resta plus que sa plume pour vivre.

La révolution de juillet lui a rendu sa chaire. Ses cours sont-ils dangereux, comme le prétendait la restauration? Oui, à peu près comme les improvisations de M. Madier de Monjau à la Chambre des députés, ou les harangues de M. Barbé-Marbois à la cour des comptes.

V

VALLIN (vicomte Louis),

Général.

Soldat au corps d'armée du général Luckner, sous la république; successivement sous-lieutenant, lieutenant, capitaine et chef de bataillon dans le 8e bataillon de réquisition de la Marne. Ce corps ayant, après sept mois de formation, subi la loi d'incorporation, il redevient simple soldat, puis sous-lieutenant dans les hussards de Chamborand, lieutenant, capitaine, chef d'escadron, major, colonel, général de brigade, commandant en second du 2e régiment de gardes d'honneur, commandant de la Légion-d'Honneur

Appelé, après la restauration, au commandement d'une brigade de cavalerie des régimens du roi; nommé chevalier de Saint-Louis;

Chargé, par Napoléon, du commandement de l'avant-garde du corps d'armée de la Saarre; assistant à la bataille de Waterloo;

Nommé lieutenant-général par le gouvernement provisoire; suivant l'armée sur la Loire;

Employé, par la seconde restauration, à l'inspection et aux remontes de la cavalerie; commandant de l'avant-garde de l'armée d'Espagne, en 1822.

En 1823, il ouvre la campagne par le coup de canon de la Bidassoa, contre le drapeau tricolore.

Promu de nouveau au grade de lieutenant-général; grand-officier de la Légion-d'Honneur; employé dans les inspections de cavalerie, et, en 1828, au camp de Lunéville; *puis, mis en disponibilité par la restauration.*

Le drapeau tricolore flotte en France. M. le vicomte Vallin figure parmi les lieutenans-généraux du cadre d'activité d'état-major pour 1831!!!

VATIMESNIL,

Député, ancien Ministre.

Conseiller-auditeur à la cour royale de Paris, puis substitut du procureur du roi au tribunal de la Seine, il fut, dès 1816, chargé de porter la parole contre les patriotes. Ses nombreux succès lui valurent un rapide avancement : dès l'année 1817, il était substitut du procureur-général.

Ce fut lui qui, en 1821, fut chargé d'aider M. de Peyronnet dans la poursuite de la conspiration du 19 août, et, si la cour des Pairs ne condamna qu'à l'emprisonnement les jeunes officiers qu'il accusait, ce n'est point à la modération du substitut qu'ils en furent redevables.

La loi de 1819 ayant attribué au jury la connaissance des délits de la presse, M. Vatimesnil eut à déployer sur un plus grand théâtre les ressources fertiles de son système d'interprétation : « Ingrats, s'écria-t-il un jour, vous mettez en oubli tout ce que nous devons aux Bourbons ! Qui donc a sauvé la France? n'est-ce pas eux? n'est-ce pas la légitimité ? et vous osez donner le nom de legs de l'étranger à cette race tutélaire? »

« En 1822, M. de Peyronnet arrivé au ministère de la justice le nomma secrétaire-général de cette administration, maître des requêtes, conseiller-d'Etat, et le chargea de défendre plusieurs projets de lois impopulaires. Il soutint, entre autres sophismes, que la Chartre n'était qu'une concession du roi, et que l'autorité du monarque ne pouvait être qualifiée de constitutionnelle.

En 1824, il fut nommé avocat-général à la cour de cassation; mais, prévoyant la chute du ministère Villèle, il s'attacha dès-lors, secrètement, à M. Portalis, homme incapable, mais intrigant. En 1828 M. Portalis arriva aux affaires, et M. Vatimesnil fut ministre de l'instruction publique.

Arrivé au but, il se mit à capter les suffrages du centre gauche, et même de la gauche, sans compromettre sa position à la cour, et tout en parlant à Charles X de ses droits légitimes et sacrés.

Renversé avec ses collègues en 1829, il se jeta dans l'opposition comme tous les ministres déchus, et attira sur lui les suffrages des électeurs de Valenciennes en juin 1830. Il signa l'adresse des 221.

Après la révolution de juillet, il ne prêta serment qu'avec des explications, et sembla regretter la légitimité. Mais à mesure que le pouvoir s'affermit, la conscience du député se resserre ; il votera toujours avec les plus forts. L'ultrà de 1815, le fusionnaire de 1828, le modéré furieux de 1830 deviendrait-il, au besoin, henriquinquiste ou sans-culotte ? (*Notes de la société* Aide-toi, le ciel t'aidera.)

VIENNET (JEAN-PONS-GUILLAUME), 

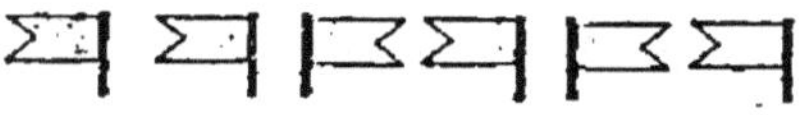

Député et accadémicien.

Lieutenant en second d'artillerie de marine en 96 ; refusant de voter pour le consulat et pour l'empire, chantant toutefois la *naissance du roi de Rome*.

Sors du néant, pour le bonheur du monde,
Sors, dit le créateur, glorieux rejeton
Sur qui des Francs l'espoir se fonde!
Prospère, du héros race auguste et féconde!
Que du premier Napoléon
Règne, avec ses enfans, la sagesse profonde!

Par *J.-P. G. Viennet*, de plusieurs académies, à Toulon (*Hommages Poétiques.*)

Arrivée des Bourbons. Adhésion de M. J.-P.-G. Viennet, de l'artillerie de marine, capitaine en retraite. (*Moniteur.*)

Pendant les cent jours, il refuse de signer l'acte additionnel, et appuie son vote négatif de deux brochures : *Lettre d'un Français à l'Empereur sur la Constitution qu'on nous prépare*, et *Opinion d'un homme de lettres sur la Constitution proposée.*

Lors de la formation du corps d'état-major par le maréchal Gouvion-Saint-Cyr, il y est admis comme capitaine et devient chef de bataillon en 1822.

Avant d'arriver à la Chambre, M. Viennet a puissamment contribué au triomphe des doctrines du *Constitutionnel*. *Un Capucin* paraisssait-il dans la rue, M. Jay prenait sa plume, M. Viennet montait sa lyre, et le capucin disparaissait. *Don Miguel* tombait-il de voiture, nouvelles colonnes constitutionnelles, nouveaux alexandrins libéraux : *le doigt de Dieu* était signalé en prose et en vers.

Appelé à la Chambre, il s'y montra soldat parlementaire indiscipliné, et fit frémir *le septuple*

Royer-Collard. Satisfait d'avoir voté l'adresse, il se reposait de ses fatigues à la campagne, quand la révolution de juillet éclata. Comme beaucoup de ses collègues, il ne s'est point vanté d'y avoir pris part, et, s'il vote habituellement avec le ministère, c'est qu'il craint que le choc de la révolution ne se brise contre la borne. C'est trop prudent!

VILLEMAIN,

Professeur d'éloquence à la faculté des letres.

Ultrà en 1814; eouronné par l'Institut, en présence des souverains alliés, le 21 avril, il s'écrie:

« Messieurs, quand tous les cœurs sont préoccupés par cette auguste présence, j'ai besoin de demander grâce pour la distraction que je vais donner. Quel contraste d'un si faible intérêt littéraire et d'un semblable auditoire! L'éloquence ou plutôt l'histoire, célébrera cette urbanité tutélaire en même temps qu'elle doit raconter cette guerre sans ambition, cette ligue désintéressée, ce loyal sacrifice des sentimens les plus chers immolés au repos des nations. » Suit l'éloge pompeux du vaillant héritier de Frédéric et de l'âme antique du maguanime Alexandre. (*Moniteur*.)

Ministériel en 1818 ; admis à l'Académie française, au conseil-d'état, au conseil royal de l'instruction publique.

Le 22 novembre 1824, il disait à l'ouverture de son cours, en parlant de Charles X :

« Monarque aimable et vénéré, il a la loyauté des mœurs antiques et les lumières modernes. Sa religion est le sceau de sa parole. Il tient de Henri IV ces grâces du cœur auxquelles on n'échappe pas. Il a reçu de Louis XIV l'amour éclairé des arts, la noblesse du langage, et cette dignité qui frappe de respect et qui pourtant séduit. Ses paroles semblent un bienfait public, parce qu'elles sont toujours l'expression de cette âme française et loyale qui veut régner par les lois, qui met sa grandeur à les respecter, et mesure son pouvoir sur l'amour, les espérances et les institutions de son peuple. » (*Moniteur.*)

Nommé officier de la Légion-d'Honneur après le sacre.

Devenu libéral en 1826, et doctrinaire après la révolution de juillet.

Nous serions curieux de savoir s'il n'applique pas aujourd'hui à Louis-Philippe le charmant portrait qu'il traça pour Charles X : il n'y aurait pas un mot à changer.

FIN.

www.ingramcontent.com/pod-product-compliance
Lightning Source LLC
Chambersburg PA
CBHW070627270326
41926CB00011B/1840